PANDEMIA E (DES)INFORMAÇÃO

MÍDIA, IMAGINÁRIO E MEMÓRIA

Apoio:

PANDEMIA E (DES)INFORMAÇÃO

MÍDIA, IMAGINÁRIO E MEMÓRIA

Álvaro Nunes Larangeira
Juremir Machado da Silva
Moisés de Lemos Martins
Philippe Joron
Heloisa Juncklaus Preis Moraes
Mario Abel Bressan Júnior
(Organizadores)

Editora Sulina

Capa: Cintia Beloc
Projeto gráfico e editoração: Clo Sbardelotto/Fosforográfico
Revisão: Álvaro Larangeira

Editor: Luis Antonio Paim Gomes

Dados Internacionais de Catalogação na Publicação (CIP)
Bibliotecária Responsável: Denise Mari de Andrade Souza CRB 10/960

P189

Pandemia e (des)informação: mídia, imaginário e memória / organizado por Álvaro Nunes Larangeira...[et al.]. – Porto Alegre: Sulina, 2023.
312 p.; 16x23cm.

ISBN: 978-65-5759-109-3

1. Comunicação Social . 2. Jornalismo. 3.– Sociologia. I. Larangeira, Álvaro Nunes.

CDU: 070
316.77
CDD: 070
302.23

EDITORA MERIDIONAL LTDA.
Rua Leopoldo Bier, 644 – 4º andar
Bairro Santana, CEP 90620-100
Porto Alegre, RS – Brasil
Tel.: (51) 3110-9801

sulina@editorasulina.com.br
www.editorasulina.com.br

Abril / 2023
Impresso no Brasil / Printed in Brazil

SUMÁRIO

Parte 4 – MEMÓRIA

APRESENTAÇÃO

Este terceiro livro da Rede de Pesquisa Jornalismo, Imaginário e Memória – REDE JIM tem como fundamento, diretriz e escopo o trabalho em rede. Foi assim da concepção em encontros remotos para a definição da temática norteadora das pesquisas à produção dos textos apresentados no também virtual V Seminário da REDE JIM – Pandemia e Desinformação, coordenado em outubro de 2021 pelos anfitriões docentes-pesquisadores profª. drª. Heloisa Juncklaus Preis Moraes e o prof. dr. Mario Abel Bressan Júnior, do Programa de Pós-Graduação em Ciências da Linguagem, da Universidade do Sul de Santa Catarina (PPGCL/Unisul). Os trabalhos, discutidos, amadurecidos e aperfeiçoados em conjunto, aqui estão publicados.

A REDE JIM agrega 7 grupos de pesquisa de 5 estados brasileiros – Grupo de Tecnologias do Imaginário – GTI, do Programa de Pós-Graduação em Comunicação da Pontifícia Universidade Católica do Rio Grande do Sul (PPGCOM/PUCRS); Comunicação, Cidade e Memória – COMCIME e Narrativas Midiáticas e Dialogias – NAMIDIA, do Programa de Pós-Graduação em Comunicação da Universidade Federal de Juiz de Fora (PPGCOM/UFJF); Núcleo de Estudos e Experimentações do Audiovisual e Multimídia – MULTIS, do Programa de Pós-Graduação em Mídia e Cotidiano da Universidade Federal Fluminense (PPGMC/UFF); Imaginarium: Comunicação, Cultura, Imaginário e Sociedade, do Programa de Pós-Graduação em Comunicação da Universidade Federal do Maranhão (PPGCOM/UFMA) e, do PPGCL/Unisul, Memória, Afetos e Redes Convergentes (MARC) e Imaginário e Cotidiano – e, desde o ano passado, dois centros de pesquisa internacionais: o Laboratório de Estudos Interdisciplinares sobre o Real e os Imaginários Sociais, da Universidade Paul-Valéry Montpellier 3 (França), e o Centro de Estudos de Comunicação e Sociedade (CECS), da Universidade do Minho (Portugal).

Se nas obras anteriores – *1968: de maio a dezembro: jornalismo, imaginário e memória*, lançado em 2018, e *1969 a 1970: Janelas do Tempo*, de 2021 – havíamos priorizado dar solidez à Rede, agora a primazia foi o entrelaçamento. De propostas, pessoas, grupos. Mescla de pesquisadores, leituras e interpretações próximas, pesquisas simétricas e convergentes, predisposições interacionais. Temáticas e abordagens afins foram o ponto de partida para textos conjuntos entre os investigadores de diferentes grupos de pesquisa. Distâncias superadas pela produção do conhecimento em rede, estuário de 3 conferências e 13 trabalhos, aporte para 48 pesquisadores.

As pesquisas deste volume versam sobre a pandemia na França e em Portugal; por que o Brasil foi e é assim; o lugar do jornalismo nestes tempos sombrios; as estratégias das narrativas audiovisuais no combate à desinformação propostas por projeto de extensão; a legitimação do Kit-Covid por meio de um informe publicitário; a cobertura midiática do feminicídio no período pandêmico; a importância do domínio das técnicas e recursos midiáticos para a divulgação da ciência; a iconografia das covas no momento crítico do coronavírus no Brasil; memória teleafetiva e imaginário em *Amor de mãe*, novela interrompida e reelaborada; as *fake news* a culpar festas populares, como o Carnaval, pela propagação do vírus; o rádio expandido na pandemia; a revalorização dos cinemas *drive-in*; as obras literárias no ranking da leitura em 2020; o relato de mulheres jornalistas nas quarentenas e as estratégias de comunidades da Grande Vitória (ES) para conscientizar sobre a Covid-19.

E como prefácio, agraciados fomos com a cedência, pelo próprio autor, do texto da palestra premonitória proferida por Edgar Morin em 2008, na qual o pensador francês preconiza o diálogo, confluência e interseções entre as distintas medicinas existentes, na perspectiva de uma medicina planetária complexa, imprescindível em momentos como este pelo qual passamos.

Portanto, boa leitura!
Os organizadores

POR UM DIÁLOGO ENTRE AS MEDICINAS[1]

Edgar Morin[2]

Acreditamos durante muito tempo, em nosso mundo ocidental, que só havia uma medicina: aquela que é ensinada nas faculdades, praticada por clínicos gerais ou especialistas, exercida em hospitais. Essa medicina ocidental se espalhou pelo planeta e tudo que não correspondesse a ela era considerado superstição, sinal de atraso a ser liquidado o quanto antes em benefício dessa hegemonia triunfante.

No entanto, havia outra medicina. Existia em todos os lugares, inclusive nas sociedades ocidentais, não apenas com a homeopatia, mas especialmente onde vivia um campesinato. Agora se sabe que esse campesinato está diminuindo em quase toda parte e que os camponeses, herdeiros de práticas e saberes tradicionais, são substituídos por agricultores, técnicos mecanizados que cuidam do gado ou das colheitas. Havia, pois, outra medicina, que pode ser chamada de medicina das avós, *una medecina della nonna*[3], pois as mulheres transmitiam receitas de ervas, o uso de certas plantas ou produtos animais para tratar e curar. Podemos dizer que em nossa sociedade, estou pensando na França, por exemplo, não apenas subsistem os curandeiros, usando meios que parecem extremamente estranhos à medicina oficial, como eles estão se tornando cada vez mais numerosos por causa das deficiências dessa medicina oficial. Surgem cada vez mais novas terapias, enquanto a acupuntura é introduzida inclusive na medicina oficial. Chegaram e se estabeleceram na França marabus, de origem africana, que lidam, entre outras coisas, com o tratamento de doenças e de enfermidades.

---

1 Conferência no Seminário Internacional pela Integração das Medicinas Tradicional e Complementar nos Sistemas de Saúde Pública, realizado em Florença/Itália, em outubro de 2008.

2 Sociólogo francês, pesquisador emérito do Centre National de la Recherche Scientifique (CNRS).

3 Em italiano no original. Uma medicina da vovó (N.T.).

Existem, portanto, diferentes correntes além da medicina normal. Há uma tendência que já remonta há mais de um século, a homeoterapia, que, apesar de condenada, persiste. Há novas correntes médicas, invenções e inovações terapêuticas utilizadas à margem da medicina oficial. Existem associações entre a medicina ocidental e a medicina tradicional chinesa, como a praticada por um de nossos amigos aqui presentes, o Dr. Verret, ou seja, mesmo nos países ocidentais não existe apenas a medicina normal.

Em outros lugares, há, antes de tudo, as medicinas tradicionais das grandes civilizações. Veja-se o caso da China, que tem experiência multimilenar em tratamento médico. A medicina chinesa não se reduz à acupuntura: recorre também a muitos outros meios. Na Índia há grandes tradições médicas. Em outras palavras, todas as civilizações importantes, de sociedades que atravessaram os séculos, têm sua própria medicina. Essas medicinas tradicionais não estão mortas.

Devemos lembrar também das sociedades mais arcaicas de caçadores e coletores, que ainda existem no mundo, embora a maioria tenha sido exterminada, reprimida, desaculturada. Pois bem, nessas sociedades há um conhecimento médico relevante; é espantoso pensar que os povos da Amazônia conhecem as virtudes e as características venenosas de inúmeras plantas. E pensar que há também um tipo de medicina que pode ser chamada de xamânica, ou seja, praticada por xamãs, que usam determinadas bebidas, como a ayacusa, ou outras, para entrar em transe e, nesse estado, praticar curas. Essa grande pluralidade, no entanto, é desprezada como superstição. As grandes corporações farmacêuticas, porém, começam a usar o conhecimento dos povos indígenas da Amazônia. Só que não usam as plantas diretamente; pegam a substância que acreditam ser curativa e a transformam em produto químico.

Em relação às chamadas superstições, dou um exemplo muito interessante. Os índios Pueblo, de certa região do México, viviam exclusivamente do milho. O cozimento do milho numa aldeia era feito com casca de árvores, noutra com cal e em outra aldeia ainda com algum outro produto. Os antropólogos atribuíram o uso de cal, casca de árvore e outros elementos a crenças mágicas. Até que um bioantropólogo analisou essas diferentes substâncias e concluiu que elas permitiam que a lisina, o principal produto nutritivo do milho, fosse assimilada pelo organismo. Essas populações teriam perecido caso se limitassem a cozinhar seu único alimento na água.

Devemos partir da consciência da pluralidade e da diversidade e reconhecer que essa diversidade é uma riqueza potencial extraordinária para a espécie humana. O trágico é que não há comunicação entre essas medicinas. Em parte porque pertencem a povos de regiões distantes que não se comunicam facilmente. É por isso que ocasiões como o nosso encontro são muito úteis para criar momentos de comunicação. Em grande parte, porém, a falta de comunicação vem do modo de funcionamento da medicina ocidental, que é o da exclusão do que lhe é estranho. Ela se considera a única medicina verdadeira e acha que o resto nem precisa ser considerado. Em outras palavras, é o sentimento de supremacia e de valor único que dificulta a comunicação. Além disso, nessa medicina, seu modo de especialização significa que os diferentes compartimentos não se comunicam entre si. Falarei disso.

O que acabei de dizer significa que devemos depreciar a medicina ocidental moderna vinculada ao desenvolvimento do conhecimento biológico e às múltiplas tecnologias cada vez mais sofisticadas? Absolutamente não. Precisamos considerar o extraordinário progresso nos medicamentos para as várias infecções. Por exemplo, os antibióticos e os meios para lutar contra os vírus. Aqui devo fazer um pequeno parêntese: nos anos 1960 havia a convicção, entre os médicos, a mídia e o mundo ocidental, de que estávamos exterminando as bactérias e os vírus para sempre. Os antibióticos matavam as diferentes bactérias e a tuberculose parecia coisa do passado. Essa crença agora se desintegrou, pois o surgimento de um vírus desconhecido, como o da AIDS[4], mostrou que novos vírus (ou antigos, mas incubados) podem aparecer ou reaparecer. Por outro lado, surgiram bactérias resistentes a antibióticos e seus locais de proliferação por excelência têm sido os hospitais. As doenças nosocomiais são fatais para os acometidos por elas.

Estamos em luta permanente com essas populações de unicelulares, bacterianas ou virais, das quais não conseguimos ver o fim. A vitória final da medicina ocidental no mundo das infecções e dos agressores externos está indefinidamente adiada. Termino essa digressão. É possível destacar também os efeitos da descoberta e do uso dos corticoides. Também aqui devemos moderar o entusiasmo porque sabemos que esses corticoides têm efeitos colaterais que podem ser muito perversos, especialmente no sistema digestivo.

---

[4] O coranavírus é a prova disso, acrescentou o autor ao tradutor (N.T.).

Há avanços extraordinários na cirurgia e hoje podemos trocar fígados ou corações e, em breve, até corações artificiais serão produzidos. Há o fato estatístico do prolongamento da vida nas populações ocidentais; cabe, contudo, levar em conta que isso também está ligado ao progresso na higiene, que permitiu o desaparecimento (espero que por muito tempo) das epidemias[5]. Fez-se, recentemente, a descoberta em organismos humanos adultos de células-tronco, ou seja, células típicas de embriões capazes de produzir todo tipo de células. Elas são chamadas de "totipotentes" ou polivalentes porque são capazes de gerar um coração, um fígado, neurônios etc. A grande esperança é despertar e estimular essas células-tronco para prolongar a vida e permitir, se não estou dizendo uma vida juvenil, ao menos uma velhice que não seja senescência, pois se sabe que viver mais produz também idosos mantidos vivos em asilos, isolados de suas famílias. É importante salvar pessoas doentes, mas também aqui há um problema fundamental que as células-tronco podem resolver. Penso na fórmula de Rita Lévi Montalcini, essa grande cientista italiana, que diz, "dê vida aos teus dias, em vez de dias à tua vida". Isso serve para dizer que se não podemos negar os múltiplos avanços da medicina ocidental, devemos reconhecer também os limites e fragilidades que se manifestam dentro do próprio progresso.

Por exemplo, um grande avanço que nós, na França, comemoramos muito, pois um francês, Pasteur, está na origem dele. Ele descobriu que certas patologias eram produto do ataque ao organismo por micróbios, bactérias. Depois dele foram identificados os micróbios responsáveis pela sífilis, pela tuberculose, etc., bem como vacinas contra eles. No entanto, qual era a fraqueza dessa medicina? É que ela se concentrou principalmente no fato de que as doenças eram produtos de ataques de inimigos externos. Em consequência, procuramos as causas do lado de fora. Inquestionavelmente havia e há micróbios vindos de fora. Temos, no entanto, um sistema imunológico, protegido por fagócitos, que estão precisamente ali como soldados para repelir micróbios, comê-los e destruí-los. Então, se o micróbio produz a doença é também porque há uma falha do sistema imunológico, ou seja, se o inimigo externo entra na fortaleza, é porque dentro da fortaleza existem cúmplices

[5] O autor lamenta que não tenha sido assim e que uma pandemia, não uma nova epidemia, tenha semeado pânico e dizimado tantas vidas pelo mundo (N.T.).

ou, ao menos, fraquezas que lhe permitem entrar. Portanto, é um erro ou uma deficiência focar apenas no exterior, porque também é necessário buscar profundamente as causas internas.

Outro erro é se concentrar exclusivamente no organismo, ou seja, tudo o que é corpo e se relaciona com a fisiologia, esquecendo o possível papel da psique. O foco no organismo está relacionado à especialização da medicina ocidental. A especialização tem dois aspectos; um aspecto útil, pois faz avançar o conhecimento, e um prejudicial, pois tende a isolar a doença num único órgão. Assim, trata o fígado com produtos que podem afetar os rins, ou trata os rins com produtos que podem afetar o fígado, etc. A hiperespecialização, com seus avanços, também apresenta pontos fracos.

Ignora-se, quando a terapia é focada no organismo, o papel da mente, da psique. Observo que em francês há uma única palavra para dizer o que em outras línguas se diz com duas. Em italiano, dizemos "mente e spirito". Em inglês, "mente e espírito". Em francês, eu digo "esprit", que vale para ambos. O papel da "mente" muitas vezes é esquecido. Bem, alguém pode me dizer que aqui também houve mudanças. Sim, é verdade! Existe uma medicina psicossomática, mas é preciso dizer que essa medicina permanece marginal e que os grandes batalhões da medicina ocidental se concentram no corpo e nos órgãos. Pensa-se que é o corpo que age sobre a mente e a deixa deprimida, continua não se acreditando que a mente possa agir sobre o corpo para o mal ou para o bem. Para o mal, por exemplo, quando a mente está deprimida como resultado de um luto, de um desgosto, de um obstáculo intransponível; o resultado é que as defesas imunológicas ficam enfraquecidas. Para o bem, por exemplo, quando o espírito é ativo, vigoroso e ajuda a combater a doença, como no caso dos doentes que querem viver e assim aumentam suas chances de salvação, enquanto aqueles que desistem de lutar aceitam a morte e, finalmente, acabam por não sobreviver.

E depois há a hiperespecialização. Isso nada tem a ver com a especialização, que é útil, se for aberta, se o conhecimento de uma especialidade puder alimentar o da especialidade vizinha e principalmente o conhecimento geral e global. A hiperespecialização está ligada à compartimentação, à separação. Temos grandes especialistas, obviamente muito competentes em fígado, coração e assim por diante, mas também temos pouca comunicação entre eles. Dá-se, então, uma inversão de hierarquia. Em uma orquestra sinfônica, o maestro é quem dirige, controla e conhece os músicos. No campo da medicina, quem deveria ser maestro, o clínico geral, fica rebaixado a um posto menor, o "doutorzinho". O médico da campanha, quando havia uma civilização rural, era também um psicólogo social. Ele conhecia a família, o caráter das pessoas. Não apenas curava este ou aquele órgão, como também intervinha na vida das pessoas. Vimos esse médico desaparecer, substituído pelo clínico geral urbano, ele próprio reduzido ao nível mais baixo, aquele que recebe os pacientes com tanta pressa que nem se dá o trabalho de saber da vida deles. Não tem tempo. Receita sem saber quais outros medicamentos o paciente está tomando. Há uma espécie de aceleração que leva à degradação do papel do clínico geral. Esses problemas estão relacionados à compartimentalização resultante da hiperespecialização.

Vou falar de um caso pessoal: durante três anos, sofri muito do ciático. Então me levaram ao maior especialista num grande hospital parisiense, que começou me dando injeções de cortisona na medula espinhal, sem praticamente qualquer resultado. Depois disse que eu tinha de fazer uma cirurgia. Por quê? Porque o Raio-X havia detectado dentro da medula espinhal uma protuberância óssea ou cartilaginosa, não sei, que tocava o nervo e causava a dor. Tal operação é bastante perigosa e, sabendo de casos que haviam dado errado, abstive-me de fazê-la. Tentei de tudo: acupuntura, diferentes tratamentos sem sucesso. O grande especialista havia me encaminhado para um fisioterapeuta, que disse: "Olha, não conseguirei curá-lo. O que vou tentar fazer é evitar o agravamento". Eu estava condenado a sofrer do ciático pela vida toda, aliviando a dor de tempos em tempos com corticoides, que, depois de certo tempo, me causavam distúrbios hepáticos e digestivos. Bem, um médico do interior, um amigo meu, me disse: por que você não tenta a fisioterapia do método Mézières? Mézières foi um fisioterapeuta que inventou um método baseado no alongamento do corpo. Em Paris, encontrei um fisioterapeuta mézièrista que me curou completamente em três meses. O fisioterapeuta normal não conhecia o método Mézières: mesmo entre os fisioterapeutas há barreiras, como em todas as especialidades.

Acrescentaria que o aspecto sobretudo analítico e redutor da medicina ocidental é problemático, pois privilegia as moléculas químicas. Essas moléculas, às vezes, têm origem vegetal. O melhor exemplo é a aspirina, ácido acetilsalicílico, que vem de uma árvore, o salgueiro, e que agora é produzida industrialmente. A aspirina tem grandes virtudes, descobertas graças ao salgueiro, e, às vezes, apresenta desvantagens em pessoas com sangue um pouco fluido. O pensamento médico deu importância somente à molécula química e à sua capacidade terapêutica, sem pensar que talvez seja o todo complexo da planta que fortaleça a capacidade da molécula dela extraída.

Há sempre essa tendência de isolar e, em particular, de restringir o mal ao seu local. Há doenças que, com frequência, vagam pelo corpo, assim como há fontes de doenças que não estão estritamente num órgão ou no organismo. Isso quer dizer que a medicina ocidental não tem apenas virtudes, mas também deficiências; é ambivalente, complexa. O que tem sido menos compreendido é o papel da mente. De um lado se tem a medicina que atua no corpo e do outro a psicologia, a psicanálise. Não a psicanálise, as psicanálises, que aliás se combatem. E tem a luta entre psicoterapia e psicanálise. Não apenas elas se ignoram, mas cada uma gostaria de eliminar a outra. São elas que, de fato, cuidam da mente, infelizmente isolada do corpo. São elas que devem lidar com as forças do espírito capazes de desempenhar um papel autodestrutivo, mas também capazes de desempenhar um papel construtivo e curativo para a pessoa. Essas forças são desconhecidas; o exemplo dos xamãs nos revela a existência daquelas forças do espírito que são desconhecidas porque não procuramos reconhecê-las e estudá-las. Os xamãs são vistos como curiosidades etnográficas, quando se deveria tentar conhecer mais os seus saberes e suas fontes.

Jeremy Narby escreveu um livro chamado "A Serpente Cósmica". Era um antropólogo suíço que estudou um povo da Amazônia e, percebendo que eles conheciam uma variedade muito grande de plantas e as qualidades dessas plantas, perguntou-se de onde vinha esse conhecimento. Vinha de xamãs. Daí a ideia de que os xamãs, entrando em estado alucinatório, pudessem ter uma espécie de comunicação com o mundo animal vivo ou vegetal. Como eu disse antes, os índios Pueblo conheciam muito bem as substâncias capazes de tornar a lisina assimilável. Como eles encontraram esses remédios? Eis um tema extremamente interessante.

Qual é o problema fundamental da medicina? É que o ser humano é, naturalmente, um corpo, mas também um espírito. Um todo, quer dizer, uma pessoa, enquanto a medicina trata um órgão, um organismo, raramente a pessoa. A pessoa, por sua vez, está inserida num contexto primordialmente familiar. Uma das virtudes da psicanálise, embora tenha se tornado extremamente dogmática, é justamente mostrar o papel das experiências, dos traumas vivenciados tanto na primeira infância quanto no resto da vida. É importante porque sempre vivemos num contexto, vivemos com alguém. Se, num casamento, o homem deixar a mulher, ou se a mulher deixar o homem, haverá distúrbios, etc. Existe a família, mas também existe o ambiente, por exemplo, o ambiente urbano. Numa megalópole como Paris existem doenças psicossomáticas de todos os tipos, do estresse, da poluição, da aceleração da vida. Os pacientes vão de médico em médico e dizem: "Doutor, estou muito cansado", "Ah, então tome umas vitaminas". E essas pessoas doentes ficam vagando por aí. Por quê? Porque os médicos não sabem que essas doenças são doenças da civilização, dessa vida urbana; muitos desses distúrbios não podem ser curados, mas podem ser aliviados.

Devemos levar em consideração o meio urbano e o meio social, pois o indivíduo não está isolado, está sempre integrado e vive em diversos círculos da sociedade. Há algo mais a considerar. Não existe apenas o meio urbano ou o meio social. Estamos numa ecologia, num planeta com uma biosfera. Sabemos muito bem que nos tornamos seres vivos neste planeta. Mas o que é a vida? Somos em grande parte feitos de água. Somos feitos de elementos e moléculas encontrados na terra. Respiramos. Chegamos então a essa ideia das antigas medicinas tradicionais, que davam importância à água, ao céu, à terra, ao ar.

Sabemos também (verdadeiro? Falso?) que para nossos camponeses havia coisas que deveriam ser feitas na lua cheia e coisas que não poderiam ser feitas na lua cheia; Havia modos de colheita e processamento de acordo com a lua. Sabemos que muitas pessoas ficam perturbadas na época da lua cheia. Também sabemos que o sol tem erupções e estamos num sistema solar. Talvez as interações entre os planetas tenham um papel, talvez não exatamente aquele reivindicado pela astrologia clássica. Estamos conectados ao cosmos, gostemos ou não. Somos fruto de uma aventura que começou nos primórdios do universo, temos as partículas que nasceram em seus primeiros segundos, átomos, em particular o átomo de carbono, criado num sol anterior ao nosso. Temos moléculas que se formaram na Terra. Carregamos dentro de nós toda a herança da vida, somos parte do cosmos, sendo obviamente diferentes pela cultura, pelo conhecimento e pela ciência.

É isso que importa: reconstituir a totalidade complexa em que existimos, vivemos, sofremos, somos felizes, somos infelizes. Parto sempre da crítica à hiperespecialização, mas isso não quer dizer que seja contra a especialização. Ao contrário, a contribuição de especialistas é necessária para uma visão complexa. Devemos reconhecer o espírito da ecologia em todos os sentidos dessa palavra. A palavra "oikos", em grego, significa casa, a ecologia nos diz que o planeta Terra é a nossa casa. É preciso reconhecer tudo isso, estudar as diferentes medicinas, integrá-las na educação. Acho que, em nossas faculdades, deveríamos ensinar as diferentes medicinas. Para isso seria necessário conhecê-las, conhecer suas virtudes, seus defeitos etc. Talvez seja necessário também se perguntar sobre o médico. Em primeiro lugar, ele tem uma eficácia, eu diria quase mágica e carismática. Isso se deve ao fato de o paciente ser ignorante e estar diante de alguém que tem conhecimento e um saber curativo. Assim, o médico, mesmo o menos importante médico de bairro, ressuscita nele a ideia de poder curativo. Escreve receitas completamente ilegíveis; essa ilegibilidade tem uma virtude esotérica. Indiscutivelmente parte da cura vem da confiança. O que são os placebos? É que o paciente tem confiança no que acredita ser medicação, e essa confiança, em muitos casos, contribuirá para a sua recuperação.

Então eu me pergunto, se reformarmos a medicina e pedirmos diálogo entre o paciente e o médico, que o paciente compreenda, que o paciente coopere, não vamos perder as vantagens do feiticeiro, da magia por ilegibilidade? Talvez ganhemos outras vantagens: cooperação e conscientização dos pacientes sobre o que está acontecendo quando estão em tratamento. Acredito que haverá avanço. Perda da magia e progresso da consciência. Acho que é o caminho. Acrescentaria, porém, que o ensino da medicina deve ser integrado ao que chamo de ensino da civilização. Isso é o que falta na educação. Não estou falando das faculdades de medicina, estou falando do ensino médio, universitário. O que falta é um ensinamento sobre nossa civilização, sobre a mídia, sobre o consumo, sobre os vícios, não só sobre as drogas, sobre o vício do automóvel e dos produtos mais fúteis. É óbvio que não ensinamos o que é a nossa civilização. Um dos elementos a incluir nesse ensino é o problema da medicina e dos medicamentos.

O importante é não só abrir um processo de conhecimento mútuo, mas que esse processo seja um passo em direção às simbioses para uma medicina planetária mais complexa e mais rica. Foi Léopold Senghor quem disse que a civilização planetária deveria ser uma civilização do dar e do receber, enquanto a visão dominante em nossos países ocidentais é que temos lições a dar, que temos a verdade e não temos nada para receber, do ponto de vista do conhecimento, desse mundo chamado subdesenvolvido, portanto cognitivamente inferior. Agora, o que digo sobre medicina se aplica à cultura. Toda cultura tem seus saberes, suas maneiras de fazer, suas artes de viver e também seus erros, suas ilusões, suas superstições. E isso também é verdade para a nossa cultura. Temos os nossos erros, as nossas superstições, as nossas ilusões, mas também as nossas virtudes consideráveis, por exemplo, em termos de democracia ou direitos humanos. Isso para dizer que não estamos numa posição superior em relação a um mundo inferior. Temos muito a aprender, ao mesmo tempo em que temos que ensinar e é isso que deve nos levar a cooperações por uma medicina planetária.

Para ir nessa direção é preciso ter a capacidade de ligar, ter os instrumentos conceituais para reunir: foi a esse trabalho que me dediquei. Minha pesquisa chama-se "o método" por defender a articulação dos conhecimentos. Perderemos o ponto de vista soberano, ganharemos o ponto de vista humano. Precisamos abandonar dois tipos de arrogância: a ocidentalocêntrica, que pensa que estamos no trono solar, detentores de todas as verdades; e a erudita, que crê na ciência oficial como a única existente e que o resto é vaidade e superstição. Portanto, precisamos de muitas reformas, em especial as reformas da educação e do pensamento. O importante, se quiserem, é que estamos no início de um processo profundamente civilizatório e a medicina, justamente porque toca a parte, no fundo, a mais íntima de cada pessoa, sua saúde, sua vida, sua morte, está no centro de nossos problemas existenciais. É por isso que penso que se avançarmos nessa simbiose, progrediremos na compreensão dos outros, dos seus sofrimentos, medos, ansiedades, dos seus amores, das suas alegrias.

Tradução de Juremir Machado da Silva

Parte 1

CONFERÊNCIAS

COVID-19, CONFINAMENTO, SUPEREXISTÊNCIA E SOBREVIVÊNCIA[1]

Philippe Joron[2]

Introdução

O trabalho aqui apresentado em forma de ensaio questiona a essencialidade de nossas inclinações sociológicas, filosóficas, políticas e econômicas para a elaboração genérica de limites, separações, fronteiras, muros, distinções, vedações, impermeabilizações, no que diz respeito ao tratamento sanitário de Covid-19 e suas implicações nos fluxos turísticos globais. Isso leva a destacar um arsenal de dualidades ou dicotomias culturais preexistentes e colaterais, que perpetuam o front de nossas relações ambivalentes com a alteridade. O outro pode ser objeto de compreensão, reconhecimento, empatia, mesmo de amor, mas também é alvo de rejeição, incompreensão, ignorância e até de ódio, tanto quanto o sujeito que faz do outro o seu meio de identificação.

No caso, se as notícias são o prato principal da mídia, as humanidades e as ciências sociais colocam na mesa a posteriori a entrada e os talhares, com uma pequena análise sob o guardanapo a respeito dos pratos servidos. Os meios de comunicação estão constantemente descartando as notícias que os alimentam, sempre em busca de outros nutrientes que, depois de tratados, terão o mesmo destino. Assim, os impactos da Covid-19 no turismo poderiam ser totalmente relativos se comparados aos das urgências climáticas, migratórias, sociais e geoestratégicas que estão abalando nossa contemporaneidade. Essas questões não podem ser separadas porque nos estruturam e são o cardápio do nosso futuro.

---

1 Publicado em inglês em https://www.igi-global.com/chapter/lethal-virality-of-otherness/311961.

2 Professor Universitário de Sociologia, ex-vice-presidente da Universidade Paul Valéry – Montpellier 3, ex-decano da Faculdade de Ciências e do Sujeito. Diretor do centro de pesquisa LEIRIS, Laboratório de Estudos Interdisciplinares sobre o Real e os Imaginários Sociais.

No plano metodológico, o uso do "nós" pretende aqui ser amplo, não exclusivamente acadêmico, mas irrevogavelmente social e *societal*, sem qualquer concessão, como um "nós" de balcão de bar, pronto a todas as disputas e reconciliações do jogo. Esse "nós" equivale, portanto, ao homem *comum, nosso substrato* e horizonte, em complemento ao filósofo, ou seja, ao cientista, aquele que conhece por convenção e reconhecimento profissional[3]. Mas o filósofo, por seus empurrões literários e berreiros midiáticos, não escapa às conversas fiadas que lhe servem, no mínimo, de muleta no palco, assim como o homem comum não pode fugir às tagarelices da filosofia existencial cuspidas em discursos e insultos.

Esse posicionamento metodológico é uma linha de ação intelectual que, de forma alguma, exige aprovação. Fala simplesmente do "eu" aberto à busca da continuidade com o que ele não é, ou, então, da saturação purulenta do sujeito cognoscente na descoberta do objeto a conhecer, que alimenta e ecoa as interpelações do primeiro termo. Assim, o "eu" torna-se "nós". Uma simples postura fenomenológica que suspende temporariamente a tese da atitude natural, pois qualquer posição dentro ou fora de parênteses vale uma afirmação da situação necessariamente buscada por quem procura saber[4]. Normalmente, de acordo com o que estávamos acostumados, não poderia haver ego por evaporação ou desvanecimento. Ele teria que ser situado e datado[5], da mesma forma que aquilo ou aquele que ocupa a sua atenção. A "defenestração"[6], porém, está aí, aberta na mídia a todas as possibilidades[7].

---

[3] Alfred Schutz, *Le chercheur et le quotidien*, traduit de l'anglais par Anne Noschis-Gilliéron, Méridiens Klincksieck, Coll. "Sociétés", Paris, 1987.

[4] Edmund Husserl, *Idées directrices pour une phénoménologie*, traduzido para o francês por Paul Ricoeur, Gallimard, coll. "Tel", Paris, 1950 [1913, edição original]. Ver também, Philippe Joron, "Comment la sociologie est-elle possible", in Sociétés, N° 127, De Boeck, Paris, 2015, ver pp. 13-24.

[5] Cf. Jules Monnerot, *Les faits sociaux ne sont pas des choses*, Éditions de Minuit, Paris, 1946.

[6] Philippe Joron, "La sudation du quotidien ou les pores du réel médiatique", in *Sociétés*, N° 114, De Boeck, Paris, 2011, pp. 53-61.

[7] Cf. Philippe Joron, "La sudation du quotidien ou les pores du réel médiatique", in *Sociétés*, N° 114, De Boeck, Paris, 2011, pp. 53-61.

Parábola da torrada e crises totais

Se o problema da saúde e da pandemia não é de forma alguma novo na história de nossas questões coletivas sobre a organização do presente e o arranjo do futuro, segundo imperativos externos a nós mesmos, cujas consequências sofremos ("peste negra", "gripe espanhola", "Ebola", "HIV AIDS" etc.), agora damos como certo, com o aparecimento, em 2019-2020, da Covid-19, o fato de não sermos mais capazes de realização plena no projeto compartilhado de nossa existência. Em outras palavras, agimos no abismo diante do qual nos encontramos e passamos recibo de nossa situação precária, perecível, fatalmente mortal em que nos encontramos.

A complexa e poderosa sociologia de Georges Simmel, em particular a das formas sociais e das interações recíprocas, ensina que o estudo de um fenômeno é sempre mais eficaz e produtivo quando se levam em consideração suas relações com outros conjuntos formais e com seu todo constituinte[8]. Essas relações podem ser paradoxais, divergentes, contraditórias. Este é também o custo de sua harmonia *conflitual*.

Assim, num primeiro levantamento da questão sanitária, o aparecimento da Covid-19 tem inevitavelmente uma base natural, nomeadamente a transmissão de uma doença viral dos animais para os humanos: trabalho da natureza. Um segundo inventário, com base em especulações, remete a manipulações cujos resultados teriam escapado de laboratórios: uma interferência da cultura na natureza sujeita a todas as teorias da conspiração. Um terceiro balanço mostra a contaminação em escala humana pela multiplicidade de trocas culturais e a mobilidade social: uma cultura global em ação.

Essas formas de emergência e contaminação virais, em última instância, sociais, podem ser analisadas e compreendidas à luz de outras formas mesológicas em estado de interdependência. A linguagem da polemologia usa a expressão "guerras totais", reais ou potenciais. A invasão da Ucrânia pela Rússia, por ordem do presidente Vladimir Putin, com todas as conse-

---

[8] Cf. Philippe Joron, "Georg Simmel et la sociologie du futile. Dans les anfractuosités du social et de l'intime...", in *EPISTÉMÈ*, V. 20, "The News Horizons of Language and Media in the Era of Posthumanism", PROPEDIA / CENTER FOR APPLIED CULTURAL SCIENCES – KOREA UNIVERSITY, Séoul, Korea, Décembre 2018, pp. 46-67.

quências diplomáticas, políticas, militares, econômicas, migratórias que isso implica em nível global, é um exemplo trágico da relevância desse conceito de "guerras totais". Por extensão terminológica, já se pode falar em "crises totais", em império ou em expansionismo de crises com acréscimos exponenciais de camadas nacionais e internacionais alimentando a desordem, a inquietude e o comprovado temor das populações atingidas ou que podem sê-lo. Uma "pancrise" que satura o desejo de solução de cada parte dela.

Estamos todos familiarizados com a lei de Murphy, uma de cujas extrapolações se baseia na teoria da torrada com manteiga ou geleia, segundo a qual a possibilidade de qualquer sistema falhar devido à fraqueza de pelo menos um de seus componentes leva inevitavelmente a uma provável, senão certa, falha da montagem. Se não cair (primeira possibilidade), virar e pousar (segunda possibilidade consecutiva) do lado de seu "recheio"[9] ou cobertura, uma torrada pode permanecer em estado inicialmente estável enquanto sofre uma sobrecarga total que não teria outra escolha do que se espalhar por seus transbordamentos ou por suas vacuidades estruturais (ou seja, pelas ausências fragmentadas do miolo de panificação ou mesmo pelos famosos furos na raquete que nada têm a ver com o pão, mas que dão uma certa ideia da torrada). É uma lei simples, enunciada para dar textura ao todo, que ainda nos mantém coesos.

As leis, sob o manto de princípios físicos ou morais considerados inamovíveis, mas normativos e, portanto, sujeitos à competição e variação, só existem porque nos ajudam a pensar a alteridade (a relação com o outro, com a natureza, a cultura e os objetos) e a nos organizar dentro dela. Para nós e contra os outros, se eles não são nós mesmos. Para eles, se concordarem em entrar em nossas áreas de influência. Para nosso benefício novamente numa natureza maltratada ao extremo.

As culturas humanas se fazem assim, sobretudo aquelas que se destacam pelo excesso em nossa contemporaneidade. Nossa torrada planetária, esférica e não plana, nosso playground aberto, de perdas e ganhos, serve de banquete para nossa fome insaciável do que não conhecemos. Ela arca ine-

---

[9] *Frippe*: nome dado em certas províncias da França no século XIX aos nutrientes doces ou salgados com os quais as fatias de pão eram cobertas. Ver Honoré de Balzac, Eugénie Grandet, Éditions GP – Presses de la Cité, Paris, 1965 [1834], p. 193.

xoravelmente com os custos, assim como os convidados e todos aqueles que nunca têm direito a sobras.

Da pandemia à violência endêmica

Tudo isso concomitantemente com a consciência nos países ocidentais de sua violência endógena, inerente ao fundamento humano que os constitui, mas ainda assim reativada, reconstituída ou potencializada conforme a situação por fontes culturais, políticas, religiosas, sociais, fora de suas fronteiras. Em novembro de 2005, a cobertura da mídia de uma notícia sobre a morte de dois adolescentes eletrocutados por um transformador da EDF, em Clichy-sous-Bois, na região de Paris, levou a culpa[10].

Este trágico episódio resultou em disseminação de violência contra o Estado nos subúrbios e bairros periféricos de várias cidades francesas. Os franceses descobriram então o que já haviam percebido em termos de insegurança durante as eleições presidenciais de 2002: o status endógeno da violência, para além de qualquer tipo de suposta importação. Todos finalmente notaram que eram uma arma pacientemente à espera, numa posição segura, sob vigilância, com um dedo no gatilho, em estado de impaciência. Em outras palavras, no mínimo, não poderia haver permeabilidade e capilaridade da chamada violência exógena sem substrato de nutrientes autóctones. A França era sua própria violência. Não poderia ser diferente em cada Estado. A exceção francesa não parava em pé.

Em suas *Reflexões sobre a violência*, Georges Sorel, em 1908, indicava que, segundo a filosofia burguesa, "a violência seria um resquício da barbárie e estaria destinada a desaparecer sob a influência do progresso do iluminismo"[11]. Diante da covardia burguesa que, segundo ele, dificilmente ousava usar a força, ou seja, os meios repressivos do Estado dirigidos contra qualquer tipo de agitação operária, Georges Sorel considerou que o proletariado tinha uma carta histórica para jogar mobilizando todo o arsenal de sua própria violência para atingir seus objetivos de luta de classes visando ao enfraquecimento das

---

[10] Philippe Joron, "La violence sacrificielle", in Violences et communication, *Les Cahiers de l'IRSA*, PULM, Montpellier, décembre 2006, pp. 245-261.

[11] Georges Sorel, *Réflexions sur la violence*, Paris, Seuil, 1990 [1908], p. 66.

injustiças sociais. Força parcimoniosa do Estado burguês versus violência sem freios do proletariado oprimido.

Em 1935, em sua análise da ascensão ao poder do nazismo na Alemanha e suas disseminações ideológicas na Europa, o filósofo marxista Ernst Bloch apresentou os conceitos de "não-contemporaneidade" e "não-simultaneidade" para explicar a ausência de inscrição do discurso marxista no campo da utopia constitutiva das revoluções, a energia empregada pelos teóricos do nacional-socialismo para ocupar o espaço assim deixado vago na construção de novos mitos, a frustração dos alemães pequeno-burgueses, empobrecidos e atrofiados pelas consequências econômicas e políticas do Tratado de Versalhes, assinado em 28 de junho de 1919, no final da Primeira Guerra Mundial[12]. Essas noções de "não-contemporaneidade" (com horizonte sociológico) e "consciência não-simultaneidade" (com alcance psicológico) insistem na incursão de valores e práticas bárbaras do passado, consideradas obsoletas e arcaicas, no seio da modernidade, no tempo presente de cada época[13].

Essas análises, localizadas e datadas, permanecem relevantes. Elas servem sempre como pontos de apoio, como linhas de força para a compreensão dessas "variáveis constantes" que invadem nossos presentes históricos, as questões relativas à nossa origem e nossos destinos comuns, nossas obsessões em relação a um "jogado aí" antropológico que cabe a nós organizar o melhor possível com a natureza, que nos serve de base e de polo de ativação.

Em 1984, Patrick Tacusel realizou seu primeiro grande trabalho sociológico, *A atração social*, como uma exigência combativa e resistente diante da rigidez ideológica das ciências humanas e sociais da época, seguindo a consciência de maio de 1968 do "tudo é possível". A respeito da questão relativa ao uso espacial das comunidades humanas, que ocupa posteriormente o presente das nossas questões relativas à mobilidade social ligada à pandemia de Covid-19, nas preocupações turísticas, nas manifestações terroristas, nos fluxos migratórios climáticos, econômicos e políticos, mas também na recente invasão da Ucrânia pela Rússia de Putin, Patrick Tacusel invocava as mudanças

---

[12] Ernst Bloch, *Héritage de ce temps*, traduzido para o francês por Jean Lacoste, Paris, Éd. Payot, Coll. "Critique de la politique", 1978 [1935].

[13] Cf. Philippe Joron, "La prime à l'émotionnel", in Michel Maffesoli & Brice Perrier (Org.), *L'homme postmoderne*, Ed. François Bourin, Paris, 2012, pp. 23-32.

na velocidade histórica que, sem se reduzir "a apenas eventos revolucionários como muitas vezes acontece, nos indicam estados de não-contemporaneidade espacial"[14]. Apontou então a coexistência sustentada e irrevogável de forças ou potências paradoxais, mesmo contraditórias, entre desejos de mobilidade ("espaços para"), preocupações com a retirada ("espaços contra") e as circunvoluções imaginárias que as tecnologias digitais criaram.

O grande deslocamento dos medos

A explicitação dos pontos anteriores indica que há muito está na mesa o problema climático, que responde tragicamente à ausência de solução de questões relativas às nossas posturas, convicções ideológicas e ao desenrolar de nossas imaginações. Questionamentos, portanto, sobre as conquistas da nossa humanidade diante de seu biótopo, que paga o preço. Como espelho difratante desse estado de coisas, ainda servimos a sopa aos nossos desejos e vontades, tudo a crédito, com água, legumes, carne, condimentos e energia que faltarão ao destino de quem já se arrepende de saber que está no rastro dos acontecimentos, carregando o fardo de nossas incoerências e nossa covardia em prol do curto prazo.

Todos conhecemos o impacto da nossa mobilidade e das nossas ações no clima. Nossas respostas estão atrasadas em relação ao nosso conhecimento sobre esses assuntos. É de temer que permaneçam congeladas por muito tempo após a queda internacional causada pelos objetivos imperialistas da Rússia de Putin em relação à Ucrânia. Dependência da Europa, especialmente da Alemanha, através de dois gasodutos que ligam esta última à Rússia através do Mar Báltico (Nord Stream). Uma Alemanha que já havia decidido limitar a sua produção nuclear para investir em energias renováveis e sem carbono e que agora vê as suas capacidades de fornecimento limitadas ao carvão e ao gás russo. Os Estados Unidos, autossuficientes e exportadores de petróleo e gás de xisto, são naturalmente a favor do corte do Nord Stream.

No entanto, após o acordo climático de Paris, adotado em 12 de dezembro de 2015, assinado e ratificado no ano seguinte pela União Europeia

---

[14] Patrick Tacussel, *L'attraction sociale. La dynamique de l'imaginaire dans la société monocéphale*, Librairie des Méridiens, Coll. "Sociologies au quotidien", Paris, 1984, p. 171.

e por outros 191 Estados, concordou-se que até 2050 se limitaria o aumento da temperatura média do planeta a 2°C, atuando na redução das emissões de gases de efeito estufa pela indústria, serviços, agricultura, transportes e vida cotidiana, mobilizando recursos de financiamentos para atingir esse objetivo. Esse acordo dava sequência à declaração de princípio da Convenção Quadro das Nações Unidas sobre a Mudança do Clima (CQNUMC) aprovada no encontro de cúpula "Planeta Terra", em 1992, no Rio de Janeiro.

O IPCC (Painel Intergovernamental sobre Mudanças Climáticas), criado em novembro de 1998 a pedido do G7, emite, em 28 de fevereiro de 2022, a segunda versão de seu último relatório (AR6), que reafirma o fato de que quase metade da população mundial vive em situação de extrema vulnerabilidade face às mudanças climáticas em curso[15]. Indica também que essas mudanças climáticas, atribuíveis às ações humanas, provocarão e acentuarão migrações e deslocamentos de populações em busca da sobrevivência e fugindo de condições de vida mortalmente precárias.

Na França, desde o contexto das eleições presidenciais de abril de 2022, o problema recorrente da imigração tem sido novamente destacado pela extrema direita. Acrescente-se a isso as preocupações sociais com poder aquisitivo e sobrevivência já expressas no episódio dos Coletes Amarelos, entre 2017 e 2019. Isso se impõe diante das urgências climáticas que lutam com dificuldade para ocupar o centro da cena política.

Beneficiando-se de uma recomposição do cenário ideológico, inspirada na derrocada do Partido Socialista e da UMP em 2017, Emmanuel Macron investiu num centro político até então improvável, concentrando grande parte da esquerda e da direita, fragmentadas, emancipadas da polarização política convencional. Aí também, ainda mais do que no passado recente, a questão da alteridade, incluindo nossa relação com a Natureza e com o Outro, faz diferença. Essas questões não são só de responsabilidade da França. Compartilháveis e sujeitas a influência, são globais.

Desde o seu aparecimento, no início de 2020, a pandemia de Covid-19 reduziu consideravelmente as nossas trocas materiais e a nossa mobilidade física. As medidas mais ou menos drásticas tomadas pelos países em matéria

---

[15] https://www.vie-publique.fr/en-bref/284117-rapport-2022-du-giec-nouvelle-alerte-face-au-rechauffement-du-climat. Última consulta: 07/03/2022.

de circulação e contenção, em nível internacional e em vários níveis nacionais, baixaram o nosso limiar de alerta sobre as violações da liberdade de circulação e a aceitação do controle social que daí decorrem, especialmente na questão da vacinação das populações.

Incutiram-se também em nossas consciências pequenos alarmes que estavam adormecidos até então sobre nossa dependência efetiva de outros lugares, produções feitas no exterior (máscaras, vacinas, testes, etc.), contatos corporais, beijinhos, apertos de mão, roçar de narizes, ombro a ombro, boca a boca. Sufocamo-nos por falta de alteridade, filosófica e carnalmente retraídos em nós mesmos, como um "cão de caça" à espreita de qualquer movimento suspeito.

Se os períodos de confinamento convidavam à autorreflexão, ao autocuidado e ao compartilhamento remoto (leitura, esportes, depoimentos nas redes sociais, trabalhos manuais, Netflix), convidavam-nos também a explosões ou mais precisamente aos excessos de que somos feitos: violência doméstica[16], alcoolismo e outros expedientes, anorexia social, bulimia de consumo, conspirações paranoicas, etc. Não podíamos mais trocar diretamente com o Outro, portanto, conosco mesmos, mas apenas com pretextos intermediários, com mediações de trégua; outro-objeto, objeto-coisa, objeto-natureza, objeto-pensamento. Fazíamos inteiramente a nossa própria defenestração, não apenas midiática, mas também íntima. O confinamento provocou assim a extradição de nós mesmos para regiões interiores, violentas e defeituosas, por efeitos múltiplos e sobrepostos de egoísmo em cascata. Fomos o que somos por redução existencial.

Cinicamente, nada trágico nesse sentido, já que tudo é. Simplesmente tentamos nos procurar, farejar, encontrar, a golpes de picaretas, invectivas e outras armas disponíveis. Se nossa natureza nos estimula, por meio de posições culturais supostamente apropriadas, a Natureza, aquela da qual não somos mestres, apesar de nossas ilusões persistentes, também, em con-

---

[16] De acordo com o relatório elaborado pelo MIPROF em julho de 2020, o aumento da violência doméstica foi significativo durante o período do primeiro confinamento entre março e junho de 2020. https://www.egalite-femmes-hommes.gouv.fr/wp-content/uploads/2020/07/Report-violence-conjugales.pdf. Continuou e se ampliou durante o segundo período de confinamento entre novembro e dezembro de 2020. Última consulta: 28/12/2020.

trapartida, se ofusca. Alguns de nós, sejam países, povos, comunidades ou indivíduos, carregam o peso disso no curto prazo. No médio e longo prazo, todos somos impactados, definitivamente, até o alvorecer da esperança que nunca chega.

Em outras palavras, tentamos conviver com nós mesmos ou pelo menos tentamos vislumbrar formas de sociedade, gentis ou violentas, conforme o caso, capazes de fazer coexistir nossas diferenças num mundo que acreditamos ainda compartilhável. Nesse sentido, nossa animalidade se conforma naturalmente com nosso humanismo, pois nossa humanidade se faz em excesso sem reconhecimento de nossas falhas intrínsecas, já que o Outro continua sendo alvo do interesse que temos no confronto, pois o Outro na sua "diferença inexplicável" (Georges Bataille)[17] projeta em nós sua semelhança conosco.

Para nos livrarmos então desse outro "nós mesmos", isto é, de nossa própria natureza primeira, fazemos dela um objeto de manipulação, dominação, submissão, difamação, amor por negação. Esse outro, ligado intimamente conosco, apesar de nós mesmos, esse "nós mesmos" constitutivo do todo, traça seu caminho inexoravelmente. Podemos ter que ir com ele, mas escolhemos trilhar nosso próprio caminho sem ele, já que o vemos como nossa própria estranheza a abater. É a nossa política de conforto por autoproclamada cegueira. É claro que nossos colchões e/ou esteiras não teriam a confirmação de suas funções de cama sem alguns cobertores ou aquecedores extras... Definitivamente nos preocupamos conosco, mesmo que isso nos leve à perda.

Em outro sentido, convergindo com o que acabamos de indicar, tentamos existir, circular, andar, alimentar-nos, hidratar-nos, aquecer-nos, refrescar-nos, expressar nossas enfermidades humanistas sustentadas pelo exoesqueleto ideológico de nossos compartilhamentos ou competição. Tentamos fazer, correndo o risco de nos desfazer definitivamente.

Somos oito bilhões de pessoas em uma situação precária de globalização. E ainda nos colocamos, por cegueira, numa relação silenciosa diante da realidade da diferenciação. Mais precisamente, nos recusamos a ver o que

---

[17] Philippe Joron, "Comment la sociologie est-elle possible?", in *Sociétés*, N° 127, "SociologieS", De Boeck, Paris, 2015, pp. 13-24.

uma relação possivelmente responsável ainda poderia implicar no confronto de nossas diferenças intrínsecas.

Temos muito a fazer nos desvãos humanitários que nos impulsionam, às vezes, nos contêm e, inevitavelmente, nos condicionam.

Nessa crise, da qual estamos no começo, ainda temos uma chance. Principalmente em tentar não estar muito longe de nós mesmos, na perspectiva próxima desse Outro que nos faz, desses outros que nos implementam. Mas essas sombras humanistas, na comunidade europeia e na nação francesa, cheias de ideologias de benevolência ostensiva e aberta em relação aos assuntos de embaixadas ou consulados, respondendo a diques políticos que tentam limitar ou anular nossas semelhanças, vão contra o que nos faz ou parece nos aperfeiçoar.

Em suma, nos perdemos no abismo de nossa alteridade porque voltamos incansavelmente ao que nos fez ou nos fará, sem levar em conta o martelar de nosso presente sobre nossos vazamentos e perdas em termos de diferenças necessariamente amalgamadas. Estamos, de fato, em um estado de *des-existência*.

Síndromes turísticas de recalcamento humano

A pandemia de Covid-19, por mais assustadora que seja no início de 2022, mudou radicalmente nossa relação com a distância e o tempo. Nossa aparência de fluidez espaço-temporal, impulsionada por nossas conquistas tecnológicas, cedeu momentaneamente à radicalidade do espaço que nos localiza e do tempo que nos data. A distância digital, conquistadora e confortável nas relações interpessoais, tornou-se, no entanto, um tapa-buracos na organização dos assuntos humanos. Como entender sem se roçar? Como tratar sem pesar? Como negociar sem palpar? Como amar um ao outro sem se tocar? O que fazer com a presença virtual do Outro que torna ausente o real do encontro, desposando a corporeidade das relações? A técnica das sensações está em ação.

De acordo com os ensinamentos de Augusto Comte, a humanidade é composta mais de mortos do que de vivos[18]. Na verdade, ele não estava errado. Nossas questões carnais e nossas memórias repertoriadas atestam isso.

---

[18] Auguste Comte, *Catéchisme positiviste*, Carilian-Gœury et V. Dalmont, Paris, 1852.

Na amplitude do seu radicalismo positivista, a sociologia comtiana mostrou um relativismo surpreendente no final de sua vida, suas releituras no presente prejudicando aqui e ali nossas certezas monolíticas quanto a seus legados disciplinares. Assim, os mortos nos governam, mesmo que os eliminemos sub-repticiamente de nossas memórias discordantes. Porque com o tempo tudo vai embora, ou quase. Já que o quase faz o resto, num amontoado de resíduos heterológicos que asseguram nossos fundamentos de existência.

Há uma observação salpicada de evidências, mas também de incógnitas. Como um pedaço de carne dita "nobre" que, pelo fato de sua ingestão, marmoreia em nossas posturas salientes minando o momento que antecede nosso colapso programado. A gordura nos atrai porque aperfeiçoa nossas conservas *societais*. Os mortos são nossa carne, que incha assim que é trazida à vida. Manutenção em conserva. Mas os vivos também são responsáveis por certa conta da dita humanidade, em cujas circunstâncias se dizem operários. Para talvez manter nossos livros de história abertos e permitir que alguns escolham o estilo e o uso de maiúsculas que considerem vantajosos. A escrita dos humildes, porém, não pode parar diante da saliência do mata-borrão que a enxuga.

As imposturas individuais e coletivas, em todos os níveis, ainda podem ser submetidas a análises críticas e contraditórias. Necessariamente combativas. Nesse sentido, a sociologia ainda tem algum futuro, desde que, é claro, permaneça fiel aos seus postulados iniciais de abertura a outras disciplinas encarregadas dos mesmos objetos. Se é chamada de esporte de combate, a sociologia o é em sua pureza constituinte, tanto pela expressão quanto pela observação de conflitos recorrentes entre o uno e o múltiplo. O principal aqui é uma questão de perspectivas compartilhadas ou complementares, ao menos não desconsiderando o reconhecimento permitido pela troca entre as partes envolvidas.

Num estudo dedicado aos possíveis pontos de junção entre turismo e terrorismo, implacavelmente situados e datados[19], mostramos a desorganização do pensamento político que apostava na tese da Grande Substituição dos povos e tradições europeias defendida por Renaud Camus, ex-membro do

[19] Philippe Joron, "Tourisme et terrorisme. Grand Tour et petites mains de la Terreur", in *Sociétés*, N° 143, "Tourisme et sécurité des territoires", De Boeck, Paris, 2019, pp. 7-17.

Partido Socialista nos anos 1970-1980[20], retomada por grupos identitários de extrema direita e usuários de uma complosfera cacofônica. Medo do Outro, mais precisamente desse Oriente islâmico que ameaçaria o Ocidente cristão pelo aumento populacional. Éric Zemmour, candidato do movimento político Reconquista!, nas eleições presidenciais de abril de 2022, fez-se seu intérprete enquanto reivindicava para si e suas ideias a suposta herança do pensamento político do gaullismo, relegando assim a desdemonização da *Reunião Nacional* desejada por Marine Le Pen (da antiga Frente Nacional criada por seu pai) a propostas fracas em termos de imigração.

Esta tese da Grande Substituição se sustenta com amplos recortes na do Grande Deslocamento dos medos erguendo barreiras, cercas, arame farpado, muros, corredores, guaritas, armas, mortes, sofrimentos e lágrimas entre povos que dependem respectivamente de seus modos de vida políticos, econômicos e culturais, mas que, no entanto, procuram transfigurá-los em trocas globais, sem dúvida por necessidade.

E assim podemos ver claramente que, numa "pancrise" que serve de cobertura às nossas torradas existenciais, nas dobras destas questões sobrepostas em sucessivas camadas que envolvem as nossas vidas, o problema do turismo torna-se essencial, mas, ao mesmo tempo, relativo. É essencial porque a mobilidade *Low Cost* é posta em causa, porque o turismo de massas, alcançável pela democratização do acesso, tornou-se questionável, sem dúvida, há muito tempo. Já limitamos nossos paraísos desejados a paródias artificiais, virtuais, digitais, por mais sofisticadas que sejam. Também é relativo porque suas imprecações libertárias estão desaparecendo diante dos esgotamentos ecológicos e humanitários que nos ocupam de forma igualmente duradoura. Mas, em troca, há uma pitada de esperança no compromisso social de nossas plataformas humanas em favor dos infelizes e dos pobres que batem às nossas portas.

Em 2016, manteve-se o número de turistas na França, à frente dos Estados Unidos e Espanha, como principal destino turístico mundial, com cerca de 83 milhões de turistas internacionais, contra 85 milhões em 2015, um ano recorde[21]. Depois, ao nível da mobilidade internacional e em particular

---

[20] Renaud Camus, *Le Grand Remplacement*, Éditions, David Reinharc, Paris, 2011.

[21] https://www.planetoscope.com/tourisme/415-nombre-de-touristes-en-france.html. Consultado em 14/10/2017.

do tráfego aéreo, verifica-se que o número de passageiros transportados por via aérea rondava os 4 bilhões em 2017, confirmando assim a continuação do crescimento (+6,3% em 2016), apesar dos receios relacionados com o terrorismo e ameaças que continuam a pesar sobre a segurança das aeronaves e plataformas aeroportuárias[22]. Desde 2020, ao longo do episódio da Covid-19, os dados estatísticos coletados mostraram um colapso nas trocas por vias aéreas. De acordo com informações fornecidas pela IATA (International Air Transport Association)[23], em 30 de setembro de 2021, a demanda por transporte de carga caiu 10,6% em 2020, em relação a 2019. As companhias aéreas transportaram 1,8 bilhão de passageiros em 2020, contra 4,5 bilhões em 2019. Uma queda de 60% no tráfego, principalmente internacional, mas também em nível doméstico.

Consequentemente, essas limitações de tráfego de carga e passageiros aumentaram significativamente o custo do transporte aéreo, reduzindo o impacto da mobilidade internacional e doméstica na emissão de gases de efeito estufa em nível global.

Des-existência

De acordo com sua etimologia latina, existência significa simplesmente o fato de ser. A *des-existência*, que não é de modo algum o seu oposto, reivindica este estado, ao mesmo tempo que inclui nele as questões da sobrevivência e da superexistência, que parecem provocar um colapso dos entes.

Mas nada é menos certo.

A sobrevivência implica uma falta de vida compensada por esforços imensuráveis feitos por quem a sofre, sem que eles jamais tenham certeza de seus efeitos benéficos. Resulta de quem nada tem ou não tem muito a perder no plano material, mesmo atolado em dívidas. A moral, depois a moralidade desordenada, pode acompanhar o mesmo movimento.

A sobrevivência é inevitavelmente material e financeira, mas também psicológica, cênica e virtual. Consiste em afirmar o desejo de existência aos

---

[22] https://www.planetoscope.com/Avion/1837-passagers-transportes-par-avion-dans-lemonde.;html. Consultado em 14/10/2017.

[23] https://www.iata.org/contentassets/8ba31bb109324ae3973bb8b6560829be/2021-09-30-02-fr.pdf. Consultado em 09/03/2022.

olhos de todos, contra todas as probabilidades. Isso era a prerrogativa das estrelas[24]. Agora é nossa conquista.

De fato, sobrevivência e superexistência não são necessariamente opostas. Elas podem se cruzar, deformar, complementar uma à outra. Assim, é possível estar em sobrevivência material e mental enquanto se vive um estado de superexistência projetado nos outros. Tudo se torna possível no pleno exercício da globalização mercantil, da individuação dos afetos compartilháveis, da digitalização da alteridade dúbia.

Por necessidade mínima, descrita como "sobrevivência" por alguns e "subvida" por muitos outros, temos que estabelecer um acordo entre o que nos é imposto (história, cultura, injustiça, o social, o outro, o diferente ou o mesmo), o que queremos para nós mesmos, o que possivelmente queremos para nossos acólitos aceitos ou estrangeiros, por um lado, e nossas aspirações de mudança ou imobilidade, por outro. Temos, portanto, que "nos contentar" com a nossa própria situação "meia boca", com o "cheiro de mofo"[25], inventando outros suportes ou tábuas de salvação capazes de fornecer alguns amparos.

Aqui, como em outros lugares, as palavras têm um significado e também são armas defensivas, mas também ofensivas se for o caso.

Assim, inversamente, por necessidade máxima, inventamos dia a dia nossa possível superexistência, porque é nosso projeto de conquista de um todo que reduzimos a muito pouco, por supormos que nos aperfeiçoa. Prova disso são as nossas logorreias ditirâmbicas nas redes sociais, que nos dão um suplemento de existência[26].

Há um impacto mais efetivo no desenvolvimento de nossos pontos de coordenação estratégica, nossas trincheiras defensivas e nossas cargas ofensivas no que diz respeito à apreensão da elasticidade do presente, de nossa contemporaneidade falível, do que ainda podemos fazer por um "nós mesmos", englobando o meio que, apesar de múltiplas dobras circunstanciais, ainda se atreve a indicar linhas de fuga para terras exógenas a serem conquistadas, de

---

[24] Edgar Morin, *Les stars,* Seuil, Paris, 1972.

[25] Ernst Bloch, *Héritage de ce temps*, op. cit., p. 17.

[26] Vincenzo Susca, *Joie tragique. Les formes élémentaires de la vie numériques*, CNRS Éditions, Paris, 2011.

acordo com nossos interesses pessoais mais ou menos compatíveis com os de nossos grupos de origem.

Mais ou menos, porque o componente "nós" parece estar se desfazendo nesses tempos de comunicação difratada, para além das aparências políticas, ideológicas e morais servindo de telas para os reflexos de nossos espelhos. Ele nunca existiu, mesmo num passado imemorável que nos permite supor uma espécie de continuidade original com os seres, a natureza, o mundo e o resto? O componente "nós" é como um chamariz em torno do qual se movimentam algumas vontades certamente louváveis (institucionais e/ou íntimas, coletivas e/ou individuais), enquanto a entidade "eu" ou "ego" continua firmando suas parcerias de circunstância por uma mudança de mundo que, no entanto, continua a não muito desejar. Este mundo não é mais nosso. Já não nos pertence. Enquanto o "nós" parece não existir mais, porque não se expressa mais a não ser na esquizofrenia[27], porque não tem mais reconhecimento no contrato da democracia representativa. Porque não tem mais moldura. Porque ele está em um outro lugar de si mesmo. Porque experimentou o agradável mau tempo da defenestração política e comunicacional. Então o componente "nós" ficará satisfeito com a democracia participativa?

Mente estreita e grandes frustrações

Sob a pressão das tecnologias de informação e comunicação, coletivamente assumimos como certa uma mudança definitiva no relacionamento com os outros e, consequentemente, conosco mesmos. Poderíamos então existir a distância, no "aqui e agora" de uma espacialidade finalmente acessível e de uma temporalidade doravante controlável, sob orientação programada, independentemente de nossa materialidade física e de nossa compreensão voluntária, nas plataformas digitais da alteridade.

Preocupamo-nos em não estar muito distantes da comensalidade digital e da provação virtual, sob pena de realmente não existir mais. Vivemos várias vidas, em múltiplas versões de nós mesmos, na tela do possível alhures, nas janelas de acesso, permanecendo mais ou menos em conformidade com o classicismo de nossas trocas *in situ*, nesse mundo inferior de experiências e

---

[27] Cf. Jean Baudrillard, *L'autre par lui-même, Habilitation*, Galilée, Coll. "débats", Paris, 1987, pp. 24-28.

objetos concretos que sugou nossas necessidades básicas. Pensávamos não estar mais ancorados em nossa descontinuidade de massa, sonhávamos com nossa continuidade original na afirmação de nossas singularidades. Éramos nossas próprias estrelas, nossos próprios modelos, nossos próprios desejos de ser diferentes em uma obliteração irremediável das contingências.

Ainda estávamos experimentando uma espécie de compensação digital quanto à delimitação de nossas fronteiras físicas, individuais. E assim, pensamos em nos unir de uma vez por todas, estar em total simbiose com esses outros e esses conjuntos que nos constituem em fricções orgânicas.

No entanto, por lembrete, tínhamos como cordas de rapel nossas trocas corporais e verbais.

As cordas, entretanto, provaram ser elásticas: confinamento, toque de recolher, distanciamento social, por um lado; e depois a invasão de Putin de uma Ucrânia democrática que responde, pelos atos heroicos de seus cidadãos, forçando a resistência contra um imperialismo russo que convoca o passado na tentativa de existir.

Política em perdição para trás e comunicação enfadonha na propaganda. Sociologia da *des-existência* e convivência a fórceps. Nessa pilha de fraturas políticas, ideológicas, econômicas, digitais e sociais, buscamos um possível em outro lugar, testamos as fragrâncias do exógeno.

Trata-se também de cacicados e de status, "de carregadores de malas" e de "braços balançantes" sem bagagem, aceitando uma submissão tranquilizadora, maleável, convidando à participação nos lucros do contrato que lhes é proposto. Como se eles não soubessem o que são. Mas eles sabem o que estão fazendo. Para eles mesmos. Porque também medimos o impacto de suas ações e eles detectam a intensidade do nosso olhar fixado neles. Porque eles somos nós na parede de nossas etiquetas desajeitadas. Nós os entendemos porque somos feitos da mesma madeira, das mesmas rachaduras, dos mesmos nós, dos mesmos mofos roendo a fibra.

Nessas condições, como ainda podemos escolher um líder quando muitos concordam em deletar a candidatura de uns e outros? Por que querer um líder de outro lugar? Os controles, originais ou oportunistas, sinceros, calculados ou manipulados, estão agora sujeitos a tremores. Porque é nosso destino ou nosso fardo. Porque a precisão, efêmera em sua realização, deve ser buscada nas aparas, nos refugos, nas raspagens, no que resta. Portanto, não há fatalidade sem luta, assim como não pode haver luta sem um fundo de esperança.

São questionamentos de época quase esquecidos, que reaparecem constantemente ao longo do tempo e das situações: perguntas desgastadas ganhando um novo visual, fundilhos puídos na projeção de um novo piso de concreto para nossa convivência, mesmo quando já está usado; achados desatualizados.

Enquanto isso tudo que restava a ser fundado já era patrocinado pelas deformidades inventivas de nossas capacidades adaptativas diante da reprodução do idêntico. Deste ponto de vista, Pierre Bourdieu estava substancialmente certo, apoiado por seu rebanho em posição de espera. Como muitos outros antes dele, com ele e contra ele nessas questões. Em seu tempo, ele concentrou a atenção dos crédulos em um simulacro de bons sentimentos debruçados sobre os sofrimentos daqueles que tentavam viver uma e outra vez em uma névoa de contradição, dominação e violência simbólica justamente denunciada[28]. A sociologia bourdieusiana ou bourdivina estava em voga. Da mesma forma que o existencialismo sartreano[29] nas barricadas da invectiva ondulante que, no pós-festa de suas noites acolchoadas, embaladas pelas ilusões soviéticas, arengava as mobilizações operárias e estudantis de 1968.

Sobre essas questões, as posições adaptáveis de humor, afeto e ressentimento (não dizemos que a ausência de ideologia marca nossa época?) obviamente permanecem divididas ao extremo entre colapsologia e transumanismo.

Fim dos tempos humanos e redenção tecnogenética, dizem eles. Descarga bélica, vemos. Em torno desse entremeio sociologicamente insondável, no seio do qual cada singularidade do testemunho inventa um universo de prospecção, ele mesmo mutilado de radicalidades em função de perdas num cartão de pontos; certas marginalizações podem trazer a marca de nossa determinação em assinar o cheque em branco do deixar fazer participativo para soluções simples, porém, múltiplas e adaptáveis a cada um, elas mesmas se tornando insustentáveis quando convergem apenas para interesses pessoais, abrindo uma brecha em busca de legitimidade coletiva.

Estética do populismo? Beleza de deformidades singulares? Ou clareza magistral de um todo nutrido por algumas obscuridades que fazem a diferen-

---

[28] Pierre Bourdieu, *La misère du monde*, Seuil, Paris, 1993.

[29] Jean-Paul Sartre, *L'existentialisme est un humanisme*, Gallimard, Paris, 1996 [1946].

ça? Não temos alguns exemplos do passado para contar definitivamente as manipulações em ação no presente? Democracia? Já falível em seu princípio, deixando que seus detratores digam e façam, mesmo aqueles que a têm em alta estima e a defendem até obter suas medalhas de chocolate.

Solução básica e de pleno emprego para lubrificar os mecanismos de sobrevivência: ficar sozinhos todos juntos[30], tendo como única alternativa a determinação de ser sem sucumbirmos demais à pressão do confinamento que nos mantém distantes uns dos outros, enquanto jogamos cada um de nós em sua própria insuportabilidade revelada pela existência letal daqueles que se tornam *sparrings* destrutíveis[31]. Eis uma mesma distância que nos conecta, da mesma forma que as lágrimas ou feridas, cuja realização acompanhamos ativamente[32].

No mundo de hoje, os Bourdieu e os Sartre, sejam ideológicos, políticos, egoístas ou nobremente desinteressados em seus engajamentos, sem dúvida teriam sido meros incendiários virtuais em um inferno adormecido. Eles podem não ter existido mais do que os articuladores digitais da revolta dos Coletes Amarelos. Não menos do que aqueles que castigam (bobagem histórica) os "bons pensadores" intelectuais, midiáticos, políticos e tecnocráticos em relação aos quais sua distinção se revela infinitesimal, a um ponto próximo do capital material microssomático e simbólico. Eles fazem o que denunciam. Chamando a atenção dos outros para os alvos que escolheram. São aqueles que desprezam e fingem tolerar os que envolvem em sua clemência. Afligem o Outro, portador de todos os males, para se livrar simbolicamente de sua herança cultural e material, que desejam preservar e tornar fecundas em *trompe-l'oeil*. O seu reflexo como único horizonte.

---

[30] Cf. Philippe Joron, "Sós todos juntos. Pele digital e fissuras digitais", in Freitas, Cristiane; Machado da Silva, Juremir ; Joron, Philippe (Org.), *Laço social e tecnologia em tempos extremos: Imaginário, Redes e Pandemia*, Sulina, Porto Alegre, 2020, pp. 15-27.

[31] De acordo com o relatório elaborado pelo MIPROF em julho de 2020, o aumento da violência doméstica foi significativo durante o período do primeiro confinamento entre março e junho de 2020. https://www.egalite-femmes-hommes.gouv.fr/wp- content/uploads/2020/07/Report-violence-conjugales.pdf. Continuou e ampliou-se durante o segundo período de confinamento entre novembro e dezembro de 2020. Última consulta: 28/12/2020.

[32] Cf. Bataille Georges, *Œuvres Complètes*, Tome 2, Gallimard, Paris, 1970, p. 370 : "Les êtres humains ne sont jamais unis entre eux que par des déchirures ou des blessures."

Contudo, a cumprimento de onda aproximativo. Aqueles que apontam o dedo, denunciam e desprezam, impondo suas vociferações pela mídia, se beneficiam do ouvido interessado desses mesmos "bons pensadores", intelectuais, midiáticos, políticos e tecnocratas mencionados acima. Cópia perfeita. Todos à solta na mesma caçada de reconhecimento, do que são suas próprias presas. Contraespelho. Todos os outros, todos os "maus pensadores", todos os pensadores de esquina e de confinamento também estão tentando as mesmas manobras. Sem dúvida com razão. Eles se arrogam o direito a isso[33].

Liberdades adaptáveis. Sinceridades conversíveis. Verdades do momento.

E depois a livre expressão da determinação de ser, muito simplesmente.

Mas ainda há alguns fatos que devem ser sempre lembrados, mesmo que isso signifique fazer da exaustão uma parceira eficaz. Somos nossa própria estranheza, com nossas oportunidades e ruínas. E geramos tanto benevolência quanto ódio em relação às nossas semelhanças em um estado de diferenciação possivelmente hierárquica.

Possivelmente. Isso continua sendo a rotulagem ou a marca de nossa liberdade em considerar e/ou reconhecer o outro.

Violência. Por trás da cortina ou sob o ouropel das representações que nos governam, que nos dão a ilusão de uma preocupação aprimorada com a existência contra todas as probabilidades, permanece um perigo percebido de aniquilação.

Sem alteridade, não há singularidade. Diante do retorno do bumerangue existencial, sem singularidade explorável sob todas as costuras e poses extras, não há textura geral.

Tricotar e moldar laços sociais. O que equivale a costurar a borda dos buracos que nos preenchem para reforçar os contornos do vazio que nos une. Com mão segura, orquestramos nossos tremores posturais, tanto físicos quanto psíquicos, diante do que poderia nos desfazer.

Assim, dependemos dos outros para rentabilizar conosco o custo de uma alteridade inestimável. Busca de reconhecimento nos comícios, mesmo

---

[33] Cf. Philippe Joron, "Les réfléchissants. Gilets-Jaunes, ronds-points et nulle part ailleurs", in *Sociétés*, N° 150, "Fractures sociales", De Boeck, Paris, 2020, pp. 67-81.

que isso signifique submeter-nos à punção do dízimo obrigando-nos a pagar periodicamente uma dívida a que a filiação nos daria direito.

Procuramos, então, ser mais ou menos apresentáveis, ano após ano, borrando nossos erros e fraquezas, afirmando também algumas qualidades incríveis, por mais fantasiosas que sejam, gentilmente distorcidas por seus destinatários. A escolha é pletórica. Tantos círculos de influência concêntricos, às vezes triangulares, inteiramente abertos à sua gradual diminuição de interesse, cujas aporias contratuais estão sujeitas à inevitabilidade de "sinceridades sucessivas"[34] que manipulam a urgência do posicionamento pessoal de seus seguidores no distanciamento dos outros.

Esses círculos, sejam eles fraternos, humanistas, conspiradores, separatistas, associativos, políticos, midiáticos, sindicais, religiosos, intelectuais, corporativistas ou mesmo cooperativistas, encontrando, às vezes, sua consistência em uma miscelânea de circunstâncias, não têm raízes possíveis senão segundo aqueles que são ativos nele por devoção ou simples cálculo. Eles só têm influência sobre aqueles que temem seu controle. O que inevitavelmente alimenta o fluxo de suas nascentes e afluentes. Eles o fazem saber em sussurros que dizem, escrevem, encenam e tentam impor as suas condições como se nada tivesse acontecido, de acordo com uma contemplação discricionária que joga a carta da hiperespetacularidade[35]. Paradoxos. Mas tudo isso não é sem contrapartida. Dádiva e contradádiva. Aceite receber para melhor dar em recompensa. Grandes ideias, quando mal utilizadas por aqueles que as vendem e aqueles que as subscrevem, dificultam os ideais. Humanismo por padrão e humanidade por excesso.

Mas também revoltas. Cada fraternidade é um crivo comunitário por onde escorrem as lágrimas residuais de suas próprias demonstrações de ecumenismo humanista, do qual só resta provar o sal amargo de tarefas simples disfarçadas de princípios essenciais, éticos e virtuosos. No impasse labiríntico mencionado acima, a amizade deve ser capaz de encontrar alguma aparência de caminho. Nada é menos certo. O poder da esperança, contudo, ainda pode fazer a diferença.

---

[34] Michel Maffesoli, *Au creux des apparences. Pour une éthique de l'esthétique*, Plon, Paris, 1990, p. 57.

[35] Juremir Machado da Silva. *A sociedade midíocre: passagem ao hiperespetacular*. Sulina: Porto Alegre, 2013.

Passagem confinada, muito estreita. Duplo sentido. O de "lidar com" em resignação, mas também indignação, confronto ou mesmo a exploração do benefício que se pode tirar de tais situações. Não estar mais à mercê daqueles que pensam o mundo ou a sociedade segundo sua única concepção de desnudamento vertical aplicado aos outros, mas também daquelas pessoas simples[36] atoladas em quimeras de posse materialista e identificatória, que servem de trampolim para desejos dos primeiros como marionetes. As pequenas mãos fazem as grandes gesticulações, com relutância. As pequenas histórias de uns são as letras maiúsculas cativantes de outros. Enquanto isso as queixas e os gemidos ocupam o terreno do ser em sua configuração humana, tendo como único limite à esperança um sentimento de valor agregado. Feito.

Como às vezes dizemos quando interpelados por frases antigas, "melhor esperar do que ver chegando". Filosofia do senso comum seguindo seu próprio rastro de migalhas, formado pelas vicissitudes de uma vida que conhece a solidez das fibras de que são feitas suas amarras.

E por aí vai. No acompanhamento simmeliano do conflito[37], da relação com o outro[38], posto aqui em situação de problematização sociológica. O "por" não tem eficácia social real senão na designação, denúncia e reprovação de um "contra" a ser reduzido ou, em última instância, a ser destruído. A neutralização ou aniquilação do segundo é, portanto, uma condição para a afirmação do primeiro. O conflito expressa um reconhecimento compartilhado, às vezes trágico. Sem conflito, sem atrito entre forças contraditórias ou opostas, não há existência relevante. Sem amor também. Sem confronto, pelo menos simbólico, apago a diferença que me defronta.

Essas observações, tão coloridas quanto em seu zoneamento cinza, se aplicam a todas as classes sociais clássicas ou posições individuais de oportunidade (submissão, fidelidade, rebelião, aniquilação) que nos fazem refletir sobre nossas situações em perda de estabilidade, ou nos dobrar diante delas.

---

[36] Pierre Sansot, *Les gens de peu*, PUF, Paris, 1993.

[37] Georg Simmel, *Le conflit*, Circé, Paris, 1992.

[38] Georg Simmel, *Digression sur l'étranger*, in Grafmeyer Y. & Joseph I, *L'École de Chicago, naissance de l'écologie urbaine*, Éd. Du Champ urbain, Paris, 1979 [1908], pp. 53-77; Payot, Paris, 2019.

Palavras-chave e definições

Alteridade: estado ou qualidade do que é outro, do que é diferente ou distinto, do que está em situação de descontinuidade. Esse estado evidencia relações mesológicas e fenomenológicas entre o Ego e o Outro, entre o eu pensante/atuante e o resto a pensar/agir, implicando necessariamente formas de alteração recíproca.

Mudanças climáticas: mudanças nos ecossistemas provocadas tanto pelos ciclos naturais quanto pelos impactos culturais, ideológicos e comportamentais da agitação humana em plena expressão supremacista em relação à natureza.

Covid-19: Doença infecciosa e contagiosa causada por um coronavírus identificado em 2019, que levou a uma pandemia global a partir do início do ano seguinte. Medidas tomadas para travar ou limitar a pandemia: desenvolvimento técnico-farmacêutico de emergência de vacinas consideradas eficazes; distribuição e uso dessas vacinas em todo o mundo (com disparidades notáveis); confinamento ou restrições à circulação de populações em nível local, nacional e internacional.

Crises totais: rupturas de equilíbrio inicialmente independentes ou dissociadas em sua gestão que, sob o ímpeto da globalização das trocas materiais e virtuais, se acumulam, se somam, se complementam e entram em um protocolo de sinergia difícil de controlar. A noção de "pancrise" refere-se a essa totalização de crises, sob influências recíprocas.

Des-existência: processo de desengajamento em relação a existir ou ter uma realidade palpável e aceitável no plano ontológico e material, provocado e mantido pelos múltiplos suportes da sobrevivência digital ou virtual.

Humanismo padrão: o humanismo é um conjunto de filosofias ou movimentos intelectuais que encontram sua plena expressão na era moderna da história, que coloca o homem e seus valores acima de qualquer outra consideração política, econômica, racial, tradicional. O humanismo quer sua emancipação da animalidade, da bestialidade, da selvageria. O conceito de "humanismo padrão" suscita a observação dessa vontade de não pertencimento ideológico e moral do humano ao status de animalidade.

Humanidade por excesso: a humanidade é definida como todos os seres humanos circunscritos segundo características especistas supostamente superiores (moralidade, inteligência, altruísmo, etc.) distinguindo-os das demais espécies animais. O conceito de "humanidade por excesso" integra as noções de animalidade, bestialidade, selvageria nas características factuais do humano, independentemente de qualquer consideração moral.

Mesologia: ciência dos ambientes, estudo da relação dos seres vivos e, portanto, dos seres humanos com seus espaços de vida. O meio é definido pelo que está distante da periferia, do que está ao redor, do entorno ou das extremidades. Não é, portanto, sinônimo de meio ambiente, mas indica o que é específico da mediação entre um ser singular e seu solo, tanto natural quanto cultural.

Turismo: ação de viajar, percorrer e visitar um "outro lugar" (cultural e/ou natural) respondendo ao desejo de confrontar a diferença e o exotismo. O turismo contemporâneo encontra as suas origens no *Grand Tour* realizado pelas elites aristocráticas e burguesas entre vários balneários europeus ou locais de renome histórico.

Violência: ato de agressão que afeta a integridade moral, psicológica, cultural, física do Outro individual ou coletivo. A prática e a recepção ética da violência são consideradas normativas, pois são apreciadas diferentemente (entre condenação e necessidade) de acordo com as modalidades culturais, históricas, políticas ou mesmo jurídicas das organizações humanas.

PANDEMIA E INFORMAÇÃO – O CASO PORTUGUÊS

Moisés de Lemos Martins[1]

Introdução

A propagação generalizada do vírus SARS-CoV-2 (Covid-19), com o reconhecimento de uma situação epidemiológica em nível mundial, levou a Organização Mundial da Saúde a declarar, a 30 de janeiro de 2020, uma situação de emergência mundial de saúde pública. E a 11 de março, a mesma Organização Mundial da Saúde declarou uma "situação de pandemia". Entretanto, a 3 de março, o Conselho de Ministros da República Portuguesa aprovou uma Resolução de "situação de alerta", a entrar em vigor a 8 de março de 2020, até o dia 9 de abril[2].

Foi este o começo da crise sanitária pela qual passou Portugal, à semelhança, aliás, do que aconteceu no mundo inteiro, embora com gradações muito diversas, por continente e por país. Demorou cerca de um ano a que o mundo contivesse a pandemia, o que apenas veio a acontecer com a criação de vacinas anti-Covid-19.

A mobilização tecnológica, a informação e a crise do humano

Ao interrogar-me sobre a crise pandêmica, coloco, todavia, a minha atenção na realidade da informação e da cultura digital, o que também quer dizer que centro o debate não apenas na natureza da nossa época, mas igualmente naquilo que somos nesta época. Norbert Wiener, um matemático e filósofo americano, publicou em 1948 um livro premonitório a este respeito, porque

---

[1] Professor da Universidade do Minho, Braga, Portugal. Investigador do Centro de Estudos de Comunicação e Sociedade (CECS/UMinho).

[2] República Portuguesa, XXII Governo, Declaração de Situação de Alerta até 9 de abril de 2020. https://www.portugal.gov.pt/pt/gc22/comunicacao/comunicado?i=declaracao-de-situacao-de-alerta-ate-9-de-abril-de-2020.

nos ajuda a compreender a natureza do tempo que viria a marcar a época que é a nossa. O livro chama-se *Cybernetics: Or control and communication in the animal and the machine* [*Cibernética: Ou o controle e a comunicação no animal e na máquina*].

Este livro relembra-nos "o rei clandestino", na expressão de George Simmel, que governa a nossa época, como se fosse a ordem natural das coisas: a engenharia e a comunicação eletrônica, assim como os sistemas informáticos de controle, por exemplo os algoritmos, quando a nossa época se tornou, por outro lado, um híbrido de vida e de técnica, com o orgânico a fundir-se com o inorgânico e a tornar-se a obsessão da engenharia, das ciências da computação, dos sistemas de controle, da biologia, da neurociência e da organização da sociedade.

O ponto de vista que eu partilho sobre a cultura digital articula-se, pois, com *Cybernetics: Or control and communication in the animal and the machine*, de Norbert Wiener, mas combina, igualmente, com o entendimento de cultura digital, que André Lemos nos dá a conhecer em "Epistemologia da comunicação, neomaterialismo e cultura digital" (Lemos, 2020). Na verdade, a análise das redes sociais, das *fake news*, da prática das *selfies*, por um lado, e a questão do *design* e da privacidade da Internet das coisas, por outro, assim como a cultura das plataformas não pode cingir-se a "uma análise macrossocial da estrutura econômica do capitalismo de dados", nem a uma relação de comunicação entre indivíduos numa situação específica (Lemos, 2020, p. 58). Com André Lemos também penso que o desafio comunicacional atual obriga a ter em conta, por exemplo, as materialidades e a agência dos objetos nelas envolvidas: interfaces; lógica algorítmica, construção de banco de dados; princípios escondidos em documentos técnicos e patentes (Lemos, 2020, p. 58).

Em conclusão, antes de qualquer pandemia viral, foi a civilização tecnológica que nos fez perceber que as fundações da nossa sociedade democrática ameaçavam ruir, porque estas instituições já não pareciam capazes de responder a uma promessa de comunidade (Martins, 2008, 2015a). E é também a civilização tecnológica que nos faz perceber que as possibilidades da ação humana diminuíram drasticamente na nossa época. A mobilização tecnológica a que a sociedade contemporânea está sujeita, uma mobilização "total" (Jünger, 1990) e "infinita" (Sloterdijk, 2000), fez-nos compreender que a ordem no mundo passou a ser ditada pelos mercados econômico-financeiros. E também é verdade que a metáfora do mercado se aplica, agora, a todas as dimensões da nossa existência. Porque a vida toda passou a estar organizada em função de uma competição e de um empreendedorismo qualquer, com os indivíduos a terem de trabalhar, em permanência, para a estatística e o ranking (Martins, 2010, 2017, 2019).

Neste contexto de mobilização tecnológica do humano, podemos falar de crise da nossa época, com as fundações da sociedade democrática, entre as quais a informação, a ameaçarem ruir. Mas a mobilização tecnológica chega ao ponto de colocar também em crise o próprio sentido do humano.

A meu ver, antes da pandemia viral, há que salientar, de fato, a crise das instituições democráticas e a crise do próprio humano. E foi a subversão do nosso regime de civilização que desencadeou tanto a crise democrática como a crise do humano. No último século e meio, passamos de uma sociedade da promessa (Borges, 1988) a uma sociedade "em sofrimento de finalidade" (Lyotard, 1993, p. 93; Martins, 2002); e de uma sociedade da palavra e do pensamento a uma sociedade do número e da tecnologia (Martins, 2017, 2019).

A meu ver, a atual crise do humano é, pois, antes de mais nada, uma crise do nosso modelo de civilização. As instituições que fizeram o Ocidente assentavam no regime do *logos* (palavra e pensamento, palavra que é também sentido) e garantiam o futuro. De fato, o sistema democrático promete, pelo poder legislativo, que as leis sejam justas; pelo poder executivo, que as decisões sejam boas; e pelo poder judicial, que haja igualdade dos cidadãos perante a Lei (Montesquieu, 2019). E prometia a emancipação da comunidade pelo exercício da cidadania, assim como prometia o seu reforço, pelo poder dos média, que estrutura o espaço público. E prometia, ainda, através das universidades, a emancipação do espírito.

Quando a pandemia viral da Covid-19 tomou de assalto a comunidade humana e se implantou no meio dela, já a metafísica, que reunia na unidade o passado, o presente e o futuro, acabara no Ocidente. Há muito tempo que era impossível lançarmos um propósito para diante, dando-lhe um fundamento seguro, porque a comunidade humana já estava toda mobilizada para o presente. E as palavras da promessa, centradas no futuro, há muito que haviam sido substituídas pelos números da crise[3].

Em Portugal, em todos os aspectos da vida humana, mesmo antes do coronavírus, o que tínhamos de mais garantido eram os números do presente, que apenas assinalavam a nossa urgência numa situação de crise. Os números do produto interno bruto (PIB). Os números da balança comercial (importações e exportações em desequilíbrio). Os números do déficit externo. Os números do desemprego. Os números do envelhecimento da população. Os números da queda drástica dos índices demográficos. Os números das desigualdades sociais.

Antes da Covid-19, a civilização tecnológica já havia imposto à maioria dos cidadãos uma condição precária. A precariedade é mesmo uma das figuras que marcam a nossa época, assinalando a condição de cidadãos móveis, mobilizáveis, competitivos, eficazes e sem direitos sociais.

Para falarmos como Georges Steiner (1992), na civilização tecnológica já os cidadãos andam como quem atravessa uma "noite dos tempos", uma noite em que a história se armazena em gigas, as emoções se processam em bits, os corpos se compõem em píxeis, e a vida toda, de bens, corpos e almas, é convertida em mercadoria, ou seja, em valor econômico e financeiro. E bem podia o nosso quotidiano atolar-se em aborrecimento e cansaço, que os ecrãs não nos davam sossego nenhum, fascinando-nos, agitando-nos e excitando-nos, num movimento em que a palavra e o pensamento não param de recuar diante da torrente de imagens tecnológicas, tendo nós perdido o fundamento seguro, o território conhecido e a identidade estável. Com a sociedade acorrentada, "a não exprimir senão o seu desejo de dormir", o espetáculo, a excitação, a euforia e a efervescência são "os guardiões do sono da razão", para retomar os exatos termos de Guy Debord (1992, p. 21).

A irrupção do coronavírus no seio da comunidade veio apenas carregar nas tintas da nossa precariedade, acrescentando-lhe incerteza e imprevisibilidade, em doses colossais. E, nestas circunstâncias, são gigantescos os riscos que corremos como comunidade de cidadãos. Porque, numa época que presta

---

[3] A ideia de "verdade" como origem e fim de uma história de sentido, em que a origem é desocultada na forma de uma arqueologia e o fim antecipado na forma de uma escatologia (conceção representacionista da significação), é o ponto de partida de um texto que escrevi em 1994 sobre "A verdade e a função de verdade nas Ciências Sociais" (Martins, 1994).

culto à técnica, todas as soluções que procuramos tendem a ser tecnológicas, do teletrabalho ao *e-learning* e das reuniões por Zoom, Microsoft Teams, ou outras plataformas, à segurança eletrônica.

De fato, as tecnologias da informação e da comunicação, que podem abrir um leque de possibilidades estrondosas para a nossa época e para o humano, constituem, na realidade, também uma armadilha. Veja-se o caso das redes sociais e a tensão que elas estabelecem com o pensamento, a cidadania e o sentido de comunidade. A rede social é a minha tribo. Sou eu quem a constrói e, por essa razão, ela pertence-me. Mas coisa bem diferente é a comunidade. Se houver comunidade, sou eu que lhe pertenço. A rede social funciona num regime emocional, e é, portanto, gregária e tribal. Enquanto realidade tecnológica, a rede social seduz-me e fascina-me.

Nas últimas décadas, ocorreu de fato uma mudança estrutural na sociedade, com as tecnologias da comunicação e da informação, e especificamente com o digital (Martins, 2007, 2010, 2011). De uma racionalidade fundada na palavra e na razão passamos a uma racionalidade assente em imagens e sons de produção tecnológica. E nestas circunstâncias, de um regime que nos falava à razão, pois tinha nas ideias e na argumentação, persuadindo-nos, o seu fundamento, passamos a um regime de imagens e sons tecnológicos, que nos falam à emoção, seduzindo-nos e fascinando-nos (Martins, 2021, pp. 181-201). De um regime das ideias, ideológico, passamos, pois, a um regime dos sentidos e das emoções, sensológico (Perniola, 1993).

Além disso, o processo informativo, que compreendia produtores de informação, por um lado, e consumidores de informação, por outro, é hoje, cada vez mais, o mundo das redes sociais, com tribos e públicos, que são eles próprios produtores de conteúdos.

Por sua vez, a palavra e o pensamento apontam, sim, para um horizonte de comunidade. Como aprendemos com Jorge Luís Borges (1988), em *Elogio da sombra*, no poema *Unending Gift*, apenas a palavra pode prometer. Portanto, a comunidade subscreve um regime de palavra e pensamento entre cidadãos, que se persuadem uns aos outros sobre o melhor caminho a empreender (Martins, 1998). Veja-se o caso da segurança eletrônica. Existe, é verdade, uma relação difícil entre os valores da segurança e os valores da liberdade. Porque, quanto maior a liberdade, menor a segurança. Mas o inverso também é verdadeiro: quanto maior a segurança, menor a liberdade.

No entanto, na situação pandêmica do coronavírus, vejo como principal inimigo da liberdade e da democracia a precariedade social e econômica dos indivíduos, e não tanto a segurança eletrônica, que condiciona a liberdade. A pandemia veio acelerar o funcionamento tribal da nossa sociedade. Veio estugar o nosso passo, no sentido da comunicação digital, um movimento que não aponta, necessariamente, para um horizonte de comunidade. É verdade, com o avanço da comunicação digital e acorrentados a um cotidiano preso ao ecrã, vamos correr o risco de ver os mais frágeis, os mais vulneráveis e os mais necessitados serem esquecidos e ficarem para trás.

Os sistemas de informação dão-nos, por outro lado, a possibilidade de expandirmos, até confins, a servidão humana. Os sistemas de informação concorrem para o avanço da sociedade tecnológica, da comunicação digital e para a tribalização do mundo, de que as redes sociais são um bom exemplo. Mas é preciso impedir que tanto no tempo pandêmico que vivemos de Covid-19, como a seguir a ela, se estabeleça no seio da comunidade humana o descaso relativamente aos jovens, aos mais velhos, às pessoas com deficiências, aos desempregados, aos migrantes forçados e às minorias étnicas e religiosas.

Onde está hoje o ideal de imprensa livre e democrática? Sabemos que nasceu no Ocidente como um compromisso de cidadania, trabalhando na construção de um espaço de debate público dos problemas da Cidade, e também na construção de um espaço de opinião pública alargada, que se interessava pelos problemas da comunidade.

Mas, no nosso tempo, a imprensa livre e democrática tem passado por metamorfoses, que constituem verdadeiras entorses ao seu bom funcionamento. Vimos isso com Donald Trump, nos Estados Unidos da América, que substituiu a imprensa livre, à qual deveria submeter-se, por uma conta no Twitter. E em vez de um lugar de discussão de ideias, o espaço público de uma nação inteira tornou-se o espaço de uma multidão ululante, que ora se emocionava apaixonadamente e amava até a loucura, ora se irritava, gritava e enfurecia, desalmadamente, sentindo e desejando, a uma só pele, a mesma coisa que o chefe da tribo[4].

---

[4] Sobre a tribalização da sociedade, ver Michel Maffesoli (1992), *La transfiguration du politique. La tribalisation du monde*.

A informação em Portugal durante a pandemia

Passo a problematizar a informação em Portugal durante a pandemia. Entrevistei cinco professores de jornalismo da Universidade do Minho: Felisbela Lopes, Joaquim Fidalgo, Luís Loureiro, Madalena Oliveira e Manuel Pinto. Alguns destes professores produziram trabalhos acadêmicos relevantes sobre a informação durante a pandemia.

É o caso de Felisbela Lopes, que publicou, com a sua equipe de investigadores: "Covid-19: uma pandemia que reconfigura o jornalismo?" (Lopes et al., 2021); e "Covid-19: uma pandemia gerida pelas fontes oficiais através de uma comunicação política" (Lopes, Magalhães & Araújo, 2021). Publicou, ainda, com Raquel Duarte e outros investigadores, *COVID-19 em Portugal: a estratégia* (Duarte et al., 2022).

Por outro lado, Madalena Oliveira publicou vários trabalhos, fazendo equipe com Carlos Camponez e outros investigadores, entre os quais Joaquim Fidalgo. Refiro-me a "Jornalismo em contexto de crise sanitária: representações da profissão e expectativas dos jornalistas" (Camponez & Oliveira, 2021a); a "Precariedade e expectativas no Jornalismo. O caso de uma profissão?" (Camponez, C., & Oliveira, M., 2021b); e ainda, ao relatório *Estudo sobre os efeitos do estado de emergência no Jornalismo no contexto da pandemia Covid-19* (Camponez et al., 2020).

Além de ter participado neste relatório, Joaquim Fidalgo também escreveu, com João Miranda e Paulo Martins, "Jornalistas em tempo de pandemia: Novas rotinas profissionais, novos desafios éticos" (Miranda; Fidalgo & Martins, 2021).

Os professores que assinalo são todos acadêmicos e profissionais experimentados, que têm dedicado a vida à prática, ao ensino e à investigação na área do Jornalismo, e que especificamente investigaram a cobertura jornalística durante a pandemia. Felisbela Lopes é professora de Jornalismo e mantém uma colaboração semanal com a televisão pública portuguesa (RTP), em dois espaços em que faz revista de imprensa. Se ao sábado comenta, no âmbito do noticiário da manhã, a imprensa nacional do dia, à quinta-feira, de um modo geral, lê a imprensa internacional, sobretudo *The Spectator*, *The Times*, *The Guardian*, *The Daily Telegraph*, *The Economist*, *L'Obs*, *Le Monde*, *Le Figaro*, *New Yorker*, *The New York Times*. Tem, por outro lado, como uma das suas áreas de investigação a "mediatização jornalística no campo da saúde" e foi nomeada, em 2018, pelo então ministro da Saúde do governo português, Adalberto Campos Ferreira, para integrar a comissão que deveria redigir o Livro Branco do "Presente e Futuro do Serviço Nacional de Saúde". Já em 2022, com seis das individualidades que integram um outro grupo nomeado pela ministra da Saúde, Marta Temido, publicou o livro *COVID-19 em Portugal: a estratégia* (Duarte et al., 2022), sobre a estratégia pública definida para o desconfinamento, que se seguiu à pandemia.

Sintetizando o seu ponto de vista sobre o trabalho dos média no que respeita à Covid-19, Felisbela Lopes assinala que, de um modo geral, os média estiveram bem em Portugal. Reconhece ter havido erros de comunicação por parte dos profissionais da informação, mas justifica-os pelo desconhecimento da natureza do vírus com que pela primeira vez a sociedade contemporânea se confrontou. Em seu entender, os erros nada tinham a ver com desinformação, e menos ainda com a vontade de produzir *fake news*. Aliás, é seu entendimento que os profissionais do jornalismo não erraram mais sobre a Covid-19 que quaisquer outros atores do espaço público, fossem eles médicos, cientistas ou políticos. Todos eles andaram às apalpadelas, fazendo aprendizagens, à medida que tentavam soluções.

Distinto do parecer de Felisbela Lopes é o entendimento de Manuel Pinto, Joaquim Fidalgo e Madalena Oliveira, os dois primeiros grandes profissionais do jornalismo, mas os três grandes acadêmicos. Manuel Pinto foi jornalista profissional, antes de abraçar uma carreira acadêmica, que concluiu recentemente, ao aposentar-se. Foi durante muitos anos responsável pelo projeto do jornal *Público*, "O Público na Escola". Além disso, foi provedor do leitor no *Jornal de Notícias*, e também membro do Conselho Geral da Radiotelevisão Portuguesa (RTP).

Joaquim Fidalgo, por sua vez, foi um dos fundadores do jornal *Público*, integrando a sua equipe inicial de jornalistas. Chegou a exercer funções de vice-diretor e foi provedor do leitor. Fez e mantém a prática de revista da imprensa na televisão pública (RTP). Ainda nos anos 1990, enveredou pela carreira acadêmica, como professor de Jornalismo, que passou a ser a sua ocupação principal. É hoje, todavia, um professor aposentado.

Madalena Oliveira investiga e é professora de Jornalismo, sobretudo jornalismo radiofônico. É presidente da Associação Portuguesa das Ciências da Comunicação (Sopcom). A sua obra *Metajornalismo. Quando o jornalismo é sujeito do próprio discurso* (2010) ainda hoje é uma referência na área das Ciências da Comunicação.

São os três céticos relativamente à atuação da imprensa em Portugal durante a pandemia. Quando se referem à prática das televisões durante a pandemia, entendem que os seus relatórios diários, a partir das proclamações diárias da Direção Geral de Saúde, feitas em conferência de imprensa, sobre "doentes infetados", "tendência de subida ou descida da doença", "doentes hospitalizados", "doentes em cuidados intensivos", "novos doentes recuperados" e "número de mortos", não constituíam propriamente uma prática informativa. Estas tomadas de posição da Direção Geral de Saúde, proclamadas diariamente e divulgadas na imprensa, eram uma rotina mecânica nem sempre acompanhada de esclarecimentos ou enquadramentos específicos. Ainda que os ângulos de cobertura se tenham desdobrado em muitas frentes, a apresentação dos números – em gráficos e infografias, por vezes, de grande elaboração – não foi suficientemente refletida em escrutínio jornalístico. Para além dos constrangimentos eventualmente criados pelas autoridades de saúde, que terão calculado o que deveria ou não ser do conhecimento público, esta repetição acrítica dos números também revelaria as fragilidades dos jornalistas, uma classe profissional com sinais evidentes de crescente precariedade laboral (Camponez et al., 2020).

Prestei particular atenção, todavia, à entrevista que Luís Loureiro me concedeu, que retoma as críticas de Manuel Pinto, Joaquim Fidalgo e Madalena Oliveira à prática informativa durante a pandemia. Mas ao dar como exemplo o debate público sobre o uso da máscara para proteção e impedimento do risco de contágio, Luís Loureiro não apenas aprofunda as críticas, como também as justifica.

Até 2021, Luís Loureiro foi um renomado jornalista da televisão pública portuguesa (RTP), tendo sido várias vezes correspondente em zonas de conflito armado e em situações de catástrofe humanitária, em várias partes do mundo. Embora ensinasse jornalismo na Universidade Lusófona do Porto, a sua principal ocupação foi a de jornalista de investigação no "Sexta às nove", um grande programa informativo no canal 1 da televisão pública portuguesa (RTP), apresentado pela jornalista Sandra Felgueiras[5].

[5] O programa de televisão "Sexta às 9" arrancou em 2012 e encerrou em 2021.

Tendo abandonado o jornalismo, em 2021, dedicou-se, a partir de então, exclusivamente ao ensino universitário como professor de Jornalismo na Universidade do Minho[6].

A tese que Luís Loureiro propõe sobre o que foi a informação em Portugal durante a pandemia é a seguinte. A informação foi objeto de um pacto de silêncio, estabelecido entre cientistas e médicos, de um lado, e políticos, de outro. Os cientistas e os médicos eram representados pela Direção Geral de Saúde, e especificamente pela diretora-geral, a médica Graça Freitas, que tinha uma intervenção diária na televisão. E os políticos eram os representantes do governo, particularmente a ministra da Saúde, Marta Temido, e o secretário de Estado adjunto e da Saúde, António Lacerda Sales. Quem, todavia, resgatou a informação foi o jornalismo de investigação. Em abono da sua tese, Luís Loureiro apresenta um caso concreto.

A 18 de março de 2020, foi decretado o confinamento obrigatório em Portugal, por causa do coronavírus. E a Direção-Geral de Saúde passou a informar o país, através de conferências de imprensa diárias, sobre a situação pandêmica. Tudo o que dizia respeito à pandemia era, pois, objeto de declarações oficiais, diárias, que blindavam qualquer escrutínio sobre a informação.

A 22 de março, apenas alguns dias depois de ser decretado o confinamento, a diretora-geral de Saúde, a médica Graça Freitas, pronunciou-se sobre o uso de máscaras: "Não use máscara; dá uma falsa sensação de segurança"; o que é preciso "é garantir no dia a dia o distanciamento social" e reduzir o número de vezes que levamos "as nossas mãos à nossa cara"[7].

O problema residia na notícia que o *Jornal de Notícias* havia dado a 4 de fevereiro de 2020, ou seja, mais de um mês antes de Portugal entrar em confinamento: "Portugal sem máscaras para vender, diz Macau"[8]. Com efeito, o *Jornal de Notícias* dava uma informação, cuja fonte era o chefe do Governo

---

[6] Luís Loureiro entrou para a equipa do "Sexta às 9" em janeiro de 2015 e aí permaneceu até julho de 2021.

[7] SNS - Serviço Nacional de Saúde, "Diretora-Geral da Saúde alerta para falsa sensação de segurança das máscaras", https://www.inem.pt/2020/03/24/diretora-geral-da-saude-alerta-para-falsa-sensacao-de-seguranca-das-mascaras/.

[8] *Jornal de Notícias* (2020, 4 de fevereiro), "Portugal sem máscaras para vender, diz Macau", *Jornal de Notícias*. https://www.jn.pt/mundo/portugal-sem-mascaras-para-vender-diz-macau-11782256.html.

de Macau, que na altura passou despercebida. Passado um mês e meio, esta notícia era totalmente incendiária. Macau, uma antiga colônia portuguesa, deixara de poder comprar máscaras respiratórias a Portugal, depois de lhe haver comprado, a si e aos Estados Unidos, “2,9 milhões de máscaras respiratórias”. E a questão que se colocava, então, era a seguinte: as máscaras respiratórias haviam porventura perdido o efeito sanitário, a partir do momento em que Portugal não podia contar com elas, porque na realidade já não tinha máscaras?

Por outro lado, carregando nas cores do problema, deu-se o caso de a comunidade chinesa, a viver em Portugal, coletando cerca de “350 mil euros”, ter enviado “milhões de máscaras para a China”. Essa notícia faz manchete no *Jornal de Notícias*, na edição de 25 de fevereiro de 2020[9].

Entretanto, quebrando o bloqueio a que estava sujeita a informação, o programa de informação televisivo, “Sexta às 9”, realizou várias emissões, que punham a nu as contradições em que se enredava a informação oficial, que desconsiderava as máscaras, quando já era evidência científica haver assintomáticos a contaminar cidadãos.

Ocorreu, então, uma queixa anônima contra o “Sexta às 9” – uma “Participação contra a RTP”, enviada à Entidade Reguladora para a Comunicação Social (ERC), “a propósito da edição de 3 de abril no programa Sexta às 9 da RTP1”[10].

A participante considerava que foram cometidos vários erros de análise da situação pandêmica, “configurando claramente mau jornalismo”. Em causa estava, segundo alegava, “a ênfase colocada no uso de máscara como forma de contenção da propagação do novo coronavírus SARS-Cov-2, a partir da análise do caso da República Checa”. A participante concluía que a mensagem

---

[9] Alexandre Inácio, “Comunidade chinesa em Portugal enviou ‘milhões de máscaras’ para a China”, *Jornal de Notícias*, 25 de fevereiro de 2020. https://www.jn.pt/nacional/comunidade-chinesa-em-portugal-enviou-milhoes-de-mascaras-para-a-china-11856659.html.

[10] Conselho Regulador da Entidade Reguladora para a Comunicação Social, Deliberação ERC/2020/165 (CONTJOR-TV). Assunto: Participação contra a RTP a propósito da edição de 3 de abril no programa Sexta às 9 da RTP1. https://www.erc.pt/download/YToyOntzOjg6ImZpY2hlaXJvIjtzOjM5OiJtZWRpYS9kZWNpc29lcy9vYmplY3RvX29mZmxpbmUvNzkyNi5wZGYiO3M6NjoidGl0dWxvIjtzOjMzOiJkZWxpYmVyYWNhby1lcmMyMDIwMTY1LWNvbnRqb3ItdHYiO30=/deliberacao-erc2020165-contjor-tv.

transmitida pelo programa "Sexta às 9" era "muito problemática", dado o "importante impacto social", que certamente teria "na percepção da questão e na procura de máscaras, com graves implicações relativamente a um bem que é muito escasso no presente e necessário, sim, para determinados profissionais".

Compreende-se a preocupação da participante e a razão objetiva que a levara a apresentar a queixa à Entidade Reguladora para a Comunicação Social (ERC) contra o programa de informação "Sexta às 9". Na época, além da enorme carência de máscaras, um pacote com 50 máscaras custava 25 euros, quando hoje o seu preço é cerca de um euro e meio.

A posição da RTP foi de defesa do trabalho jornalístico apresentado. Declarou que se tratava de um trabalho "isento, sério e rigoroso", e que cumpria "integralmente a função da atividade jornalística e de serviço público, devendo a participação ser arquivada".

A queixa contra o "Sexta às 9" foi feita em abril de 2020. Mas a Entidade Reguladora para a Comunicação Social (ERC) apenas deliberou seis meses depois, a 3 de setembro, pronunciando-se, efetivamente, pelo "arquivamento do processo".

Entre abril e setembro de 2020, mediaram seis meses, em que o "Sexta às 9" viu dificultada a sua tarefa informativa, a ponto de nunca serem respondidas, pela Direção-Geral de Saúde, ou pela ministra da Saúde, as suas perguntas, feitas por escrito, como lhe foi recomendado, ou então nas suas emissões semanais, em resultado do seu trabalho de investigação.

O problema estava em que Portugal, que tinha enviado milhões de máscaras para a China, como noticiou o *Jornal de Notícias*, em fevereiro de 2020, se encontrava em março-abril sem máscaras e sem a possibilidade sequer de as comprar. É verdade que a Entidade Reguladora para a Comunicação Social (ERC) acabou por arquivar a queixa. Mas demorou seis meses a fazê-lo. E quando o fez, já se conheciam os desenvolvimentos da pandemia e os modos de a conter.

Considerações finais

A meu ver, tem sentido que comecemos o debate sobre pandemia e informação por uma problematização da nossa época, da sua natureza e daquilo que somos nela. Há que interrogar, pois, as consequências da deslocação da palavra e do pensamento para a imagem e a emoção. Assim, há que assinalar que da palavra, da promessa e do futuro, nos deslocamos para os números do presente, que remetem para a crise do humano. Depois, temos de atender à mobilização tecnológica, que nos vampiriza o tempo e redunda sempre numa competição, num empreendedorismo, numa estatística e num ranking qualquer. Porque as soluções que buscamos são apenas do domínio tecnológico, e nunca do domínio do pensamento, o resultado só pode ser mesmo a crise do humano (Heidegger, 2002; Agamben, 1995). Hoje, vivemos sem fundamento seguro, sem território conhecido e sem identidade estável (Martins, 2015b). E com a derrocada do modelo de civilização ocidental, as condições democráticas e a cidadania acabam substituídas pelo sentido tribal da sociedade, o que não passa de um egoísmo sem sentido de comunidade.

Neste ensaio damos conta do funcionamento dos média, em Portugal, durante a pandemia provocada pelo vírus SARS-CoV-2 (Covid-19). O jornalismo de investigação foi acusado de constituir uma prática de "mau jornalismo". Argumentou-se que ele violava os princípios do rigor e da isenção, quando a verdade é que foi o único jornalismo que procurou quebrar o bloqueio das posições dogmáticas, decorrentes do pacto de silêncio estabelecido entre cientistas e médicos, por um lado, e políticos, por outro.

Aqui estão boas razões para nos interrogarmos, hoje, sobre "a precariedade e as expectativas no Jornalismo", como se interrogam Carlos Camponez e Madalena Oliveira: estaremos, de fato, a caminhar para o "ocaso de uma profissão" (Camponez & Oliveira, 2021), ou apenas a experimentar "novas rotinas profissionais" e "novos desafios éticos", como entendem Joaquim Fidalgo e outros autores (Miranda, Fidalgo, & Martins, 2021)? A este debate em que participaram Madalena Oliveira e Joaquim Fidalgo, podemos acrescentar uma última nota, a de que não há dúvida de que "o estado de emergência deixou marcas" no Jornalismo em Portugal (Camponez et al., 2021), como decorre da análise que fiz ao caso das máscaras de proteção sanitária, na base do testemunho de Luís Loureiro.

Referências

AGAMBEN, G. *Moyens sans fin. Notes sur la politique*. Paris: Payot & Rivages, 1995.

ALEXANDRE INÁCIO. "Comunidade chinesa em Portugal enviou 'milhões de máscaras' para a China", *Jornal de Notícias*, 25 de fevereiro de 2020. https://www.jn.pt/nacional/comunidade-chinesa-em-portugal-enviou-milhoes-de-mascaras-para-a-china-11856659.html.

BORGES, J. L. (1988). The Unending Gift. In *Elogio da sombra. Obras Completas* (1952- 1972), II. Lisboa: Teorema. (Trabalho original publicado em 1969).

CAMPONEZ, C. et. al. *Estudo sobre os Efeitos do Estado de Emergência no Jornalismo no Contexto da Pandemia Covid-19.* 2020. Relatório. Lisboa: Sopcom. https://www.sopcom.pt/ficheiros/relatorio-COVID-19-Jornalismo_1.pdf.

CAMPONEZ, C. et al. Estado de Emergência deixou marcas. *Jornalismo & Jornalistas, 73*, 2021, pp. 7-12.

CAMPONEZ, C., & OLIVEIRA, M. (2021a). Jornalismo em Contexto de Crise Sanitária: Representações da Profissão e Expectativas dos Jornalistas. *Comunicação e Sociedade*, *39*, 251-267. https://doi.org/10.17231/comsoc.39(2021).3178.

CAMPONEZ, C. & OLIVEIRA, M. Precariedade e Expectativas no Jornalismo. O Ocaso de uma Profissão? In J. N. Matos; F. Subtil & C. Baptista (Eds.), *Os Três D dos Média: Desigualdade, Desprofissionalização e Desinformação* (pp. 113-122). Lisboa: Outro Mundo, 2021b.

DEBORD, G. (1992). *La société du spectacle*. Paris: Buchet/Chastel (Trabalho original publicado em 1967).

DUARTE, R. et al. (2022). *COVID-19 em Portugal: a estratégia*. Braga, UMinho Editora/Fundação Mestre Casais. Disponível em: https://ebooks.uminho.pt/index.php/uminho/catalog/book/71.

HEIDEGGER, M. (2002). A questão da técnica. ln *Ensaios e Conferências* (pp. 11- 38). Petrópolis: Ed. Vozes (Trabalho original publicado em 1954).

Jornal de Notícias (2020, 4 de fevereiro), "Portugal sem máscaras para vender, diz Macau". https://www.jn.pt/mundo/portugal-sem-mascaras-para-vender-diz-macau-11782256.html.

JÜNGER, E. (1990). La Mobilisation Totale. ln *L'État Universel - suivi de La Mobilisation Totale*. Paris: Gallimard (Trabalho original publicado em 1930).

LEMOS, A. (2020). Epistemologia da comunicação, neomaterialismo e cultura digital. *Galáxia*, 43 (jan-abr), 54-66. https://revistas.pucsp.br/index.php/galaxia/article/view/43970.

LOPES, F. et al. (2021). Covid-19: Uma pandemia que reconfigura o jornalismo? *Media&Jornalismo*, *21*(39), 55-75: "O jornalismo na história contemporânea". DOI: https://doi.org/10.14195/2183-5462_39_3. Disponível em: https://impactum-journals.uc.pt/mj/article/view/9686.

LOPES, F.; MAGALHÃES, O. & ARAÚJO, R. (2021). Covid-19: Uma pandemia gerida pelas fontes oficiais através de uma comunicação política. *Comunicação e Sociedade*, *40*, 17-32. "Comunicar em Saúde em Tempos de Pandemia". DOI: https://doi.

org/10.17231/comsoc.40(2021).3520. Disponível em https://revistacomsoc.pt/index.php/revistacomsoc/article/view/3520.

LYOTARD, J.-Fr. (1993). *Moralités post-modernes*. Paris: Minuit (Trabalho original publicado em 1969).

MAFFESOLI, M. (1992). *La transfiguration du politique. La tribalisation du monde*. Paris: Grasset.

MARTINS, M. L. (1994). A verdade e a função de verdade nas Ciências Sociais. *Cadernos do Noroeste*, 7(2): 5-18. Braga: CCHS. Disponível em https://hdl.handle.net/1822/25385.

MARTINS, M. L. (1998). A análise retórico-argumentativa do discurso. In A. Esteves & J. Azevedo (Eds.), *Metodologias qualitativas para as ciências sociais* (Vol. 1, pp. 115–132). Faculdade de Letras da Universidade do Porto; Instituto de Sociologia. Disponível em https://hdl.handle.net/1822/23862.

MARTINS, M. L. (2002). De animais da promessa a animais em sofrimento de finalidade, in *O Escritor*, n. 18/19/20, *Revista da Associação Portuguesa de Escritores*, Lisboa, pp. 351-354. Disponível em http://repositorium.sdum.uminho.pt/handle/1822/1676.

MARTINS, M. L. (2007). Nota introdutória. A época e as suas ideias. *Comunicação e Sociedade*, n. 12 (pp. 5-7). CECS, Universidade do Minho. http://hdl.handle.net/1822/24115.

MARTINS, M. L. (2008). Do funcionamento dos média à crise da modernidade: O espaço público e os seus simulacros. In C. R. Murilo & N. Del Bianco (Eds.), *Estado e comunicação* (pp. 205–214). Intercom; UNB. Disponível em https://hdl.handle.net/1822/25369.

MARTINS, M. L. (2010). A mobilização infinita numa sociedade de meios sem fins. ln CL Álvares & M. J. Damásio (Org.). *Teorias e práticas dos media: situando o local no global* (pp. 267-279). Lisboa: Edições Universitárias Lusófonas. http://hdl.handle.net/1822/24250.

MARTINS, M. L. (2011). *Crise no castelo da cultura. Das estrelas para os ecrãs*. Coimbra: Grácio. Disponível em http://hdl.handle.net/1822/29167.

MARTINS, M. L. (2012). Média digitais: hibridez, interactividade, multimodalidade. *Revista de Comunicação e Linguagens*, 43/44 (pp. 49-60). Lisboa, Centro de Estudos de Comunicação e Linguagens. Disponível em http://hdl.handle.net/1822/25606.

MARTINS, M. L. (2015a). Os média na contemporaneidade: Da promessa de emancipação histórica à sua ruína. In M. L. Andión & M. I. V. de Lopes (Eds.), *Comunicación, cultura e esferas de poder* (pp. 19-44). AGACOM; AssIBERCOM; USC-CEA; USP-CEA. Disponível em https://hdl.handle.net/1822/35292.

MARTINS, M. L. (2015b). Os estudos culturais como novas humanidades. *Revista Lusófona de Estudos Culturais*, 3(1), pp. 341-361. Disponível em https://hdl.handle.net/1822/40655.

MARTINS, M. L. (2017). A cultura na era da mobilização do humano pela tecnologia - da universidade das ideias à universidade dos números. In U. Sidoncha & C. Moura (Eds.), *Metamorfoses da cultura* (pp. 157-178). Lisboa: Nova Vega. Disponível em https://hdl.handle.net/1822/51035.

MARTINS, M. L. (2019). A comunicação e a informação na cultura. *Maremagnum*, 23, 33-40. Santiago de Compostela: Federación Autismo Galicia. Disponível em https://hdl.handle.net/1822/61843.

MARTINS, M. L. (2021). Para uma nova teoria dos média, do espaço público e da opinião pública. In *Pensar Portugal: A modernidade de um país antigo* (pp. 181-201). Braga: Livraria UMinho. Disponível em https://doi.org/10.21814/uminho.ed.61.

MIRANDA, J.; FIDALGO, J. & MARTINS, P. (2021). Jornalistas em Tempo de Pandemia: Novas Rotinas Profissionais, Novos Desafios Éticos. *Comunicação e Sociedade, 39*, 287-307. https://doi.org/10.17231/comsoc.39(2021).3176.

MONTESQUIEU, Ch. L. (2019). *De l'esprit des lois*. Flammarion. (Trabalho original publicado em 1748).

OLIVEIRA, M. *Metajornalismo. Quando o jornalismo é sujeito do próprio discurso*. Coimbra: Grácio Editor, 2010.

PERNIOLA, M. (1993). *Do sentir* (A. Guerreiro, Trad.). Presença. (Trabalho original publicado em 1991).

REPÚBLICA PORTUGUESA, XXII Governo, Declaração de Situação de Alerta até 9 de abril de 2020. https://www.portugal.gov.pt/pt/gc22/comunicacao/comunicado?i=-declaracao-de-situacao-de-alerta-ate-9-de-abril-de-2020.

SLOTERDIJK, P. *La mobilisation infinie*. Paris: Christian Bourgois, 2000.

SNS – Serviço Nacional de Saúde, https://www.inem.pt/2020/03/24/diretora-geral-da-saude-alerta-para-falsa-sensacao-de-seguranca-das-mascaras/.

STEINER, G. (1992). *No castelo do Barba Azul. Algumas notas sobre uma redefinição de cultura*. Lisboa: Relógio d'Água (Trabalho original publicado em 1971).

WIENER, N. (1948). *Cybernetics: Or control and communication in the animal and the machine*. Paris: Hermann & Cie & Camb. Mass., MIT Press.

QUE PAÍS É ESTE?

Juremir Machado da Silva[1]

Futuro e presente na cultura brasileira

Para ver a parte com precisão talvez seja preciso ter a coragem de antes tentar ver o todo com uma lente que abra para captar de modo amplo a paisagem que terminará em pontilhado. Para entender o país da pandemia de Covid-19 cabe antes perguntar: que país é este? O que sobre ele têm dito seus tantos intérpretes? Efemérides são muito exploradas no jornalismo como "ganchos" para que certos assuntos sejam pautados e aprofundados. Em certo sentido, o universo acadêmico também aproveita certas datas como pretexto para rever em textos o que se esconde nos subtextos da cultura. O bicentenário da Independência do Brasil, proclamada em 7 de setembro de 1822, embora a aclamação do imperador D. Pedro I só tenha acontecido em 12 de outubro daquele ano, com a coroação tendo ocorrido em 1º de dezembro, suscita pesquisas em várias áreas, reflexões e publicações. Perguntas se impõem: o que era o Brasil? O que se tornou? Em música, literatura e até no humor uma questão se cristalizou: que país é este? Uma dialógica do descobrimento pode ajudar a destapar sentidos encobertos pelo tempo e trazer à tona respostas que ainda perguntam. O que perguntam? Como foi que tudo aconteceu? Quando foi que o Brasil se tornou Brasil, país das perguntas jamais inteiramente respondidas ou ouvidas.

Não é uma pergunta retórica. Stefan Zweig, o famoso escritor austríaco, que se apaixonou pelo Brasil e, fugindo do nazismo, para cá se mudou, em pleno Estado Novo, a ditadura de Getúlio Vargas, tendo aqui se suicidado, junto com a esposa, em 23 de fevereiro de 1942, batizou a nação que o recebeu cordialmente como "país do futuro":

---

[1] Coordenador do Programa de Pós-Graduação em Comunicação da Pontifícia Universidade Católica do Rio Grande do Sul (PPGCOM/PUCRS). Líder do grupo de pesquisa Tecnologias do Imaginário (GTI).

> O Brasil reconheceu que espaço é força e gera forças, que não são o ouro nem o capital poupado que constituem a riqueza de um país, mas sim o solo e o trabalho que neste é realizado. Mas que país tem mais solo não utilizado, inabitado e não aproveitado do que este, cujo território é tão grande como todo o do Velho Mundo? E espaço não é simples matéria, espaço é também força psíquica. Alarga a visão e dilata a alma, dá ao homem que o habita e que ele circunda, coragem e confiança para que ouse avançar; onde há espaço, há não só o tempo, mas também futuro. E quem vive neste país, ouve o sussurro das asas céleres do futuro (Zweig, 1981, p. 114).

O brasileiro ainda ouve esse sussurro? Algum dia esse murmúrio se tornou um grito? A promessa de futuro virou presente ou saltou direto para o passado? Jorge Amado, no seu primeiro romance, *O País do carnaval* (1930), ironizou esse horizonte sempre em fuga. O navio aproximava-se da terra firme, trazendo brasileiros de volta da Europa. Uma das tantas conversas travadas ali parece reverberar (1978, p. 13):

> O senador, com o prestígio que lhe dava a posição, resumiu toda a conversa:
>
> – É o país de mais futuro do mundo!
>
> – Perfeitamente! – falou um rapaz que chegara no momento. – O senhor acaba de definir o Brasil. (O senador sorriu baboso.) O Brasil é o país verde por excelência. Futuroso, esperançoso... Nunca passou disso.

Quanta tinta se gastaria depois disso para tentar explicar o que se passava com o Brasil, país de tantas potencialidades e de tantos obstáculos. De algum modo, o estudioso do Brasil parece sempre se perguntar: o que houve? Nelson Werneck Sodré perguntou pelas *Razões da Independência* (1965). Francisco Adolfo Varnhagen, referência da historiografia do século XIX, em *História da Independência do Brasil* (relançada em 2019), interrogava-se sobre os significados da separação entre aqueles que haviam sido colônia e metrópole. Sérgio Buarque de Holanda dirigiria uma coleção sobre a "história da civilização brasileira", na qual se abordaria obviamente *O Brasil monárquico. O processo de emancipação* (1970). Era de civilização que se tratava?

Ao menos, era de uma suposta singularidade que se falava:

> Desde o desembarque dos portugueses, em 22 de abril de 1500, o Brasil vive sob o signo da contradição. O primeiro choque de opiniões opôs as visões de paraíso e inferno. Os conquistadores como que perderam a capacidade de julgar. Estariam no jardim edênico ou na selva cruel e assustadora? Ao longo de 500 anos de história, depois da chegada de Pedro Alvares Cabral, os brasileiros, os concebidos no Brasil e os convertidos pelo tempo e o coração, oscilaram entre a certeza de habitarem a terra paradisíaca, ao menos no concernente ao futuro, e o desencanto diante das desigualdades quase insolúveis. O Brasil seria o paraíso do futuro ou do presente orgiástico e tropical? (Silva, 1996, p. 43).

Que país era esse? Uma antítese da velha Europa? Ou uma miragem incompreendida pelos pretensos descobridores. O encantamento de certos estrangeiros nunca cessaria. A posição dos brasileiros seria cada vez mais nuançada ou crítica, como se uma desconfiança se insinuasse em toda análise, uma espécie de convicção do olhar sem mitologias:

> A pergunta que tomou conta dos espíritos preocupados com o destino brasileiro era: Por que o Brasil não realiza as promessas do paraíso (da utopia da abundância) se é capaz de gerar tanta riqueza? A teoria do *atraso* do Brasil em relação às suas potencialidades (outra maneira de contrapor o futuro ao presente) ganhou a primeira abordagem na ótica da crítica do colonialismo com o livro de Manuel Bonfim, *América Latina: Males de Origem*. Bonfim concebeu em Paris um panfleto contra a espoliação colonial. Se as colônias emperravam na pobreza e no subdesenvolvimento, desviando-se do potencial de crescimento, contradizendo a natureza pródiga, era porque sucumbiam ao parasitismo das metrópoles. Por que adotar a paixão pelo trabalho se o produto seria apropriado pelo verdadeiro ocioso, o dominador? No entender de Bonfim, as potências metropolitanas afundaram na própria inércia e perecerem por causa da armadilha que elas montaram. As metrópoles teriam retrocedido, acostumadas ao saque e não à produção, e arrastado com elas as promissoras terras da descoberta (Silva, 1996, p. 66).

O que se ouviria às margens do Ipiranga, em 7 de setembro de 1822, já nasceria como narrativa: algo que pode ter sido como se diz ou nem tanto, embora a exatidão seja uma simples questão de rigor. Machado de Assis (1957, vol. 24, p. 120) já se divertia com essa situação:

> Grito do Ipiranga? Isso era bom antes de um nobre amigo, que veio reclamar pela *Gazeta de Notícias* contra essa lenda de meio século. Segundo o ilustrado paulista não houve nem grito nem Ipiranga. Houve algumas palavras, entre elas a *Independência ou Morte*, – as quais todas foram proferidas em lugar diferente das margens do Ipiranga.

Então, podem alarmar-se os mais rigoristas, tudo é falso? A História tratou de recuperar daquela tarde o que foi possível, como se verá, em que o príncipe português D. Pedro, fustigado por dúvidas e inquietações, voltava a São Paulo de uma viagem a Santos. Que nação resultaria daquele gesto talvez nem tão intempestivo quando possa algum dia ter parecido? Se o novo país nascia à sombra de um príncipe português, dando a entender que haveria linha de continuidade, as disputas entre brasileiros natos, adotivos e portugueses seriam nítidas em 1823 na Assembleia Constituinte e nos Estados em que a ruptura não foi aceita pacificamente, como na Bahia, no Pará e no Maranhão.

Dois séculos depois, o Brasil ainda precisa ser desvendado. Em 1987, o grupo musical brasileiro de rock "Legião Urbana" lançou o disco "Que país é este 1978/1987". O carro-chefe era a canção "Que país é este". Sucesso total medido por mais de um milhão de exemplares do disco vendidos e por um "Disco de Diamante", honraria concedida às grandes vendagens pela Associação Brasileira dos Produtores de Discos. Três anos antes, Affonso Romano de Sant'Anna publicara uma coletânea com o título *Que país é este? E outros poemas* (1984). A locomotiva era um poema com o mesmo nome publicado originalmente durante a ditadura militar, implantada no Brasil com o golpe de 1964, que tirou do poder o presidente João Goulart. No final dos anos 1970, o humorista Millôr Fernandes já se atrevera a publicar um livro com o mesmo título: *Que país é este?* (1978). O que esse título recorrente sugere? Estupefação, perplexidade, curiosidade, um país que não revela e sempre surpreende?

Será preciso dar um passo atrás antes de examinar algumas das respostas dadas pelas obras citadas a essa pergunta que sempre volta.

Duzentos anos esta tarde

Antes de saber que país seria este, cabe perguntar: como nasceu esta nação? Mas uma ruptura como a que se deu entre Brasil e Portugal tem algo de inusitado, validando, já no começo, a pergunta: que país é este? A separação não foi amigável, nem o produto de uma revolução. Se surgiria resistência em algumas províncias, haveria transição tranquila em outras. O essencial, porém, estava no topo: o imperador, pois se decidiria por esse título, seria o filho do rei destronado. Mais do que isso, seria o herdeiro do trono da ex-metrópole. Para o tratado de reconhecimento da independência do Brasil, negociado com a intermediação da Inglaterra, D. João VI insistiria em ter o direito, ou o privilégio, de ser chamado de imperador do Brasil e rei de Portugal e dos Algarves. O Brasil pagaria mais de dois milhões de libras esterlinas de indenização a Portugal, em acordo secreto, podendo D. João VI sacar prontamente 250 mil libras como ressarcimento pelas propriedades que perdia no Brasil. Não se queria, porém, que a população tirasse a conclusão tida por precipitada de que a independência havia sido comprada (Varnhagen, 2019, p. 383-389).

A independência seria o resultado de um processo complexo e acidentado. D. Pedro receberia em São Paulo as últimas notícias sobre as decisões das Cortes, que lhe tiravam poderes. Dona Leopoldina, sua esposa, e José Bonifácio, principal conselheiro áulico, colocavam-no a par da pressão exercida contra ele. A incitação ao gesto final era clara. O jovem príncipe cavalgava uma mula, "uma besta baia gateada", detalhe que em nada altera a força do gesto que se decidiu a consumar. O pintor Pedro Américo colocaria, no entanto, D. Pedro num belo cavalo, montaria mais digna de uma mitologia nacionalista de exaltação.

Vale conferir a síntese de Varnhagen (2019, p. 203-204):

> Para dar conhecimento ao regente de todas estas ordens e notícias, despachou o Ministério imediatamente o correio (Paulo Bregaro), como próprio, que seguisse a toda pressa para São Paulo. Provavelmente José Bonifácio escreveria alguma carta, insistindo acerca da necessidade de romper de uma vez o véu e de proclamar a independência. A verdade é que, antes de poderem chegar ao Rio as resoluções do príncipe tomadas em São Paulo, já a proclamação da mesma independência se resolvia também no Rio de Janeiro no Grande Oriente, de que José Bonifácio era grão-mestre, em sessão de 9 de setembro. O mencionado próprio, portador de tantas notícias, cujo alcance talvez mal suspeitava, venceu de carreira, como lhe fora recomendado, as cem léguas de caminho, e chegando no sábado, 7, à cidade de São Paulo, e, não encontrando nela o príncipe, prosseguiu em sua demanda pelo caminho que conduz a Santos, e, vindo a encontrá-lo, nessa mesma tarde, perto do ribeiro do Ipiranga deteve-se o mesmo prín-

> cipe nesta passagem, e aí declarou a sua resolução a todos os da sua comitiva, de cujo número era o padre Belchior Pinheiro de Oliveira, ao depois deputado da Constituinte. Em vão procurou o príncipe, no maço, carta do seu pai, que havia tempo não lhe escrevia. Em vez de uma tal carta, que viesse afagar-lhe ou ameigar-lhe o coração, só lhe coube tomar conhecimento das novas ordens que lhe chegavam, não só impolíticas como até desumanas; lançara os olhos sobre as passagens dos discursos das Cortes, que vinham assinalados, e lera com atenção não só as cartas que se lhe dirigiam do Rio de Janeiro, como também uma que de Lisboa lhe escrevia Antonio Carlos, agradecendo-lhe, em data de 2 de julho, a de 30 de abril com que o príncipe o honrara, e que em seu lugar fica transcrita.

Não se imagine que essa descrição retrate um quadro indiscutível. Não menos de trinta pessoas teriam ouvido o "grito do Ipiranga". Quem conta um conto, aumenta um ponto. Varnhagen buscou documentar-se:

> Nesta carta, referindo-se Antonio Carlos às últimas discussões, dizia: "Em verdade, Real Senhor, era já me quase impossível poder, por mais tempo, aturar o trabalho entre inimigos de toda a ordem, e que não poupavam a real pessoa de V.A.R., de envolta com os ataques ao Brasil. O horizonte nada promete... O augusto pai de V.A.R. é um perfeito escravo de um ministério vendido ao partido desorganizador das Cortes..." (2019, p. 207).

Procurou, contudo, ponderar o valor de cada elemento para a tomada de decisão do jovem príncipe, incomodado de ser chamado de "rapazinho" por seus detratores. Sobre a carta de Antonio Carlos, diz:

> Não cremos que o conteúdo dessa carta entrasse por parte na resolução do príncipe que já independente dela viria muito preparada do Rio de Janeiro. Eram, porém, as resoluções tomadas pelas Cortes que careciam com urgência de ser prevenidas, antes que chegassem oficialmente. Podia porventura o príncipe tolerar que fosse logo submetido a três ou quatro processos o seu primeiro-ministro, por atos que ele príncipe havia sido o primeiro a justificar perante o seu próprio pai e para conservação do qual acabava de fazer a viagem a São Paulo? Não lhe restava, pois, mais do que duas resoluções a tomar: ou proclamar de todo a Independência, para ser herói, ou submeter-se a cumprir e fazer cumprir os novos decretos das Cortes, não já para ir como fora ordenado no ano anterior, viajar com mentores, mas, sim, mui provavelmente para, finda a Constituição, ser chamado à

> barra pelas Cortes, a fim de se justificar pelos seus atos, e dobrar os joelhos em presença dos seus imprudentes afrontadores, Fernandez Thomas, Pessanha e Xavier Monteiro, ou para ser insultado nas ruas pela mesma plebe que, das galerias das Cortes, apupara pouco antes, com gritos de 'morra!' e 'patifes!', os zelosos deputados defensores dos direitos do Brasil (2019, p. 207).

Era ser herói ou obediente ao pai e aos que gostariam de vê-lo, como rapazinho, passar por um estágio de formação, viajando na companhia de um mentor. Ou, pior, ser considerado maduro e responsável por seus atos para ser julgado em tribunais. Que país é este? A nação que nasceu da pressão sob um jovem impulsivo, aconselhado por um ministro culto, mas com pendor autoritário, que seria chamado de "patriarca da Independência", e por uma corajosa esposa austríaca. O quadro, segundo Varnhagen, não poderia ser mais claro e preciso:

> Não era mais possível contemporizar. E, inspirado pelo gênio da glória, que anos depois, no próprio Portugal, lhe havia de ser outras vezes tão propício, não tardou nem mais um instante: e passou a lançar, dessa mesma província que depois conceituava de 'agradável' e 'encantadora', dali mesmo, do meio daquelas virgens campinas, vizinhas da primitiva Piratininga de João Ramalho, o brado resoluto de 'Independência ou morte' (2019, p. 208).

Descontado o estilo da época, é uma síntese aceitável. Que país é este? A nação fundada por um "rapazinho" muitas vezes acusado de pensar mais em festas, sexo e divertimento do que em política e coisa pública.

O que o Brasil se tornou?

A letra da banda "Legião Urbana", 165 anos depois do "grito do Ipiranga, perguntaria "que país é este?" num urro de indignação:

"Nas favelas, no senado
Sujeira pra todo lado
Ninguém respeita a constituição
Mas todos acreditam no futuro da nação
Que país é esse?
Que país é esse?
Que país é esse?

No Amazonas, no Araguaia-ia-ia
Na Baixada Fluminense
Mato Grosso, Minas Gerais
E no Nordeste tudo em paz
Na morte eu descanso
Mas o sangue anda solto
Manchando os papéis
Documentos fiéis
Ao descanso do patrão
Que país é esse?
Que país é esse?
Que país é esse?
Que país é esse?
Terceiro mundo se for
Piada no exterior
Mas o Brasil vai ficar rico
Vamos faturar um milhão
Quando vendermos todas as almas
Dos nossos índios num leilão
Que país é esse?
Que país é esse?
Que país é esse?
Que país é esse?"[2]

O Brasil ainda vivia, em 1987, a transição para a democracia, depois da Lei da Anistia, de 1979, quando o regime militar se autoabsolveu dos seus crimes. A presidência era exercida por José Sarney, eleito, por voto indireto, para ser vice de Tancredo Neves, que morreu antes de tomar posse. As eleições diretas só aconteceriam em 1989. A letra de Renato Russo – escrita, na verdade, em 1978, quando ele integrava a banda "Aborto Elétrico" – denunciava um país corrupto, sujo, motivo de chacota no exterior, com parte da população na miséria para "descanso dos patrões". Quando "Legião Urbana" gravou a canção e fez dela um hit já não governava um "rapazinho", mas um senhor das elites, ex-aliado da ditadura e dos seus generais vetustos.

---

[2] https://www.letras.mus.br/legiao-urbana/46973. Capturado em 22 de fevereiro de 2022.

No poema de Affonso Romano de Sant'Anna, publicado originalmente em 6 de janeiro de 1980, em sete partes, na capa do então poderoso *Jornal do Brasil*, o país do futuro é visto como uma alegoria do passado, uma miragem alimentada por sombras, mentiras e coturnos:

Uma coisa é um país,
outra um ajuntamento.
Uma coisa é um país,
outra um regimento.
Uma coisa é um país,
outra o confinamento.
Mas já soube datas, guerras, estátuas
usei caderno "Avante"
– e desfilei de tênis para o ditador.
Vinha de um "berço esplêndido" para um "futuro radioso"
e éramos maiores em tudo
– discursando rios e pretensão.
Uma coisa é um país,
outra um fingimento.
Uma coisa é um país,
outra um monumento.
Uma coisa é um país,
outra o aviltamento.
Deveria derribar aflitos mapas sobre a praça
em busca da especiosa raiz? ou deveria
parar de ler jornais
e ler anais
como anal
animal
hiena patética
na merda nacional?
Ou deveria, enfim, jejuar na Torre do Tombo
comendo o que as traças descomem
procurando
o Quinto Império, o primeiro portulano, a viciosa visão do paraíso
que nos impeliu a errar aqui?
Subo, de joelhos, as escadas dos arquivos

nacionais, como qualquer santo barroco
a rebuscar
no mofo dos papiros, no bolor
das pias batismais, no bodum das vestes reais
a ver o que se salvou com o tempo
e ao mesmo tempo
– nos trai

2

Há 500 anos caçamos índios e operários,
há 500 anos queimamos árvores e hereges,
há 500 anos estupramos livros e mulheres,
há 500 anos sugamos negras e aluguéis.
Há 500 anos dizemos:
que o futuro a Deus pertence,
que Deus nasceu na Bahia,
que São Jorge é que é guerreiro,
que do amanhã ninguém sabe,
que conosco ninguém pode,
que quem não pode sacode.
Há 500 anos somos pretos de alma branca,
não somos nada violentos,
quem espera sempre alcança
e quem não chora não mama
ou quem tem padrinho vivo
não morre nunca pagão.
Há 500 anos propalamos:
este é o país do futuro,
antes tarde do que nunca,
mais vale quem Deus ajuda
e a Europa ainda se curva.
Há 500 anos
somos raposas verdes
colhendo uvas com os olhos,
semeamos promessa e vento
com tempestades na boca,
sonhamos a paz da Suécia

com suíças militares,
vendemos siris na estrada
e papagaios em Haia,
senzalamos casas grandes
e sobradamos mocambos,
bebemos cachaça e brahma
joaquim silvério e derrama,
a polícia nos dispersa
e o futebol nos conclama,
cantamos salve-rainhas
e salve-se quem puder,
pois Jesus Cristo nos mata
num carnaval de mulatas.
Este é um país de síndicos em geral
este é um país de cínicos em geral
este é um país de civis e generais.
Este é o país do descontínuo
onde nada congemina
e somos índios perdidos
na eletrônica oficina
Nada nada congemina:
a mão leve do político
com nossa dura rotina,
o salário que nos come e
nossa sede canina,
e a esperança que emparedam
a nossa fé em ruína,
nada nada congemina:
a placidez desses santos
e a nossa dor peregrina,
e nesse mundo às avessas
– a cor da noite é obsclara
e a claridez vespertina." (1984, p. 7-10)[3]

---

[3] O poema completo pode ser visto na capa do Jornal do Brasil reproduzida em https://www.rocco.com.br/wp-content/uploads/2015/03/poema.jpg (captura feita em 11 de fevereiro de 2022).

A ironia é que o poema teria sido uma resposta a uma pergunta de Francelino Pereira, presidente da ARENA, o partido da ditadura. Em 1976, durante o governo de Ernesto Geisel, Pereira perguntara: "Que país é este em que o povo não acredita no calendário eleitoral estabelecido pelo próprio presidente?"[4]. O povo era sábio: Geisel fecharia o Congresso em 1977. Antes da letra de Renato Russo, porém, Millôr Fernandes e Affonso Romano de Sant'Anna dariam suas respostas.

O poema desencadeou uma crise na relação do Brasil consigo mesmo. O "país do futuro" e do "milagre econômico", propaganda feita pelo regime militar sobre o crescimento do país entre 1968 e 1973, não existia. Na beleza ritmada dos versos, como se martelasse uma verdade que não poderia ser revelada, mitos e ilusões são derrubados um a um. Que país é este? "País do descontínuo onde nada congemina". Uma observação que talvez tenha doído mais do que outras foi esta: "Há 500 anos/somos raposas verdes/colhendo uvas com os olhos". Tudo está ali, dos militares e seus golpes aos civis e suas importações, da religião ao carnaval e ao futebol, essas tantas máquinas produtoras de alívios momentâneos. Um país onde quem come é o salário, devorando operários com a voracidade matutina do capital enquanto a burguesia nacional, recém-chegada da Europa ou dos Estados Unidos, aposta na bolsa da renovação nacional.

Se Affonso Romano de Sant'Anna inventariou o passado e Renato Russo denunciou o presente, na sua resposta à pergunta de Francelino Pereira, Millôr Fernandes (1978, p. 78) definiu: "É um país condenado à esperança", "Brasil, país do faturo". Não é preciso dizer muito mais. Para o humorista o Brasil era o país do caos, do atraso e de algum contentamento com as mentiras que contava para si todos os dias.

Numa "Carta ao passado", Millôr Fernandes (1978, p. 11) cumprimentava Pedro [Álvares Cabral] pela descoberta do Brasil:

> Meu caro Pedro, é com certo retardo que venho te cumprimentar por mais esse teu descobrimento nos trópicos. Fiquei realmente contente

[4] Ver "De Francelino Pereira para Renato Russo: a origem de 'Que país é este?' em O Globo, 17 de março de 2015. Na internet (capturado em 11 de fevereiro de 2020): https://oglobo.globo.com/politica/de-francelino-pereira-para-renato-russo-origem-de-que-pais-este-1-15616598.

com você. Afinal, depois de bater sucessivamente em tantas ilhotas insignificantes, ter acabado por descobrir o Brasil, que, já se dizia por aqui, era pura invenção tua. Uma coisa: se o que você descobriu é mesmo do tamanho que você conta, é terra demais: vai ser muito duro lotear. Só mesmo em sesmarias. Para podermos especular com bom lucro, temos apenas, a nosso favor, a certeza de que uma terra desse tamanho, vai ser praticamente ingovernável.

Outra ironia da história, que parece sempre atualizar este assunto, é que a pergunta – que país é este? – seria, como observa a matéria já citada do jornal *O Globo*, repetida, em 2014, por Renato Duque, preso pela chamada Operação Lava Jato por corrupção na Petrobras. A pergunta, de fato, não é nova. Machado de Assis (1957, vol. 22, p. 247), numa simulação de carta a um chefe de polícia, em 27 de janeiro de 1864, já dizia: "Pergunto aos meus botões em que país estamos, convenço-me de que somos, na verdade, tidos por selvagens hotentotes". Restava-lhe implorar "a Deus para que ilumine as cabeças que nos dirigem, a fim de que apliquem o ferro em brasa, na ferida, que começa a chagar-se pelo veneno que lhe inoculam". Uma boa ideia.

Nessas três manifestações culturais escolhidas para análise há também uma tríplice denúncia, com maior ou menor intensidade: racismo, machismo, exclusão. O poema de Affonso Romano de Sant'Anna ataca uma "viciosa visão do paraíso" e denuncia: "Há 500 anos estupramos livros e mulheres" (1984, p. 8). A mesma força ataca o racismo: "Há 500 anos somos pretos de alma branca" e "não somos nada violentos". Afinal, "este é o país do futuro", mas "senzalamos casas grandes e sobradamos mocambos" (p. 9). Se há queixa, um fatalismo irrompe: "Este é o país que pude/que me deram" (p. 11). Fazer o quê? É o que parece gritar a entrelinha. País de exclusão, ditaduras, golpes e saques na "loucura de quantos generais a cavalo/escalpelando índios nos murais" (p. 12), onde corpo feminino é troféu, "vi-os arrebatando louros e mulheres" (p. 13), "uma mulher também não é só capa de revista, bundas e peitos", "muito sangue e cicatriz, a escravidão/para resgatar os ferros dos seus ombros requer/poetas negros que refaçam seus palmares e quilombos" (p. 16).

As obras exibem as suas datas nos seus temas e piadas. Numa das suas crônicas, "As mulheres sempre por cima", Millôr Fernandes finge uma pesquisa com 13 mil homens com a seguinte pergunta: "Você ainda gosta de mulher?". As respostas são uma marca do gênero (humor) na época: "Rebeneco Cintra, advogado, 63 anos, Homem de mãos limpas e porte airoso: 'Duas ou três por dia, gosto muito. Uso, mas não abuso'" (1978, p. 89). Resposta de consumidor. "Dr. Carlos Caminha, psicanalista, 37 anos [...] 'Sem elas eu não viveria [...] E, depois, sempre sobra uma e outra, mesmo que os da classe possam me acusar de estupro profissional ou incesto psicanalítico'". Resposta cínica. Hélio Cidinho, dezoito anos, garotão avançado de um colégio prafrentex [...] Eu já dei a volta e sou vidrado em virgem [...] tenho um primo de 27 anos que deixa a mulher fazer tudo que quer, pô'". Resposta de machão. Operário José Silva, negro: "A emancipação feminina ainda não chegou do lado de cá. Elas que são brancas que se entendam". Encontro do racismo com o machismo. Aposentado Genésio Gambiarra: "Olha, mulher que é de todo mundo não é mulher de ninguém". Resposta patrimonial.

Resposta pedófila de Genésio Morais, 29 anos: "Entre os dezesseis e os dezoito anos não tem coisa melhor [...] Nem 1 minuto a mais, nem 1 minuto a menos. Sexualmente, sou um relógio suíço". Resposta antifeminista clássica de Paulo de Los Palos, "espanhol residente no Brasil": "O diabo é que aqui, como na Espanha, elas lutam pela emancipação, falam, brigam, a gente apoia, ajuda, pensa que elas estão mesmo emancipadas, mas na hora do pau comer, elas querem mesmo é casar". Resposta do suposto macho provedor Jairo Bloch, "jornalista e corretor de imóveis, 33 anos": "O problema são as despesas. Quem paga as despesas". Millôr Fernandes, "jornalista, idade indefinível": "Como sexo, as mulheres são insuportáveis. Mas na hora do sexo não tem nada melhor" (Fernandes, 1978, p. 91). Predominam as respostas em tom misógino, indo do menosprezo escancarado à condescendência. A emancipação da mulher parecia claramente incomodar, sendo traduzida pelo humorista literalmente. Fica subentendida uma mensagem: é assim que o povo nas ruas vê a mulher e ri.

Na sua letra, Renato Russo martelava: "Vamos faturar um milhão/Quando vendermos todas as almas/Dos nossos índios num leilão". O setor de venda continua aberto. Duzentos anos depois da Independência, o Brasil ainda não se emancipou.

Que país é este em que um presidente da República, capitão de medíocre carreira no Exército, pode negar uma pandemia, desprezar centenas de milhares de mortos, menosprezar vacinas, desvalorizar a ciência, receitar remédios considerados ineficazes pela Organização Mundial da Saúde e ainda concorrer à reeleição com apoio de vários setores da população, inclusive das chamadas elites financeiras?

Referências

AMADO, Jorge. *O país do carnaval*. Rio de Janeiro: Record, 1978.

BONFIM, Manuel. *América Latina: males de origem*. Rio de Janeiro: Topbooks, 1993.

FERNANDES, Millôr. *Que país é este?*. Rio de Janeiro: Nórdica, 1978.

HOLANDA, Sérgio Buarque de (dir.). *O Brasil monárquico. O processo de emancipação*. São Paulo: DIFEL, 1970.

MACHADO DE ASSIS, Joaquim Maria. *Obras Completas*. Volumes 22, 24 e 26. W. M. Jackson Editores: Rio de Janeiro, São Paulo, Porto Alegre, 1957.

SANT'ANNA, Affonso Romano de. *Que país é este?*. São Paulo: Brasiliense, 1984.

SILVA, Juremir Machado da. *Anjos da perdição*: futuro e presente na cultura brasileira. Porto Alegre: Sulina, 1996.

SODRÉ, Nelson Werneck. *As Razões da independência*. Rio de Janeiro: Civilização Brasileira, 1965.

SODRÉ, Nelson Werneck. *A História da Imprensa no Brasil*. Rio de Janeiro, Civilização Brasileira, 1999.

VARNHAGEN, Francisco Adolfo. *História da independência do Brasil*. Brasília: Funag, 2019.

ZWEIG, Stefan. *Brasil, país do futuro*. Rio de Janeiro: Nova Fronteira, 1981.

Parte 2

MÍDIA

FAÇA A COISA CERTA: ESTRATÉGIAS E RETÓRICAS DO JORNALISMO NOS EMBATES CONTRA O NEGACIONISMO E *FAKE NEWS*

Christina Musse[1]
Denise Tavares[2]
Mariana Musse[3]

> O problema é que, nos últimos anos, políticos populistas
> em muitos países – incluindo países democráticos –
> têm deliberadamente solapado a confiança das pessoas
> na ciência, na mídia e nas autoridades públicas.
> Sem essa confiança, as pessoas não sabem ao certo o que fazer
> (Harari, 2020, p. 76).

Introdução: um sombrio baile à fantasia

É difícil rastrear quando tudo começou. Talvez não tenhamos percebido por que estávamos por demais distraídos com a tela do celular, e não tenhamos prestado a atenção devida aos sinais evidentes de que uma onda de descrença já abalava aqueles antes aparentemente tão sólidos referenciais do mundo moderno. Pelo planeta, a ciência, a mídia e as democracias tiveram que se justificar, dizer ao que vieram, ante a enxurrada de negacionismo, notícias falsas, e golpes políticos, que não precisavam mais dos exércitos nas ruas, mas

---

[1] Docente do Programa de Pós-Graduação em Comunicação da Universidade Federal de Juiz de Fora (PPGCOM/UFJF). Líder do grupo de pesquisa Comunicação, Cidade e Memória – Comcime.

[2] Docente do Programa de Pós-Graduação em Mídia e Cotidiano da Universidade Federal Fluminense (PPGMC/UFF). Colíder do grupo de pesquisa Núcleo de Estudos e Experimentações do Audiovisual e Multimídia – MULTIS.

[3] Docente da Escola Superior de Propaganda e Marketing (ESPM/RJ) e da Universidade Estácio de Sá. Integrante do Comcime.

de milícias digitais que, atuando massivamente nas redes sociais, definiam as escolhas dos cidadãos.

O tom aparentemente literário, que projeta um tempo distópico do parágrafo com que iniciamos este texto, tem a intenção de expressar os desafios e impasses que atravessam nossas – e de tantos colegas – investigações, sobre as transformações que têm remodelado e reposicionado o jornalismo hoje. Trata-se de um cenário impactado pela percepção pública de que a verdade, antes tão facilmente colada à obviedade das narrativas jornalísticas, emaranhou-se nas múltiplas vozes que a deslocam continuamente, em redes. Nesse contexto, a ideia da necessidade da prova para a certeza irrefutável do acontecimento, esvaneceu. Agora, os tons estridentes dos estereótipos e dos *slogans* pautados pela desqualificação do fato e do outro, cerzem um denso tapete que soterra dúvidas, nuances e espaços para a contraditório, isto é, para os instrumentos basilares do jornalismo constituído sob o princípio democrático.

Um princípio, sabemos, não implica ausência de fissuras e contradições quando posto em prática. No entanto, se é preciso sempre ressaltar o quanto a própria imprensa contribuiu para a existência das descrenças sobre sua importância e atuação ao longo da consolidação da sua história, seria injusto também não discutir as mais que atuais violências que seus profissionais enfrentam, justamente quando melhor estão exercendo a função social que justifica a existência do jornalismo. Sob o reconhecimento desta dupla face, com muitas nuances em cada uma, este texto tem como foco discutir as estratégias e retóricas do jornalismo no Brasil, em seu esforço de se (re) afirmar como instrumento relevante da democracia, em um cenário em que negar a ciência e semear a desinformação constituíram uma díade relevante de parte da população brasileira para conviver com a massacrante realidade da pandemia da Covid-19. Nosso movimento soma-se às pesquisas e reflexões que pretendem iluminar um período que, para muitos, tem início com as chamadas "jornadas de junho", que aconteceram em 2013, e prepararam o caminho para o golpe parlamentar que levou ao *impeachment* da presidenta Dilma Rousseff, à posse de Michel Temer e, finalmente, à eleição de Jair Bolsonaro. Com ele presidente, temos acompanhado a ampla ocupação dos mais altos escalões do poder político pela Direita conservadora, uma situação em que o medo e a desconfiança no futuro encontraram consolo na nostalgia de um passado que negava as conquistas da democracia, da ciência e da imprensa.

"A nostalgia moderna é o luto pela impossibilidade do retorno mítico, pela perda de um 'mundo encantado' com limites e valores claros", afirma Boym (2017, p. 158). A autora distingue dois tipos de nostalgia: restauradora e reflexiva. Neste artigo, interessa-nos a primeira, que ela assim descreve. "A retórica da nostalgia restauradora não trata do 'passado', mas antes de valores universais como família, natureza, pátria, verdade" (Boym, 2017, p. 159). São esses, em tese, os valores cultuados nos palanques públicos e nas mensagens disparadas nas redes sociais pela citada Direita. O desejo de um passado estável, ordenado, cunhado sobre uma verdade única e eterna, que garantiria a segurança existencial contra as incertezas dos tempos acelerados e efêmeros do presente. Sintomas que foram acentuados pela já citada grave crise sanitária que se espalhou pelo planeta, surpreendendo, especialmente, os berços que se arvoraram terem embalado a democracia e tudo que a embrulha desde o início da modernidade.

De certo modo, não é difícil traçar um paralelo entre estas primeiras décadas do século XXI e os diagnósticos das falências e ruínas de valores e princípios que marcaram o pós-guerra dos anos 1950, quando se decretou que o projeto iluminista teria que ser soterrado, pois não impedira a devastação de tantos territórios e povos. Ou, talvez, apenas continue valendo o que nos lembrou Berman (2007, p. 18), ao citar uma fala de O Grande Inquisidor, personagem da obra *Os irmãos Karamazov* (1881), de Dostoiévski: "O homem prefere a paz e até mesmo a morte à liberdade de discernir o bem e o mal. Não há nada de mais sedutor para o homem do que o livre-arbítrio, mas também nada mais doloroso".

Se percorrermos as trilhas que abundam nas redes sociais, é muito difícil não dar razão ao escritor russo. Como se existissem em moto-perpétuo, as redes sociais no Brasil durante o cotidiano da pandemia amplificaram de forma indiscriminada o medo, a ansiedade e a dúvida, acionando discursos sem fundamento científico, teorias da conspiração, ameaças e promessas de cura sem qualquer respaldo na lógica científica que permitiu avanços substantivos na gestão da saúde humana. Uma situação orquestrada prioritariamente pela pior face da política conservadora, que reverberava, sem pudor, a fala livre do governo federal vigente: "Quem for de direita, toma cloroquina; quem for de esquerda, toma tubaína", clamou o presidente do país[4], cujo governo investiu na desinformação e [...] "contrariando todas as regras de aprovação de medicamentos utilizados pelo Sistema Único de Saúde – SUS – patrocinou a produção da cloroquina pelo Exército e a distribuição do medicamento, apesar da posição da comunidade científica mundial". Ao todo, conforme Musse, Finger e Melo, Jair Bolsonaro defendeu o uso da cloroquina em 23 discursos oficiais. A lógica que sustentou tal posição ainda está aberta a uma investigação mais objetiva, mas, de acordo com a CPI da Pandemia[5], seguir o dinheiro parece fornecer as respostas que todos buscam.

Neste cenário perturbador, voltando ao mote de nosso texto, a imprensa foi um dos maiores alvos de críticas do governo federal. De acordo com informação do *Relatório 2020* da Federação Nacional dos Jornalistas (Fenaj), que trata do tema, naquele ano, a violência contra os jornalistas no país alcançou o maior nível, desde que começou a série histórica de registros de ataques à imprensa, na década de 1990:

> Em 2020, a situação agravou-se. Houve uma verdadeira explosão da violência contra jornalistas e contra a imprensa de um modo geral. Foram registrados 428 episódios, 105,77% a mais do que em 2019. A descredibilização da imprensa, como no ano anterior, foi a violência mais frequente: 152 casos, o que representa 35,51% do total.
>
> O presidente Jair Bolsonaro, mais uma vez, foi o principal agressor. Sozinho foi responsável por 175 casos (40,89% do total): 145 ataques genéricos e generalizados a veículos de comunicação e a jornalistas, 26 casos de agressões verbais, um caso de ameaça direta a jornalistas, uma ameaça à TV Globo e dois ataques à Fenaj (Braga, 2021, p. 4).

---

[4] IDOETA, Paulo Adamo. *A história de Bolsonaro com a hidroxicloroquina em seis pontos: de tuítes de Trump à CPI da Covid*. Disponível em: https://www.bbc.com/portuguese/brasil-57166743. Acesso em: 22 maio 2022.

[5] Ou CPI da Covid-19 foi uma Comissão Parlamentar de Inquérito criada em 13 de abril de 2021 e oficialmente instalada no Senado Federal em 14 de julho do mesmo ano. Foi concluída em 26 de outubro de 2021, quando foi votado e aprovado seu relatório final. Durante seu funcionamento, a CPI, entre outros crimes, apontou as situações de descaso em relação à saúde da população brasileira frente a pandemia, especialmente a rejeição à compra da vacina, além de evidências de corrupção envolvendo diversas iniciativas de funcionários do Ministério da Saúde, algumas com declaração de que o presidente teria conhecimento do que estava acontecendo na Pasta.

A aceleração do negacionismo tem razões bem claras. O ambiente digital, que antes parecia ser o cenário ideal para a convivência das diferenças, acabou se mostrando, como acabamos de ressaltar, o espaço por excelência das disputas e do ódio. Hoje, as estratégias de produção de conteúdo por robôs, sob o controle de milícias digitais, atingem o perfil daqueles usuários das redes sociais que já se sabe, por antecedência, serem suscetíveis a acreditar em pseudoverdades, com resultados desastrosos para o ambiente político. O episódio da *Cambridge Analytica*[6], criada em 2013, na Inglaterra, e responsável pela disseminação de informações falsas que levaram à vitória de Donald Trump, nos Estados Unidos, e à saída da Inglaterra da União Europeia, na campanha do Brexit, em 2016, está na origem de uma série de outros episódios que se multiplicaram pelo mundo, inclusive no Brasil, em que o Supremo Tribunal Federal (STF) abriu inquérito, em 2020, para apurar ameaças a ministros e a disseminação de conteúdo falso na internet (Musse, C. F.; Musse, M. F.; Almeida, F. L, 2021).

Nesta cena, reiteramos, há duas evidências em relação à atuação do jornalismo. A primeira é a sua incapacidade de fazer a necessária autocrítica em relação ao papel que desempenhou nos eventos que resultaram na prevalência atual do discurso autoritário que continua sustentando o desmonte das políticas públicas no Brasil. E de outro – e esta é a face que nos interessa discutir – o modo como agora, mais do que nunca também vítima desta violência, a imprensa procura, com as "armas" que tem, produzir material que a reconduza ao lugar em que faz sentido existir. Com este movimento, o jornalismo hegemônico (mas não todos os veículos, é claro) procura alargar o espaço que foi, palmo a palmo, reconquistando durante a pandemia, quando optou por se colocar junto à ciência e afrontar a posição oficial do governo federal, em postura crítica cotidiana e espalhada pelos canais e programas de informação. Exemplar no investimento desta estratégia, a TV Globo, ainda a maior audiência em jornalismo no Brasil, manteve a política de (re)constituir a memória do país, como, aliás, já fez em relação a outros períodos[7]. Nessa

---

[6] A *Cambridge Analytica* foi condenada na Inglaterra e nos Estados Unidos e declarou falência em 2018.

[7] Trata-se de uma produção extensa do jornalismo e dramaturgia neste sentido. Desta última, sem dúvida, uma das mais evidentes é a minissérie *Anos Rebeldes*, sem qualquer menção ao papel da grande imprensa da época – TV Globo incluída – na colaboração com

condição, produziu o documentário *Cercados*, objeto de nossa análise por ser, hermeneuticamente falando, um recorte relevante para os propósitos do texto. Mas antes é preciso recuperar mais pontualmente o papel das redes sociais na constituição desse arcabouço ostensivamente favorável ao negacionismo, à disseminação das notícias falsas e à promoção do descrédito da imprensa.

O inimigo não descansa: como escapar das redes sociais?

O funcionamento e a dinâmica das redes sociais pautadas no imediatismo e na necessidade constante de produção de conteúdo para alcançar engajamento e interação com usuários desembocaram no atual temor às consequências causadas "ao mundo real" pela disseminação de notícias falsas, notícias manipuladas ou retiradas de seu contexto e posteriormente publicadas. Como mencionado no texto, a pauta das *fake news* – e o combate a elas – ganhou grande espaço para discussões na mídia, quando se observou o quanto a disseminação em larga escala dessas notícias poderia impactar, por exemplo, nas eleições presidenciais de 2022. No caso da saúde pública, a Organização Mundial da Saúde (OMS) chamou a atenção para o impacto da circulação de notícias falsas ou da abundância de informação. em outros surtos virais como o de H1N1[8], em 2009, e aquele da MERS[9], em 2012. Porém, em relação à pandemia da Covid-19, houve uma preocupação maior da OMS com a circulação de informações (não só com a sua abundância, mas também com a sua qualidade) e a organização passou a mencionar diversas vezes o termo "infodemia" em seus comunicados.

---

a ditadura militar. O mesmo ocorre em relação a grandes reportagens e documentários referentes aos chamados anos de chumbo e mesmo quanto à campanha das Diretas Já, enaltecida agora, mas significativamente ignorada quando ocorreu. Para conferir mais sobre esses descompassos, vale verificar o projeto *Memória Globo*.

[8] A gripe H1N1, ou influenza A, é provocada pelo vírus H1N1, um subtipo do influenzavirus do tipo A. Os sintomas da gripe H1N1 são semelhantes aos causados pelos vírus de outras gripes. O diagnóstico é por testes laboratoriais. Existe vacina. In: Varella, Drauzio. GRIPE H1N1 (GRIPE SUÍNA). Disponível em: https://drauziovarella.uol.com.br/doencas-e-sintomas/gripe-h1n1-gripe-suina/. Acesso em: 2 jun. 2022.

[9] A síndrome respiratória por coronavírus do Oriente Médio pode ser assintomática ou provocar sintomas leves que chegam a ser confundidos com os da gripe comum. Não houve nenhum caso detectado no Brasil. In: Varella, Drauzio. Síndrome respiratória do Oriente Médio (MERS). Disponível em: https://drauziovarella.uol.com.br/doencas-e-sintomas/sindrome-respiratoria-do-oriente-medio-mers/. Acesso em: 2 jun. 2022.

> A infodemia, portanto, deve ser entendida como um complexo fenômeno atrelado a um contexto de crise sanitária, e influenciado pela popularização de tecnologias da comunicação, que radicalizam a instantaneidade e a abrangência internacional da distribuição de (des) informação (OMS 2018; 2019) (Massarani; Leal; Waltz; Medeiros, 2021, p. 3).

Ao mesmo tempo em que temos livre acesso à informação, o fenômeno da desinformação é uma constante preocupação de organizações, autoridades e veículos de imprensa. A checagem de fatos (*fact-checking*) tem se tornado urgente, já que as redes sociais ainda não apresentaram mecanismos eficientes em conter o espalhamento de notícias falsas ou que levam à desinformação, ao contrário, são ambientes propícios para a sua propagação.

> Os mesmos canais e estratégias utilizados para circular conteúdos jornalísticos também podem ser utilizados para o espalhamento de desinformação. Assim, a circulação de desinformação é facilitada nas mídias sociais pelas próprias *affordances* dessas plataformas. Uma das estratégias que contribui para esse espalhamento é o fato de as mensagens serem curtas, com tamanho limitado (no Twitter, por exemplo, há um limite de 280 caracteres). Muitas vezes, o que circula é apenas a manchete de uma notícia. Títulos caça-cliques (*clickbaits*) acabam sendo uma estratégia muito utilizada nesses espaços, o que ajuda a aumentar a visibilidade da desinformação (Recuero; Soares; Zaga, 2021, p. 5-6).

No livro *Postar ou não? Guia para combater a desinformação*, publicado no Brasil, em 2021, são listados os sete tipos mais comuns de desinformação, definidos pela pesquisadora Claire Wardle, da rede sem fins lucrativos *First Draft News*[10]. Seriam eles: falsa conexão (quando as manchetes, ilustrações ou desenhos não confirmam o texto), falso contexto (quando o conteúdo genuíno é compartilhado com informação falsa), manipulação do conteúdo (quando a informação ou a imagem genuína é manipulada para enganar), sátira ou paródia (não tem qualquer intenção de prejudicar, mas tem potencial para enganar), conteúdo enganoso (a desinformação aparece

---

[10] Rede internacional de jornalistas, universidades, plataformas e organizações da sociedade civil, criada em 2015. Ver mais em: https://firstdraftnews.org/. Acesso em: 2 jun. 2022.

nas entrelinhas, através de falsas associações), conteúdo impostor (quando fontes genuínas são imitadas), conteúdo fabricado (conteúdo novo, 100% falso, criado para ludibriar e prejudicar) (Seibt, 2021). Daí observamos a diversidade de tipos de conteúdos publicados que podem levar à desinformação não se restringindo apenas às notícias falsas, mas também àquelas informações que podem levar a associações e interpretações equivocadas da informação aos receptores.

As redes sociais são espaços de rápida troca de conteúdo, onde os emissores e os produtores se mesclam entre pessoas físicas e empresas. Todos podem criar e compartilhar conteúdos, o que vai diferenciá-los em relação ao impacto que podem obter, ao final, será a abrangência que eles adquirem, ou seja, o que é postado chega para um público de milhões de pessoas ou para algumas dezenas delas? Este impacto – o alcance – pode fazer com que o recorte de uma fala tirada de seu contexto original seja replicado e compartilhado diversas vezes, sem nenhum tipo de checagem que preceda a postagem e, então, o estrago pode ser feito, quando se leva em conta a qualidade da informação. Mas quem está interessado em produzir conteúdo comprometido com a verdade e com a informação diante deste cenário das redes na guerra por engajamento?

> Uma notícia (falsificada, fraudulenta ou mesmo verdadeira, pouco importa) só se difunde à medida que corresponda a emoções, quaisquer emoções, "positivas" ou "negativas". Sobre o factual, predomina o sensacional – daí o sensacionalismo. Sobre o argumento, o sentimento ou o sentimentalismo. Esses registros da percepção e do sensível, que passam pelo desejo, pelo sensacional, pelo sentimental, proporcionam conforto psíquico aos indivíduos enredados em suas fantasias narcisistas. A receita se revelou infalível (Bucci, 2018, p. 28).

Diante de toda a informalidade inerente à comunicação pelas redes sociais, observamos como elas tornaram-se palco para disputas narrativas e ideológicas, e para ataques àqueles que apresentam opiniões divergentes, ou melhor, isso quando se chega a ver a opinião divergente. A própria dinâmica das redes, através de suas ferramentas como bloqueio de usuários e páginas, acaba selecionando o tipo de conteúdo à que teremos acesso e direcionando o trabalho dos algoritmos, formando, então, as bolhas ideológicas. Dentro dessas bolhas, funciona o mundo ideal de cada usuário: ele só vê e recebe aquilo que lhe agrada de forma cada vez mais "personalizada". O problema é que este mundo ideal, confortável para alguns, pode estar desconectado da realidade dos fatos ou trazendo fatos e informações distorcidos. Eugênio Bucci (2018) reflete sobre como, dentro dessas bolhas,

> [...] o indivíduo se encontra encapsulado em multidões que o espelham e o reafirmam ininterruptamente – são as multidões de iguais, as multidões especulares, as multidões de mesmos. Vêm daí as tais "bolhas" das redes sociais, cujo traço definidor é a impermeabilidade ao dissenso, a ponto de uma comunidade de uma determinada bolha mal tomar conhecimento da outra (Bucci, 2018, p. 28).

Apesar de toda a liberdade e da grande diversidade de canais para se comunicar, observamos que a divergência de opiniões, o debate e o aprofundamento nos assuntos tratados nas redes parecem ser pouco populares ou trazer pouco engajamento. Vemos indivíduos selecionando cada vez mais conteúdos que ratificam aquilo que pensam e se abastecendo com relatos curtos, que mais entretêm do que informam, sobretudo para camadas mais jovens da população, como a geração Z[11].

No caso da pandemia do coronavírus observamos, no Brasil, uma disputa narrativa e ideológica. De um lado, o presidente Bolsonaro e seus apoiadores, de outro, a ciência e seus porta-vozes. Perfis como *Patriotas com Bolsonaro*, no Instagram, descrito como "Em apoio ao presidente Jair Bolsonaro. Notícias, informações e tudo que a mídia não mostra"[12] ou *Bolsonaro tem razão!*[13], com 1,1 milhão de seguidores, descrito como "O maior perfil de apoio ao Presidente Bolsonaro no Instagram", ou, ainda, o aplicativo chamado "Bolsonaro.tv", que traz informações exclusivas em tempo real, segundo o

---

[11] "A geração Z é composta por quem nasceu na primeira década do século XXI. Por não haver uma exatidão na contabilização do tempo em relação ao surgimento das diferentes gerações, podemos considerar como geração Z quem nasceu no fim da década de 1990. O mais marcante dessa geração é a sua íntima relação com a tecnologia e com o meio digital, considerando que ela nasceu no momento de maior expansão tecnológica proporcionada pela popularização da internet." Veja mais em: https://brasilescola.uol.com.br/sociologia/geracao-z.htm. Acesso em: 4 jun. 2022.

[12] Disponível em: https://www.instagram.com/patriotasbolsonaro/. Acesso em: 4 jun. 2022.

[13] Disponível em: https://www.instagram.com/obolsonarotemrazao/. Acesso em: 4 jun. 2022.

próprio App informa, são exemplos do uso das redes para consolidar uma versão de realidade conforme o que se chama hoje de bolsonarismo. Do outro lado, temos perfis institucionais como o da Fundação Oswaldo Cruz (Fiocruz) no Instagram, que conta com 581 mil seguidores[14], e do Jornalismo, como o do canal por assinatura GloboNews[15], por exemplo, que tem 2,5 milhões de seguidores, e que integra o sistema Globo de Notícias.

Delimitar esse território das redes sociais é essencial para se observar como nos perfis vinculados ao atual presidente, como os que acabaram de ser citados, há um ataque direto à grande mídia, principalmente à TV Globo, que é retratada em alguns posts como "Globolixo". Este tipo de conteúdo revela o ataque direto ao fazer jornalístico profissional, à apuração das informações e ao discurso científico veiculado pela imprensa. Isto é, uma atuação conjunta de densidade significativa. Raquel Recuero et al. denominam essas mídias dissociadas do jornalismo profissional de veículos hiperpartidários:

> A ideia de veículos hiperpartidários se refere a mídias geralmente nativas digitais que se engajam em discussões políticas por meio da produção de conteúdo que não tem compromisso com as normas éticas do jornalismo, utilizando, frequentemente, informações falsas ou manipuladas com objetivos políticos (Benkler Et Al., 2018; Larsson, 2019; Mourão E Robertson, 2019). Dentre as principais estratégias para a circulação da desinformação, as mídias hiperpartidárias costumam apresentar o que chamam de uma versão alternativa ao jornalismo tradicional (Larsson, 2019) (Recuero; Soares; Zaga, 2021, p. 6).

Além desses veículos, existem outros, apontados pelos autores: líderes de opinião, ativistas políticos, *trolls*[16] e *bots*[17], que, além de divulgar informações falsas, dão visibilidade às práticas de violência contra os jornalistas. Em levantamento sobre agressões a jornalistas, na área de atuação da TV Integração (afiliada Globo, em Minas Gerais), pesquisadoras confirmam que:

---

[14] Disponível em: https://www.instagram.com/oficialfiocruz/. Acesso em: 4 jun. 2022.

[15] Disponível em: https://www.instagram.com/globonews/. Acesso em: 4 jun. 2022.

[16] *Troll* é uma gíria usada na internet para caracterizar aquele usuário, que desestabiliza uma discussão, apelando para a agressividade, o discurso de ódio, por exemplo.

[17] *Bot* é referência a robô.

> O que foi observado é que os agressores da imprensa agem da mesma forma, usam as mesmas palavras de ordem e lançam mão dos mesmos artifícios em todos os casos: ofendem os profissionais, a emissora, gravando a ação e compartilhando as imagens em redes sociais. Em casos extremos, tentam impedir a veiculação da notícia correta, partindo para a agressão física e até quebrando os equipamentos (Musse, C. F.; Musse, M. F.; Almeida, F. L., 2021, p. 17).

Este tipo de agressão teve como consequências, além de medidas de reparação por danos físicos, materiais, e morais, uma série de mudanças nas grandes coberturas da imprensa: usavam-se carros não adesivados, isto é, não identificados com logomarca; repórteres ficavam distantes de aglomerações, ou, quando permaneciam próximos, gravavam com câmeras de celulares e não usavam microfone com canopla; repórteres cinematográficos capturavam imagens mantendo distância, isto é, sobre uma marquise, por exemplo. A imprensa nacional lançou ao mesmo tempo grandes campanhas publicitárias em que veio ratificar a importância dos veículos como aqueles que garantem a informação esclarecedora e de qualidade. No dia sete de junho de 2022, por exemplo, Dia Nacional da Liberdade de Imprensa, uma ação reuniu UOL, Folha de São Paulo, TV Globo, GloboNews, G1, O Globo, Extra, Valor Econômico, Estadão, CBN e Rádio Eldorado. Durante todo o dia, os veículos divulgaram peças de conscientização sobre a data e a importância da imprensa livre. Isso incluiu uma tarja preta no alto das capas de sites e jornais com o texto: "Dia Nacional da Liberdade de Imprensa: uma campanha em defesa do jornalismo profissional".

> Ao clicar no anúncio, será exibida uma página em branco acompanhada da seguinte explicação: "Apoie o jornalismo para que páginas em branco, como essa, não aconteçam. O jornalismo precisa ser livre. Livre para informar, investigar e mostrar tudo o que acontece para que você forme a sua opinião. Quem defende o jornalismo defende a liberdade e fortalece a democracia" (Consórcio, 2022).

Na edição do *Jornal Nacional* da TV Globo, o mais assistido da televisão brasileira, a escalada (abertura) surpreendeu os telespectadores. Em silêncio, os dois âncoras olhavam para as câmeras, enquanto era exibida a seguinte legenda na tela: "O silêncio incomoda: Dia Nacional da Liberdade de Imprensa. O caminha da democracia é a informação". Depois de um longo minuto, Heraldo Pereira fala: "Hoje, é 7 de junho, Dia Nacional da Liberdade de Imprensa". Em seguida, Renata Vasconcellos: "Este nosso gesto, esta nossa homenagem, é para lembrar a importância desse direito fundamental para a democracia". (Pereira; Vasconcellos, 8 jun. 2022).

Quase dois anos e meio depois do início da pandemia, portanto, os principais veículos de comunicação do país dão continuidade a um movimento de articulação que foi exposto em resposta a mais uma situação de desinformação tentada pelo governo federal. Como se verá em seguida, essa chave de oposição ao *fake news* também é basilar para viabilizar o documentário da Globonews.

Cercados: consolidar o discurso para cercar a memória

Em junho de 2020, o Ministério da Saúde avisa que faria mudanças na divulgação dos dados relacionados à Covid-19, alterando o horário em que repassaria a informação à imprensa e anunciando, ainda, que seria modificada a metodologia da somatória das informações oriundas dos estados brasileiros. Essa última decisão, por sua vez, suspenderia por alguns dias todas as estatísticas relacionadas à pandemia do coronavírus no país. Na época, os brasileiros souberam dessas decisões pela grande imprensa que, em seguida, comunicou a formação de um consórcio de veículos que passaria a divulgar os números consolidados conforme informações das secretarias estaduais de saúde, enquanto tensionava a decisão de mudança de metodologia, acionando especialistas, ex-ministros da saúde e representantes da sociedade civil. Neste momento, o número de mortes diárias pela Covid no Brasil era de mais de mil mortos. Toda esta sequência de acontecimentos integra o documentário *Cercados* (2020), produção da Globoplay.

Mas se a população brasileira, em junho de 2020, conseguiu acompanhar essa disputa em tempo linear, no documentário alguns acréscimos permitem outra percepção dos acontecimentos. Primeiro, por mostrar os bastidores da formação do consórcio, mostrando a importância da união do jornalismo brasileiro. Depois, por interpolar cenas destas discussões e do noticiário, com breves aparições do presidente do país, comemorando com muita risada as decisões do Ministério: "...acabou a matéria do *Jornal Nacional*? Da TV funerária?...", diz, entre outras frases similares, Jair Bolsonaro, captado em primeiro plano, voz irônica e sorriso muito aberto. A sequência termina com um trecho da Nota Editorial do *Jornal Nacional*, o telejornal que ainda hoje detém a maior audiência do país, criticando duramente o governo e afirmando, pela voz de seu âncora, William Bonner, em tom premonitório, que "o povo vai julgar" o que estava sendo feito. A crítica do veículo expunha, de forma direta e contundente, a linha editorial que tem marcado as relações do maior sistema de comunicação do país com o atual mandatário da nação. Em outras palavras, relações de embates contínuos, conflitos, palavras de baixo calão proferidas por Bolsonaro em direção à imprensa – em especial, à "Globolixo", como se referem seus apoiadores – e desmentidos de ambos os lados. Uma situação que estrutura a narrativa de *Cercados*, que estreou no início de dezembro de 2020, com esta sinopse: "Os bastidores da cobertura jornalística durante a pandemia. Acompanha o trabalho da imprensa profissional numa luta contra o negacionismo".

Gravado nas cidades do Rio de Janeiro, São Paulo, Brasília, Manaus e Fortaleza, o documentário dirigido por Caio Cavechini inicia com um prólogo de cinco minutos que envolve a demissão do então ministro da saúde, Nelson Teich. Ao optar por este acontecimento como marco inicial da obra, reafirma-se o episódio como um dos mais emblemáticos na exposição de como Bolsonaro tratou a pandemia e institucionalizou o negacionismo, sem considerar quaisquer limites quanto às consequências das suas falas e atos. A sequência dramatiza estética e narrativamente a situação, ao deslizar a câmera em *plongée* (câmera alta) pelo público formado por dezenas de jornalistas, até a entrada do ministro, depois de passar lentamente pela mesa retangular, estreita e comprida, típica das coletivas, onde, ao lado das placas de identificação e copos de plástico para a água, se destacam frascos de álcool em gel (Figura 1).

Figura 1: O documentário elege a demissão de Teich como marco estético e narrativo da obra (*print* da obra).

O contraste entre a solidão do futuro ex-ministro e a busca por informações de um número razoável de repórteres planifica a proposta da obra: de um lado, muitos trabalhando profissionalmente, cumprindo o seu papel a despeito da pandemia e, do outro, um poder político esvaziado, que expulsa quem discorda da versão do seu mandatário. No território dividido, a polarização, que hoje a imprensa continua tentando superar ao investir na valorização da terceira via para as eleições presidenciais, é escancarada. A despeito de não se tratar de enfrentamento de opostos, pois o ministro anuncia sua saída do governo, as cenas emulam a divisão clara entre dois "brasis" que se opõem frontalmente: de um lado, estão localizados os que apoiam a ciência e, de outro, os que a negam integralmente, a ponto de excluir aliados que não se posicionem em concordância absoluta ao negacionismo, caso de Teich.

Outro aspecto interessante desta sequência é que ela é estruturada, didaticamente, pela lógica da relação de causa e consequência, facilmente entendida pelo senso comum, e que no jornalismo significa a competência investigativa que tantas vezes resulta no "furo", expressão cara à profissão, pelo menos antes da internet e, talvez agora, nem tanto. De todo modo, é essa competência que é revelada no *flashback* do que teria acontecido cinco horas antes da coletiva, conforme a tela destaca. A aposta da edição é fazer o público saltar do espaço do poder executivo em Brasília aos bastidores do *Jornal Nacional*, quando a equipe, apresentada parcialmente em reunião on-line, dialoga com o âncora e editor-chefe William Bonner sobre a possível demissão do ministro, enquanto o jornalista lamenta: "que situação..." (Figura 2).

O desalento de Bonner e dos outros profissionais que aparecem rapidamente no prólogo do documentário afiança o tom da narrativa, calcada em certos símbolos que configuram o perfil idealizado do jornalista como, por exemplo, o intenso envolvimento emocional com os acontecimentos. Não bastasse, uma trilha sonora emula os clássicos barulhos da máquina de escrever manual, sonoridade consagrada à identidade da profissão, mas que desapareceu das redações há muito tempo em função do uso de computadores. É sobre esse universo que cerca o imaginário sobre a atuação dos jornalistas que a obra se estrutura. Neste sentido, as ações dos seus protagonistas ecoam a fala do futuro ex-ministro, que encerra o prólogo: "A vida é feita de escolhas. E hoje eu escolhi sair...", diz. *Cercados* também escolhe, construindo seu eixo argumentativo articulando cenas de arquivo que recuperam declarações negacionistas e autocentradas do presidente do país. É ele, que não aparece no prólogo, o antagonista que vai dirigir, quase que integralmente, a narrativa. Mesmo quando parece se concentrar nas dores dos familiares de vítimas da Covid, o documentário ecoa o perfil indiferente de Jair Messias Bolsonaro, delineado como o símbolo do negacionismo e da proliferação das *fake news*. Por isso, logo após a rápida inserção da animação para a apresentação do título do documentário, a narrativa retorna ao *Jornal Nacional*, agora já mostrando a reportagem da demissão. No jogo de tela sobre tela, a trilha sonora mantém o som de fundo das máquinas de escrever, misturado ao áudio da reportagem e aos comentários dos repórteres

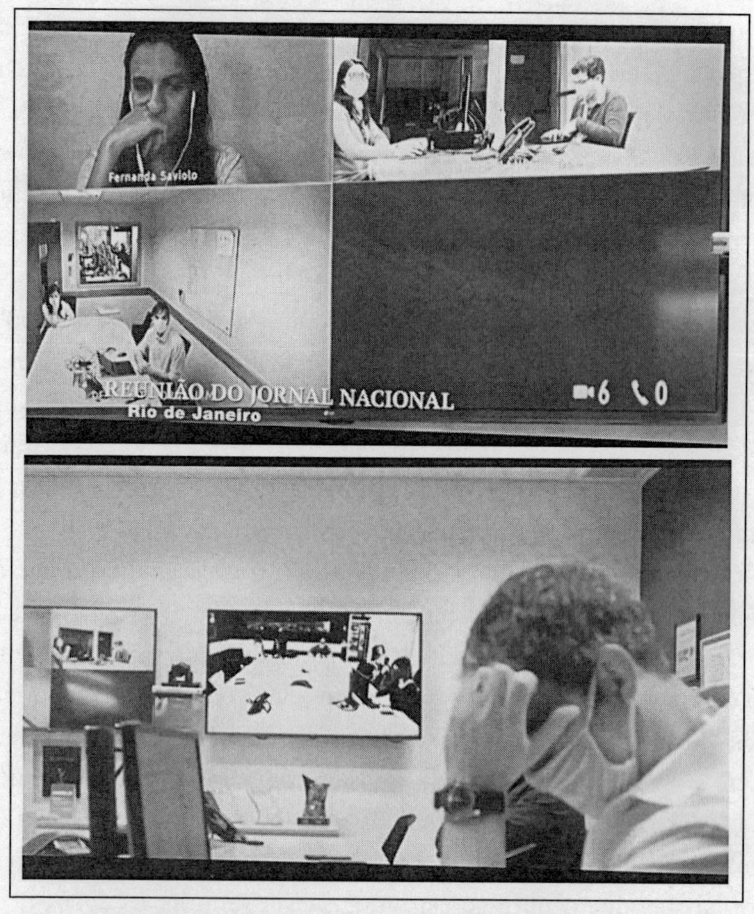

Figura 2 – Bastidores da reunião do *Jornal Nacional* realizada cinco horas antes da coletiva de Teich (*print* da obra).

que assistem a tudo. Neste áudio, destaca-se uma pergunta que fica anônima: "E não vai falar por que saiu?", ouve-se, referindo-se ao silêncio de Teich, quanto à causa objetiva da sua demissão.

O trabalho de sobreposição de áudios, acentuando tanto a ênfase da possível interpretação da cena quanto a própria continuidade narrativa, ocorre em praticamente toda a obra e revela a edição contaminada pelas práticas dos telejornais diários, onde o *off*, normalmente, "costura" as sequências dos fatos narrados. Trata-se de um processo em que o público é quase sempre conduzido pela mão, com pouco espaço para digerir ou abrir interpretações diferenciadas ao que aparece na tela, ampliando a pregnância de verdade dos fatos revelados na reportagem, argumento central da legitimidade do jornalismo. Entretanto, em tempos de negacionismo, o sistema de crenças tem muitas vezes se imposto, fundamentado tanto pela natureza da fonte – agora, francamente questionada – como pelas experiências de manipulação de imagem e som, cada vez mais acessíveis ao cidadão comum graças ao universo digital. Sob esse horizonte, e considerando, ainda, o possível impacto que os memes políticos, por exemplo, proporcionam, talvez a maior contribuição de *Cercados* possa ser, justamente, o cuidadoso trabalho de arquivo que recupera falas impactantes, sem qualquer fundamento científico e até mesmo mentirosas, do presidente do Brasil[18].

O que se quer ressaltar é que a escolha de *Cercados,* ao contrapor o negacionismo à valorização do jornalismo profissional – e aqui, merece destaque a aparição de jornalistas de coletivos, já quase ao final da obra, com direito à presença e voz – talvez tenha errado a dose quanto à onipresença, na tela, do presidente do país. De certo modo, com essa escolha, configurou um antagonista tão desenhado por suas aparições públicas de enfrentamento à mídia, que esmaeceu muito das consequências dessas atitudes. Perdeu a chance, talvez, de constituir não só um memorial do desprezo com que Bolsonaro tratou a pandemia, mas também de jogar luz nos desmontes das políticas públicas que ele promoveu. Há uma tentativa de espraiar essa destruição, mas ela segue uma rota que em pouco tempo se mostrou bastante equivocada: o espaço dado à demissão de Sérgio Moro no documentário, fato apresentado como a maior crise do governo. Não foi, e *Cercados* teve tempo suficiente para rever esse diagnóstico, já que em poucas semanas era muito claro que o ex-juiz não teria estofo para ofuscar Bolsonaro[19].

Essa manutenção de um olhar ambíguo sobre as relações de poder no país é uma das fragilidades do documentário. Outras decorrem da própria situação da pandemia no Brasil, que logo depois do lançamento da obra produziu um quadro aterrador de vítimas. Comparativamente, em *Cercados*

---

[18] Nesse sentido, não é difícil prever que as situações-chave do documentário, diretamente relacionadas às ruidosas manifestações de Bolsonaro, acabem sendo recuperadas no processo eleitoral de 2022 e se tornem, pelo efeito da memória acionada, um instrumento eficaz na decisão do voto.

[19] O ex-juiz pediu demissão em 20 de abril de 2020. O documentário foi finalizado no final do ano, sendo lançado em 03 de dezembro. A esta altura, Sérgio Moro estava fora do país.

a marca das 100 mil vítimas da Covid é apresentada como um indicativo da barbárie, situação emocionalmente tocante. No entanto, um ano e meio depois, o país acompanha mais de 660 mil mortes sem que as informações que atualizam o registro das vítimas diárias comovam. Em certo sentido, o final melancólico do documentário oferece uma antevisão desse quadro, quando ressalta que, seis dias após o Brasil registrar essas 100 mil mortes por Covid, Bolsonaro atinge seu maior índice de aprovação desde que assumiu o governo: 37%. A possível justificativa para essa popularidade, segundo o vídeo, seria o início do pagamento do auxílio emergencial, de R$ 600,00, para mais de 60 milhões de brasileiros "depois de intensa cobrança do Congresso Nacional e da imprensa", destaca-se na tela. Tal processo, que o jornalismo registrou e enfatizou não poucas vezes, foi aparentemente esquecido. A situação produz duas leituras possíveis ou talvez deva-se somar ambas: a efemeridade das notícias e a abordagem jornalística tantas vezes maniqueísta e rasa dos contextos políticos.

Mas, como contraponto ao desencanto do vídeo, vale lembrar que tanto as falas negacionistas quanto as performances violentas dos apoiadores de Bolsonaro que são mostradas no documentário, e outras escolhas que a obra traz à tela, reafirmam o audiovisual como fonte da história (Ferro, 1992). O próprio "cercadinho", que inspirou o título do vídeo, é um espaço exemplar nesse sentido, pois foi neste local que o governo federal confinou a imprensa ao lado dos manifestantes que, mítica e obstinadamente, apoiam Bolsonaro (Figura 3). E se tal cercado já parece esquecido pelo público em 2022, último ano de governo deste presidente eleito em 2018, recuperar, significativamente, o que ocorria ali, também é contribuição fundamental para se compreender e interpretar o que foram esses anos no país sob a gestão do governo Bolsonaro. Portanto, as sequências que acontecem nesse espaço podem não ser tão claras ou tocantes em termos do público amplo, mas corroboram os discursos das instituições em defesa da democracia, esta forma de governo onde a imprensa tem um papel social relevante. Afinal, no tabuleiro do xadrez democrático, acompanhar o dedo em riste, e o avanço ameaçador dos apoiadores em direção aos jornalistas, pode não chocar mais diante da quase banalidade dessas cenas expostas nos noticiários, mas foram essenciais para se reforçar a necessidade da lei – diga-se, Supremo Tribunal Federal – buscar conter os mais exaltados. A mesma situação acabou exigindo uma postura firme da imprensa profissional que acabou optando por deixar o "cercado" vazio, como o documentário mostra[20].

Figura 3 – No "cercadinho", apoiadores hostilizam a imprensa, que fica distante de Bolsonaro. (*print* do doc).

Enfim, não é difícil localizar o documentário *Cercados* como mais um esforço do Sistema Globo de Comunicação de tentar cercar a memória do país, definindo uma chave interpretativa para o período, bastante atravessada pela inclusão da imprensa no patamar das vítimas de um governo negacionista. Não à toa, incluiu nos letreiros finais que 180 jornalistas contraíram o vírus. Não à toa, também traz como um dos últimos depoimentos, o registro da repórter que se postou, por mais de 40 dias, à frente de um hospital e ali não só registrou a dor de muitos que perderam familiares, como construiu uma quase protagonista, ao acompanhar o drama da esposa de Sebastião Marinho, que teve o direito a um final feliz – toque de esperança em meio à carnificina. Não à toa, incluiu uma sequência em que William Bonner, provavelmente a mais conhecida face do jornalismo da Globo hoje, faz uma autocrítica,

[20] A decisão, no entanto, não impediu que as agressões aos profissionais da imprensa continuassem em outros espaços públicos, inclusive fora do país, como aconteceu na Itália. Disponível em: https://noticias.uol.com.br/colunas/jamil-chade/2021/10/31/jornalistas-sao-agredidos-em--passeio--de-bolsonaro-por-roma.htm. Acesso em: 13 maio 2022.

confessando-se humano, sujeito a erros. Uma retrospectiva do papel do veículo na configuração do cenário político atual indica que essa é uma fala rasa demais se a perspectiva for, de fato, combater o negacionismo pois este, como vimos, esbalda-se nas redes sociais. Afinal, o cultivo da descrença na imprensa deve muito à já citada ambiguidade do jornalismo profissional. No caso da TV Globo, um dos mais conhecidos foi a edição do debate entre Fernando Collor e Luiz Inácio Lula da Silva, no fechamento da campanha eleitoral de 1989[21].

Mas, em termos de produção, seria injusto não destacar outros méritos de *Cercados*, além da evidente pertinência histórica. Se a edição, em diversos momentos, exagera na estratégia didática, em outros é capaz de gestar tocante cumplicidade ao economizar a retórica e privilegiar as simbologias das representações. Neste sentido, a sequência em Manaus talvez seja a mais consistente, quando cruza a situação do repórter fotográfico que sofre de claustrofobia com a realidade do campo aberto de um cemitério já sem espaço para tantas valas e cruzes. "As sociedades são constituídas de *mise-en-scènes* cruzadas, empilhadas, distintas e confundidas, claras e obscuras, brutais e refinadas etc.", nos lembra Comolli (2008, p. 100). Cruzar essa e outras histórias, entrelaçar o negacionismo a seu perverso efeito na pandemia da Covid-19 é desvelar uma sociedade enlutada, perdida e sem rumo. Sob essa percepção, o passo a passo em tom sereno, exposto pelo editor de *Fato ou Fake?*, do *G1*, portal de notícias da Globo, é exemplar do como a imprensa age para combater as notícias falsas. Primeiro, entra em cena Bolsonaro, desqualificando a política do confinamento. Ele usa o exemplo da Argentina e da Suécia e manda conferir como no primeiro, que confinou, o índice de mortos era muito maior que no Brasil, enquanto no país europeu, que não fechou, o número era bem menor. O editor confere (Figura 4) e escancara a mentira. "É isso que a imprensa faz!" – resume. Aciona, deste modo, um caminho que conhece bem e que é básico no jornalismo: checar as fontes sempre.

---

[21] Muito se creditou à edição deste debate à derrota do candidato Lula. Hoje, em uma editoria intitulada "Erros", a rede faz autocrítica da edição da época. Disponível em: https://memoriaglobo.globo.com/erros/debate-collor-x-lula/noticia/debate-collor-x-lula.ghtml. Acesso em: 10 maio 2022.

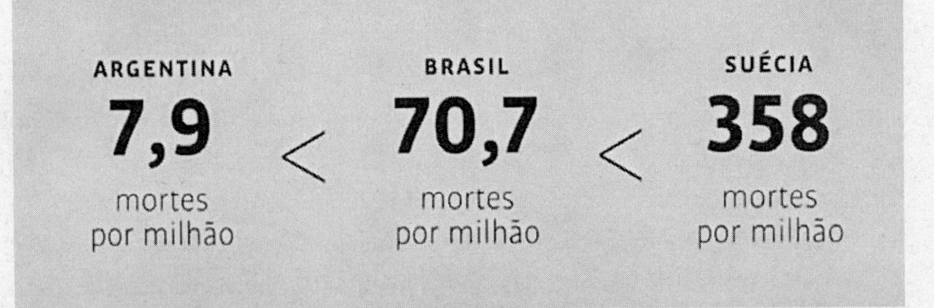

Figura 4 – O repórter mostra a busca pelo Google e depois o resultado comparativo do momento (*print* do doc).

Considerações finais

> [...] é preciso reaprender a cultivar nosso amor
> pela narrativa de pessoa para pessoa.
> É inegável a riqueza dos estímulos audiovisuais,
> mas estes não podem sequestrar toda a nossa atenção
> enquanto a vida acontece cada vez mais
> em tempos e locais diferentes, desacoplada
> e descoincidente entre parentes, com uma tela
> entrementes, insones para sempre.
> (Ribeiro, 2022, p. 97).

Estamos imersos em uma "Babel de mentiras" (Ribeiro, 2022, p. 97). As notícias falsas têm muito mais chance de serem consumidas e compartilhadas, afirmam os cientistas. As narrativas da imprensa que, ao longo da História, volta e meia foram desacreditadas, mais recentemente sofreram um metódico desmonte, performatizado nas redes sociais. Isto é, não há apenas uma adesão emotiva ao bizarro e ao mentiroso, mas existe uma estratégia que une corporações privadas e políticos autoritários, no sentido de esvaziar e implodir o contrato de confiança entre as instituições democráticas e o cidadão comum. Neste terreno movediço, surge o alerta: é preciso resgatar a arte do encontro, do diálogo, da conversa e da contação de história. Essa "narrativa de pessoa para pessoa". Esta é a urgência, depois do isolamento pandêmico.

Ao refletir sobre o lugar do jornalismo, nesses novos tempos, talvez seja imprescindível humanizá-lo. Transformá-lo em narrativa menos editorializada, e mais capaz de representar a alteridade, os pontos de vista, a memória submersa. Uma tentativa que *Cercados* parece tangenciar. Ao revelar as fragilidades, as dúvidas e a solidão dos repórteres e editores, e até mesmo tentar despir mecanismos autoritários da produção da notícia, o documentário reafirma a estratégia de buscar alguma transparência, movimento que se opõe aos inumeráveis sigilos de mais de 100 anos que tanto têm sido acionados pelo governo federal. Claro que nem um lado, nem outro, age sem a perspectiva de que existem muitos embates na sociedade. Não por acaso a delimitação "mídia hegemônica" existe. No entanto, se nesta é possível, não pouco, localizarmos as contradições e acertos, situação que mobiliza muitos profissionais – e a existência de projetos de "imprensa livre" confirma este contexto –, do outro lado, da Direita conservadora extrema, a movimentação monolítica, francamente hostil – ao nível da violência física – em direção a quem não concorda com suas posições, coloca a urgência desse debate e do apoio à ciência, ao conhecimento desenvolvido histórica e racionalmente.

De certa forma, a ecologia da comunicação vive um momento de ruptura, e a tendência é que volte a buscar o equilíbrio perdido. Neste embaralhamento entre público e privado, próximo e distante, tão típico do mundo virtual, cabe ao Jornalismo recuperar sentidos e percepções que possibilitem não apenas uma leitura mais fraterna do mundo, mas também o engajamento pela mudança, que vai muito além dos *likes* e compartilhamentos das redes sociais. Afinal, seguindo o ritmo histórico de tudo que foi construído até aqui no Brasil, desde a recuperação da democracia, essa nova trilha que foi tracejada sempre aberta às críticas e disputas de ideias como são as democracias não pode ser soterrada sob a égide de culto a um mítico (e violento) retorno, onde a única voz que poderia soar é a de quem está no poder.

Referências

AGA, Maria José. Apresentação. *Violência contra jornalistas e liberdade de imprensa no Brasil*. Relatório 2020. Federação Nacional dos Jornalistas (Fenaj). Brasília, 2021. Disponível em: https://fenaj.org.br/wp-content/uploads/2021/01/relatorio_fenaj_2020.pdf. Acesso em: 24 jul. 2021. p. 4.

BERMAN, Marshall. *Tudo que é sólido desmancha no ar*. São Paulo: Companhia das Letras, 2007.

BOYM, S. Mal-estar na nostalgia. *História da Historiografia: International Journal of Theory and History of Historiography*, Ouro Preto, v. 10, n. 23, 2017. Disponível em: https://revistahh.emnuvens.com.br/revista/article/view/1236. Acesso em: 6 jun. 2022.

BUCCI, Eugênio. Pós-política e corrosão da verdade. *Revista USP*, *[S. l.]*, n. 116, p. 19-30, 2018. Disponível em: https://www.revistas.usp.br/revusp/article/view/146574. Acesso em: 9 jun. 2022.

COMOLLI, Jean-Louis. *Ver e Poder*. A inocência perdida: cinema, televisão, ficção, documentário. Belo Horizonte: Editora UFMG, 2008.

CONSÓRCIO de imprensa lança campanha por integridade de jornalistas. Disponível em: https://economia.uol.com.br/noticias/redacao/2022/06/07/liberdade-de-imprensa.htm. Acesso em: 7 jun. 2022.

FERRO, Marc. *Cinema e História*. Rio de Janeiro: Paz e Terra, 1992.

FINGER, Cristiane; MUSSE, Christina F; MELO, Edna. O papel do telejornalismo no combate à desinfodemia no Brasil. In: PEREIRA, Ariane et al. *Qualificação da informação telejornalística: propostas teórico-metodológicas de combate à desinformação*. Florianópolis: Ed. Insular, 2022. (No prelo).

HARARI, Yuval Noah. *Notas sobre a pandemia e breve lições para o mundo pós-coronavírus*. São Paulo: Companhia das Letras, 2020.

MASSARANI, Luisa Medeiros; LEAL, Tatiane; WALTZ, Igor; MEDEIROS, Amanda. Infodemia, desinformação e vacinas: a circulação de conteúdos em redes sociais antes e depois da COVID-19. *Liinc em Revista*, Rio de Janeiro, v. 17, n. 1, maio 2021. Disponível em: https://www.arca.fiocruz.br/bitstream/icict/51878/2/ve_Luisa_Massarani_COC_2021.pdf. Acesso em: 7 jun. 2022.

MUSSE, Christina F.; MUSSE, Mariana F.; ALMEIDA, Fernanda Lília. A guerrilha da informação: como os jornalistas de televisão se articulam contra as agressões e na defesa dos Direitos Humanos. *Anais do 19º Encontro Nacional de Pesquisadores em Jornalismo*. Evento on-line. Disponível em: https://proceedings.science/sbpjor-2021/papers/a-guerrilha-da-informacao--como-os-jornalistas-de-televisao-se-articulam-contra-as-agressoes-e-na-defesa-dos-direitos-hu. Acesso em: 2 jun. 2022.

RIBEIRO, Sidarta. *Sonho manifesto*. São Paulo: Companhia das Letras, 2022.

RECUERO, Raquel; SOARES, Felipe; ZAGO, Gabriela. Polarização, hiperpartidarismo e câmaras de eco: como circula a Desinformação sobre COVID-19 no Twitter. *Contracampo*, Niterói, v. 40, n. 1, p. 1-20, jan./abr. 2021.

RÊGO, Ana Regina; BARBOSA, Marialva. *A construção intencional da ignorância*: o mercado das informações falsas. Rio de Janeiro: Mauad X, 2020.

SANTAELLA, Lúcia. *A pós-verdade é verdadeira ou falsa?*. Barueri, SP: Estação das Letras e Cores, 2018.

SEIBT, Taís. *Postar ou não? Guia para entender e combater a desinformação*. Porto Alegre, 2021. Disponível em: https://www.postarounao.com.br/ebook/. Acesso em: 5 jun. 2022.

INFORMAÇÃO CERTIFICADA E SUBJETIVAÇÃO: ESTRATÉGIAS NARRATIVAS AUDIOVISUAIS NO COMBATE ÀS NOTÍCIAS FALSAS NA PANDEMIA

Cláudia Thomé[1]
Theresa Medeiros[2]
Marco Aurelio Reis[3]
Luciana Soares de Morais[4]

Introdução

A pandemia de Covid-19 trouxe a necessidade de afastamento social, uso de máscaras e vacinação, demandando formas de prevenir a contaminação com o vírus SARS-Cov-2. As informações sobre as descobertas científicas e as orientações à população foram norteadoras no sentido de garantir vidas. Nesse contexto, as produções midiáticas potencializaram sua função de informação e entretenimento, o que se revela no aumento da audiência na televisão[5] e no engajamento do público. A experiência do confinamento trouxe sentimentos, reflexões, dúvidas e situações novas, em que o telejornalismo foi ainda mais referendado como espaço das informações sobre o mundo lá fora, com as notícias do presente, no momento em que outras produções tiveram que trazer narrativas passadas, em reprises nas telas (Thomé, Reis, 2020).

---

[1] Docente do Programa de Pós-Graduação em Comunicação da Universidade Federal de Juiz de Fora (PPGCOM/UFJF). Líder do grupo de pesquisa Narrativas Midiáticas e Dialogias – Namidia.

[2] Docente do Programa de Pós-Graduação em Artes, Cultura e Linguagens da Universidade Federal de Juiz de Fora (PPGACL). Integrante do Comcime.

[3] Docente do PPGCOM/UFJF. Integrante do Namidia.

[4] Mestranda do PPGCOM/UFJF. Integrante do Namidia.

[5] "De acordo com o Inside Vídeo, em 2020, o brasileiro passou cerca de 7h09 em frente à TV, 39 minutos a mais do que o registrado em 2019. Ao longo do ano, foram mais de 209 milhões de espectadores. Dos 50 dias com maiores audiências de vídeo nos últimos cinco anos, 38 ocorreram em 2020". In https://www.abert.org.br/web/notmenu/kantar-ibope-tv-cresce-durante-pandemia.html. Acesso em: 20 abr. 2021.

No Brasil, no entanto, as informações certificadas dividiram espaço com outras, as chamadas *fake news*, conceito emergente nas eleições de 2018 no Brasil para denominar uma notícia falsa. Entretanto, autores trabalham com o sentido do termo *fake news* ser controverso, pois uma notícia não pode ser falsa. Como afirmam Porcello e Brites (2018, p. 3), "uma vez que uma informação não é verídica, ela não pode ser notícia. Isso porque para ela existir precisa ser verdadeira, verificável, checada e chancelada por um jornalista". Becker e Góes também ponderam: "A definição de notícia pressupõe que o relato jornalístico tem como princípio a enunciação da verdade do fato. Logo, não seria possível existir uma notícia falsa, mas sim algo que assemelha apenas ao formato de uma notícia" (Becker; Goes, 2020, p. 47).

Nesse sentido, as *fake news* podem ser entendidas como algo produzido estrategicamente com a mesma estrutura de uma notícia verdadeira, porém, com o objetivo de gerar desinformação. E este cenário de disseminação de informações erradas sobre formas de se prevenir, em plena pandemia de Covid-19, foi propício à alta no número de mortes no país, que ultrapassou 500 mil em junho de 2021.

O presente capítulo traz resultados de pesquisa sobre estratégias narrativas audiovisuais no combate à desinformação na pandemia, com o objetivo de identificar possíveis formas de levar informação certificada à sociedade. Para isso, apresenta uma análise das ações do projeto de extensão em interface com a pesquisa *Narrativas de vida – crônicas sobre cotidiano, saúde e prevenção*[6], desenvolvido na Facom/UFJF, de setembro de 2020 a setembro de 2021, a partir da metodologia de Estudo de Caso (Yin, 2011) conjugada à Análise de Conteúdo (Bardin, 2016) como procedimento metodológico.

---

[6] Projeto de Extensão em Interface com a Pesquisa, desenvolvido na Facom/UFJF, entre 2020 e 2021, certificado pela Pró-Reitoria de Extensão, com concessão de bolsas para estudantes de graduação, e apoio do PPGCOM/UFJF. https://www.ufjf.br/narrativas-midiaticas/projetos/narrativas-de-vida-cronicas-sobre-cotidiano-saude-e-prevencao/. Acesso em: 10 jan. 2022.

Interesse entre usuários da web sobre Covid-19, vacinas e saúde na pandemia

A ferramenta *Google Trends*[7] já foi apontada em estudos publicados em 2009[8] como eficaz para rastrear a presença de doenças endêmicas em populações e áreas geográficas, uma vez que as buscas podem apontar a presença de doentes e o aumento de dúvidas sobre determinada doença em uma região ou grupo de pessoas. Natural, portanto, entender que a ferramenta teve e tem poder de termômetro durante a pandemia de Covid-19.

O uso de tal ferramenta no presente estudo indicou, entre setembro de 2020 e setembro de 2021, expressivo volume de buscas dos usuários da web no Brasil pelo termo "vacina". Afinal, a Covid-19 e a vacinação geraram apreensão e dúvidas e motivaram a propagação de *fake news* por grupos negacionistas ou defensores de inócuos tratamentos preventivos[9].

Gráfico 1: Interesse mundial entre os falantes de português no termo "vacina"

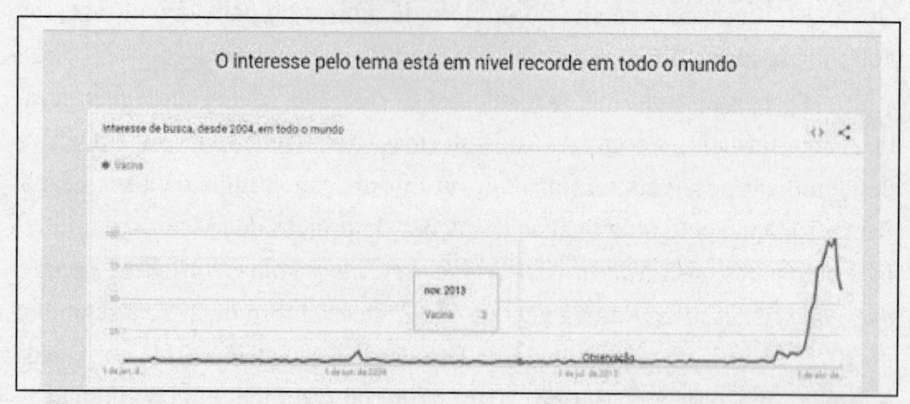

Fonte: Google Trends. Levantamento feito em 23 de out. de 2022 pelos autores.

---

[7] Disponibilizada desde 2006 e aperfeiçoada ao longo dos últimos anos pela empresa multinacional de serviços online Google. In https://trends.google.com.br/trends/?geo=BR.

[8] In Jeremy Ginsberg; Matthew H. Mohebbi; Rajan S. Patel; Lynnette Brammer; Mark S. Smolinski; Larry Brilliant (2009). "Detecção de epidemias de influenza usando dados de consulta de mecanismo de pesquisa". Nature. 457 (7232): 1012–1014. Bibcode: 2009, Natur.457.1012G. doi: 10.1038 / nature07634. PMID 19020500. S2CID.

[9] Cabe ressaltar que durante a pandemia o Google, mais de uma vez, como faz desde 2007, garantiu a atualização de hora em hora das informações fornecidas pelo *Trends*.

Cabe pontuar que “vacina” foi um termo que venceu quando as buscas incluíam “vacinação”, mas ficou atrás, na grande parte dos meses até março de 2021, quando comparado com o termo “Covid”. Outro dado importante a ser observado é que a comparação entre as buscas de “vacina” e “Covid” feitas no Brasil se aproximam em janeiro de 2021, quando começa a vacinação contra Covid no país[10].

Gráfico 2: Buscas por Covid x buscas por Vacina

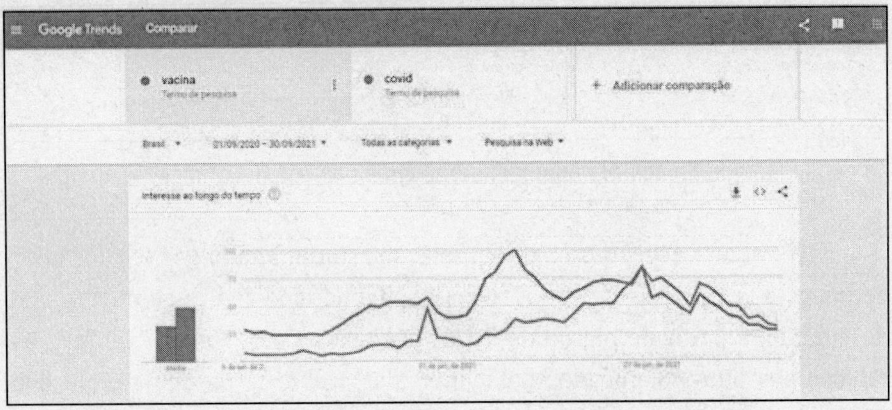

Fonte: Google Trends, levantamento feito em 23 de out. de 2022 pelos autores.

A busca pelo termo “vacina” supera “Covid” em março de 2021, mês em que jovens acima de 18 anos começam a ser vacinados no país. Esse aumento no volume de buscas dos conteúdos relacionados à Covid fez a empresa lançar uma ferramenta concentradora dessas informações. Nela, as mesmas conclusões sobre os termos “vacina” e “Covid” podem ser tiradas.

---

[10] Vacinação contra Covid-19 no Brasil começa hoje ‘no fim do dia’, diz Pazuello. In https://www.cnnbrasil.com.br/saude/vacinacao-contra-covid-19-comeca-hoje-no-fim-do-dia-diz-pazuello/. Acesso em: 22 out. 2021.

Figura 1: Trends especial na pandemia

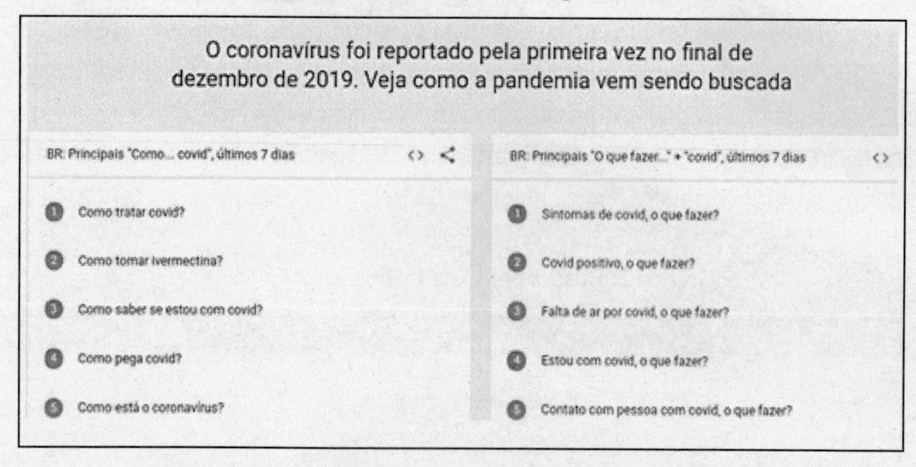

Fonte: Google Trends, levantamento feito em 23 de out. de 2022 pelos autores.

No recorte específico para o presente estudo, ligado aos termos abordados pelo *Narrativas de Vida*, o Google Trends indica crescente aumento de volume, a partir de março de 2021, das buscas pelo termo "vacina" em relação aos outros tagueados nas entrevistas e demais produtos em vídeo, áudio e texto do projeto: diabetes, obesidade, saúde mental e doença crônica[11].

Gráfico 3: Comparação entre os principais temas do projeto *Narrativas de Vida*

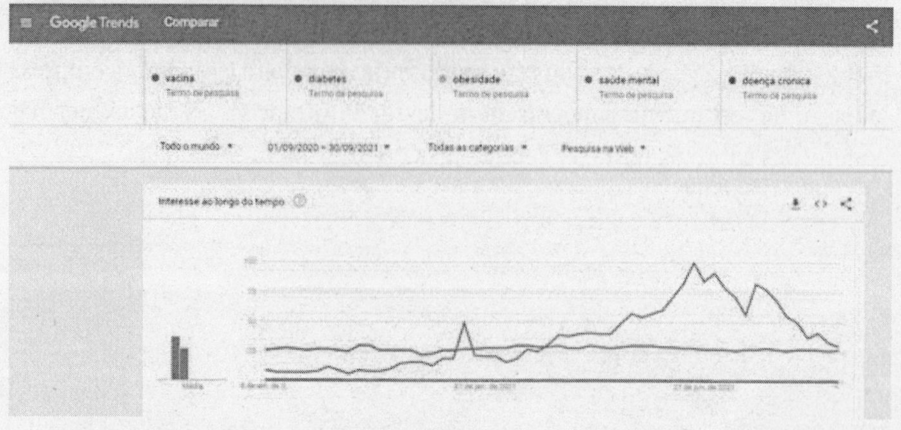

Fonte: Google Trends, levantamento feito em 23 de out. de 2022 pelos autores.

[11] Cf. https://linktr.ee/narrativasdevida.

É interessante notar ainda uma estabilidade nas buscas pelo termo "diabetes", com ligeira alta quando o termo é associado à Covid. Tal busca, com os termos diabetes e Covid associados, também apresenta estabilidade nas buscas no período pesquisado. Bem diferente quando, ao termo vacina, é acrescentado Covid. E, neste cenário, já descrito como propenso à propagação de *fake news*, uma comparação entre a busca dos dois termos é relevante.

Gráfico 4: Vacina x *Fake News*

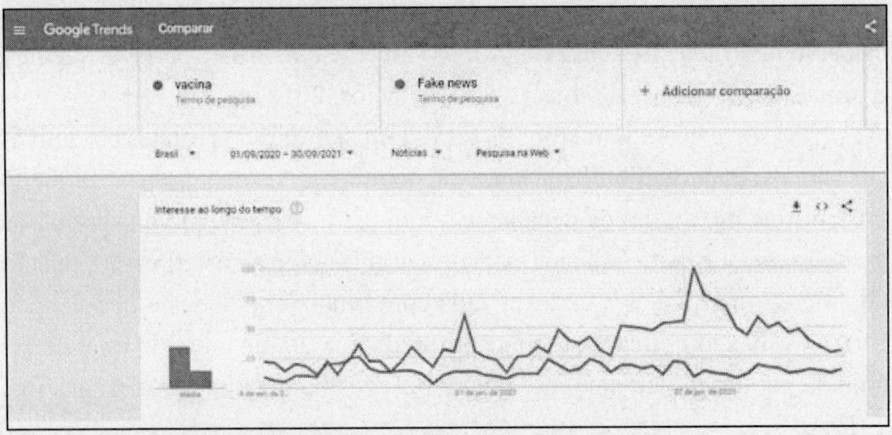

Fonte: Google Trends, levantamento feito em 23 de out. de 2022 pelos autores.

É possível concluir que as buscas feitas no Brasil pelo termo "fake news" associado a outras palavras sobem acompanhando aquelas feitas pelo termo "vacina", sendo que os primeiros superam o segundo nos primeiros 10 meses da pandemia, como pode ser visto no gráfico, notadamente quando a vacinação começou a ser anunciada para janeiro de 2021.

Contexto de desinformação na pandemia

A desinformação no cenário de pandemia de Covid-19 agrava ainda mais a situação de risco, sobretudo quando vem na forma de notícia em mensagens de aplicativo, atacando a eficácia da vacina e divulgando formas não comprovadas cientificamente de prevenção da doença. A ameaça das chamadas *fake news* evidenciou a relevância e urgência de serviços de checagem de informações, mas tal preocupação, em referendar o que está sendo noticiado, não é nova, e sempre acompanhou o jornalismo, por seu valor primordial de credibilidade, e também para evitar ações judiciais. A primeira experiência de *fact checking* registrada data de 1913, no jornal The World, em Nova Iorque, como conta Palácios (2019):

Ralph Pulitzer é creditado como o pioneiro na implantação de um setor especializado em fact checking, dentro de seu próprio jornal, o The World, de Nova Iorque, que havia sido comprado por seu pai, Joseph Pulitzer, em 1883. Em 1913, Ralph Pulitzer e Isaac White, editor chefe do The World, criam o Bureau for Accuracy and Fair Play, com a tarefa específica de checar fatos, antes de sua publicação. A principal razão para o estabelecimento desse mecanismo interno de fact checking foi o crescente número de processos contra o jornal, por calúnia e difamação [...] (Palácios, 2019, p. 79).

Tais mecanismos internos de checagem entraram nas rotinas produtivas dos jornais, com possibilidade ainda de manifestações de leitores e também, posteriormente, no fim da década de 1960, com o surgimento do serviço de *ombudsman* que, para Palácios, caracteriza checagem a posteriori: "A função do *ombudsman* pode ser caracterizada como metajornalística e direcionada para a avaliação crítica da produção jornalística do dia a dia de uma determinada publicação ou conjunto de publicações de uma empresa" (Palácios, 2019, p. 81).

A figura de *ombudsman* e *ombudswoman* estreia no cenário brasileiro na virada das décadas de 1980 e 1990 (Reis, Thomé, 2020). No mesmo período, as agências de checagem de informação surgem, no contexto da digitalização da informação, com início nos Estados Unidos, e passam a configurar, em todos os continentes, segundo Palácios, um novo espaço de atuação jornalística, que ganhou grande impulso a partir de 2014. No Brasil, a "Lupa"[12], primeira agência de checagem, foi criada em 2016, sendo seguida de outras iniciativas, sobretudo no contexto de *fake news* em disputas eleitorais e, mais recentemente, na pandemia de Covid-19.

Lançado em 2018, o serviço de checagem do Infoglobo batizado de "Fato ou Fake" [13] se apresenta com a promessa de servir de alerta contra

---

[12] https://lupa.uol.com.br/. Acesso em: 15 jun. 2022.

[13] Seção que identifica as mensagens que causam desconfiança e esclarecem o que é real e o que é falso. Apuração é realizada em conjunto por jornalistas do G1, O Globo, Extra, Época, Valor, CBN, Globo News e TV Globo.

“conteúdos duvidosos disseminados na internet ou pelo celular, esclarecendo o que é notícia (fato) e o que é falso (fake)”[14]. Segundo o anúncio de seu lançamento, jornalistas dos veículos do Infoglobo fazem monitoramento diário em busca de informações suspeitas compartilhadas nas redes sociais e por aplicativos como o WhatsApp em busca daquelas que são propositalmente falsas. A cada publicação um selo certifica o conteúdo em “Fato” (quando a informação verificada é certificada, sendo comprovada por meio de dados, datas, locais, pessoas envolvidas, fontes oficiais e especialistas), “Não é bem assim” (quando é parcialmente verdadeira, exagerada ou incompleta, exigindo um esclarecimento ou uma maior contextualização para ser totalmente compreendida) e “Fake” (quando não se baseia em fatos comprovados).

No primeiro ano do serviço, em 2018, 1.001 informações foram checadas. No ano seguinte, 263 apurações. Conforme aponta reportagem do próprio portal[15], “um recorde, portanto, foi atingido neste ano 2020. Ao todo, desde o início do projeto, são 2.274 checagens realizadas”. Apesar do portal verificar diversos assuntos, desde que a pandemia de Covid-19 começou no mundo e o primeiro caso surgiu no Brasil, em fevereiro de 2020, inevitavelmente dúvidas sobre a doença, precauções e medidas de profilaxia estariam entre os conteúdos mais comentados nas redes sociais.

A partir de um levantamento realizado por meio da presente pesquisa no site, entre setembro de 2020 e setembro de 2021, 62 verificações sobre o termo vacina foram analisadas pelo “Fato ou Fake” (vide Gráfico 5). Os dados foram catalogados por meio das notícias postadas pelo G1. Todas as checagens nesse intervalo de tempo relacionadas com o termo vacina tinham algum conteúdo que não era verdadeiro. Dentro do intervalo pesquisado, apenas um post recebeu o selo “Fato”, comprovando uma foto que mostra crianças estudando pelo rádio durante epidemia de pólio nos EUA em 1937. Entretanto, não faz menção à vacina.

---

[14] In https://g1.globo.com/fato-ou-fake/noticia/2018/07/30/g1-lanca-fato-ou-fake-novo-servico-de-checagem-de-conteudos-suspeitos.ghtml. Acesso em: 30 ago. 2018.

[15] FATO ou FAKE: em ano de pandemia, mais de mil checagens realizadas. In: https://g1.globo.com/retrospectiva/2020/noticia/2020/12/17/fato-ou-fake-em-ano-de-pandemia-mais-de-mil-checagens-realizadas.ghtml. Acesso em: 20 out. de 2021.

Gráfico 5: Assuntos que fazem menção ao termo vacina

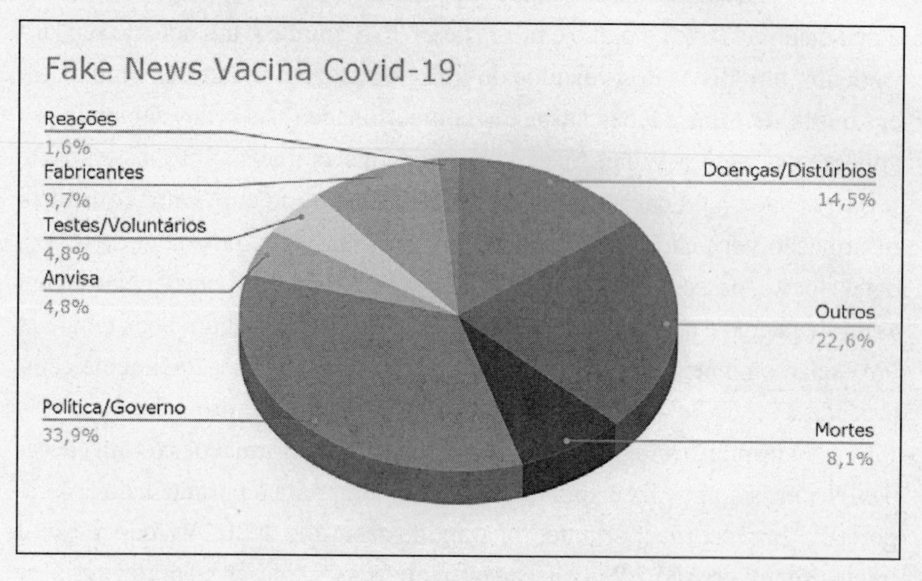

Fonte: Gráfico elaborado pelos autores

Nesse sentido, podemos reunir as *fake news* relacionadas com a vacina em oito categorias. O termo vacina ou vacinação aparece 21 vezes associado a políticos e governos de estado. A categoria "Outros" aponta 14 checagens de casos diversos, que não correlacionaram assuntos em comum. Outra categoria que associa a vacina com as *fake news* estava relacionada com os fabricantes, com seis postagens averiguadas, seguidas de cinco verificações sobre mortes que seriam causadas pela vacinação. Em relação à Anvisa e sobre testes/voluntários, três notícias falsas em cada caso foram desmascaradas. Já quando o termo estava associado às reações que a vacina poderia causar, encontramos um post apenas, também com conteúdo falso.

Desta forma, podemos observar que quase 34% das postagens do portal "Fato ou Fake", entre setembro de 2020 e setembro de 2021, com teor falso, que fizeram menção à vacina, estavam relacionadas à política e a governantes de estado. Tal fato reflete e alimenta o movimento antivacina vivenciado no país. Ainda, observamos que quase 15% dos posts faziam menção que a vacina ou a vacinação poderia causar algum problema de saúde, em que optasse por um imunizante ou outro ou ainda, que não se imunizar seria a melhor opção.

Informações certificadas e linguagem afetiva – o projeto *Narrativas de Vida*

No contexto de desinformação e de pandemia, tornou-se ainda mais urgente, portanto, que espaços científicos e certificadores, como o universitário, se fortalecessem como potenciais produtores de conteúdo verídico, com narrativas inclusivas a serem distribuídas para a sociedade, em uma permanente troca e representação de personagens, situações, reflexões sobre o momento atual. Tal movimento configurou-se como capaz de despertar sentimentos, memórias, pensamentos sobre a vida, diante de tanta notícia de morte. Na web, tais narrativas subjetivas podem gerar laços sociais (Recuero, 2005), conexões afetivas e espaços de troca.

Diante do exposto, o projeto de extensão em interface com a pesquisa "Narrativas de Vida"[16], desenvolvido na Facom/UFJF, com apoio da Proex/UFJF, trouxe a perspectiva de produção de narrativas em formato de crônicas, em vídeo e em podcasts, disponibilizadas nas redes sociais e também enviadas a públicos específicos, como pacientes em acompanhamento médico, assim como a um público mais geral, de adultos e idosos da cidade de Juiz de Fora.

Desenvolvido em período de atividades remotas na universidade, o projeto trouxe como proposta a criação de laços com o público-alvo, em postagens pelas redes sociais, mas também em envios de conteúdo via plataforma *WhatsApp*, para divulgação de informações certificadas sobre a saúde na pandemia, em parceria com docentes da Faculdade de Medicina e da Faculdade de Serviço Social[17]. De setembro de 2020 a agosto de 2021, foram produzidas seis crônicas em vídeo e três em podcast e 11 entrevistas com pesquisadores e profissionais de saúde.

---

[16] Informações sobre o projeto podem ser consultadas em https://linktr.ee/narrativasdevida.

[17] O trabalho foi fruto de parceria entre o projeto de extensão em interface com a pesquisa "Narrativas de Vida", coordenado pelas professoras Cláudia Thomé e Theresa Medeiros, ambas da Facom/UFJF, com a colaboração do professor Marco Aurelio Reis, o projeto de extensão "Prevenindo e Tratando o Excesso de Peso", sob a coordenação da professora Danielle Guedes, da Faculdade de Medicina da UFJF, e o projeto Polo Interdisciplinar de Ensino, Pesquisa e Extensão sobre o Processo de Envelhecimento da UFJF, coordenado pela professora Estela Saleh Cunha. Cf. https://www.ufjf.br/narrativasmidiaticas/2021/05/13/projeto-de-extensao-faz-entrevistas-ao-vivo-sobre-saude/. https://www.ufjf.br/narrativasmidiaticas/2021/06/22/projetos-de-extensao-criam-evento-para-debater-formas-de-viver-com-mais-saude/. Acesso em: 15 jan. 2022.

Tabela 1: Produção audiovisual do projeto *Narrativas de Vida*

Título	**Formato**	**Data de postagem**	**Link**
Como cuidar do corpo na quarentena?	Entrevista	25 nov. 2020	https://youtu.be/nfw5vOuYYug
Autoimagem: Como anda o 'eu' na quarentena?	Entrevista	26 nov. 2020	https://youtu.be/bYfTDPotias
Existe fome emocional?	Entrevista	07 dez.2020	https://youtu.be/1Y31DgtiPoU
O perigo das dietas da moda	Entrevista	01 dez. 2020	https://youtu.be/VInEuQTEd-vM
Doença crônica? Como assim?	Entrevista	08 dez. 2020	https://youtu.be/5mZr5Nr9LYc
"Ceia de Natal sem glúten. É possível?"	Entrevista	17 dez. 2020	https://youtu.be/R14yZY-fTyw
"A vida da pessoa idosa"	Entrevista	14 jan. 2021	https://youtu.be/bj2r1M_Higs
"E as vacinas contra a COVID-19?"	Entrevista	11 fev. 2021	https://youtu.be/S1HRTDO-P5RQ
"Saúde mental no confinamento da pandemia"	Entrevista	25 fev. 2021	https://youtu.be/_UxiS2Q-QUbM
"A Saúde das Mulheres Trans"	Entrevista	25 mar. 2021	https://youtu.be/2_TYGnb1bao
"Atividade física na quarentena"	Entrevista	15 abr. 2021	https://youtu.be/tKDYnYLO-Epk
"Saúde na Mídia"	Entrevista	01 out. 2021	https://youtu.be/nG463s76aJc

"Vamos falar sobre diabetes?"	Entrevista	13 mai. 2021	https://youtu.be/nm6-H-dqeoo
Autoimagem	Crônica audiovisual	26 mar. 2021	https://youtu.be/zbFG_XU-TYAI
Vidas em caos	Crônica audiovisual	09 abr. 2021	https://youtu.be/--R5WGLyx0tM
Ansiedade	Crônica audiovisual	23 abr. 2021	https://youtu.be/xDAJs-N0WL0A
O tempo que o tempo dá	Crônica audiovisual	14 mai. 2021	https://youtu.be/DLSwKlqVa0E
Obesidade – Tchau, preconceito! Oi, tratamento!	podcast	07 dez. 2020	https://anchor.fm/narrativas-de-vida/episodes/Episdio-01-Obesida-de---Tchau--preconceito--Oi---tratamento-eng6i7/a-a42ckui
Corpo e mente na pandemia – O que nos disseram os especialistas em 2020?	podcast	22 dez. 2020	https://anchor.fm/narrativas-de-vida/episodes/Episdio-02-Corpo-e-mente-na--pandemia-O-que-nos-disse-ram-os-especialistas-em-2020--eo4n5k/a-a46mqdk
Vacinas contra a COVID-19	podcast	07 abr. 2021	https://anchor.fm/narrativas-de-vida/episodes/Episdio-03-Vacinas-contra-a--COVID-19-eue04f/a-a562nqn

Tabela elaborada pelos autores

O projeto lançou mão de diferentes formatos, experimentando estratégias narrativas audiovisuais para levar informação e gerar laços com o público, no combate à desinformação na pandemia, tendo as pesquisas de *Trends* e o diálogo interdisciplinar com os projetos associados como norteadores para produção de conteúdo. A própria escolha dos formatos, para cada conteúdo, passou por estratégias para atrair a audiência e certificar a narrativa. Partindo do pressuposto que informação certificada sobre saúde e prevenção pode salvar vidas, sobretudo em uma crise sanitária mundial, tais informações foram levadas ao público em crônicas sobre o cotidiano na pandemia e em entrevistas, com orientações médicas como base do trabalho. Foram ações em busca de um estudo sobre as estratégias narrativas audiovisuais mais efetivas para certificar a informação e atrair a audiência, questões que atravessam as pesquisas do grupo "Narrativas midiáticas e dialogias"[18].

As crônicas foram produzidas em diálogo com as temáticas, com estratégia narrativa sensível, a partir do uso de metáforas, texto autoral e subjetivação, buscando traduzir sentimentos para criação de empatia e identificação. Os elementos próprios da chamada cronicabilidade (Thomé, Reis, 2020) foram norteadores da produção, como temática cotidiana, com o pitoresco e a memória, BG como elemento narrativo, a imagem com força poética, o narrador incluso e a dialogia com o espectador.

> Rotina acelerada e confinamento. Como está a vida na pandemia? Há um ano percebemos o que já devíamos saber. A vida é prioridade. Um vírus nos ameaça. Não há tempo para ódio, para disputas tolas, para vaidades nocivas. É tempo de olhar para o outro e para nós mesmos (abertura da crônica Autoimagem, in https://youtu.be/zbFG_XUTYAI).

A voz autoral, o lirismo e a emoção ganham destaque na produção audiovisual como certificadoras, considerando que o testemunho sobre o vivido tem caráter inquestionável. Como afirmam Ribeiro e Sacramento, "ter vivido tal experiência credencia o narrador – seja ele testemunha, sobrevivente ou vítima – como autoridade no que diz" (2020, p. 11). A estratégia de certificação pelo sensível e pelo testemunho segue a trilha também do telejornalismo durante a pandemia, sobretudo quando o país chegava, em junho de 2021, à triste marca de meio milhão de mortos (Thomé, 2020).

Além dos formatos com linguagem cronística, com estratégias de aproximação e empatia, compartilhando sentimentos durante a pandemia, as entre-

[18] Página oficial do grupo de pesquisa: https://www.ufjf.br/narrativasmidiaticas/. Acesso em: 23 out. 2021.

vistas jornalísticas ao vivo pelo *YouTube*[19], com pesquisadores e profissionais de saúde, tiveram o objetivo de produzir conteúdo confiável e informativo. O público-alvo foi formado por grupos fragilizados, em um movimento de fortalecimento da produção científica e do jornalismo, no combate à desinformação, em uma parceria interdisciplinar entre Comunicação, Serviço Social e Medicina, mais especificamente com o Polo sobre Processo de Envelhecimento da UFJF e o departamento de Endocrinologia e Metabologia da Faculdade de Medicina da UFJF.

Houve uma preocupação central com a linguagem a ser adotada, a forma de caracterizar as questões abordadas. Para tanto, foram trazidas para o projeto recomendações norteadoras também do campo da Medicina sobre a linguagem apropriada a ser usada com os pacientes. "Um indivíduo não deve ser definido por sua condição. Em vez de dizer a expressão 'uma pessoa obesa', deve ser usada a frase 'pessoa vivendo com obesidade'. Esta distinção evita rotular indivíduos por sua condição e coloca o indivíduo em primeiro lugar" (Albury et al., 2020)[20]. Há, portanto, evidências do impacto da linguagem no tratamento dos pacientes, e dos reflexos negativos de abordagem inadequada que, por exemplo, o culpabiliza pela doença.

O trabalho desenvolvido no *Narrativas de Vida* procurou também experimentar formatos mais acessíveis ao público-alvo do projeto, tendo o trabalho com a produção da crônica audiovisual como central e problematizando as questões de linguagem. A produção de mídias sonoras foi a etapa do projeto que precisou repensar sua forma de distribuição, especialmente por ser consumida em sua grande maioria por um público diferente do que estava sendo trabalhado, segundo pesquisa desenvolvida pela Associação Brasileira de Podcasters[21], a maior fatia de ouvintes desse produto midiático está na faixa de 25 a 29 anos.

---

[19] In: https://www.youtube.com/channel/UCfsiK5PutRTCZwYEjYhKdUw/about. Acesso em: 23 out. 2021.

[20] In: https://www.thelancet.com/journals/landia/home/. Acesso em: 27 jul. 2020. Tradução das autoras.

[21] PodPesquisa 2019. Disponível em https://abpod.org/wp-content/uploads/2020/12/Podpesquisa-2019-Resultados.pdf. Acesso em: 25 maio 2022.

O interesse por investir em uma produção de conteúdo em podcast se deu pela possibilidade de criar conteúdos de forma remota, sem a necessidade de captação de imagens, etapa da produção que foi impactada em um primeiro momento, quando o Brasil passava por um confinamento devido à pandemia do Coronavírus. A disponibilização do conteúdo de mídia sonora de forma *online* se dá especialmente através de plataformas que podem não ser usuais para determinados públicos. Assim, a estratégia encontrada foi integrar a distribuição também via *WhatsApp*, com textos explicativos de como esse conteúdo poderia ser consumido.

O trabalho de divulgação foi feito por meio de um perfil criado no *Instagram*[1] para o projeto. Com essa ação na rede social digital foi possível dialogar com os projetos associados e criar um canal para distribuição de conteúdo, com indicação do conteúdo em ferramentas da plataforma, como "publicação", "stories", "IGTV" e "re-publicações" pelos perfis de outros projetos da UFJF. O impacto das publicações e o consumo dos conteúdos foram acompanhados pelas métricas disponibilizadas por cada canal ou plataforma.

Considerações finais

O presente trabalho tem por objetivo consolidar reflexões e resultados de pesquisa sobre estratégias narrativas audiovisuais e sobre ações no combate às *fake news*, apontando possíveis formas de levar informação certificada sobre saúde à sociedade. O artigo traz debate de teóricos sobre o termo *fake news*, apresenta levantamento em pesquisa de *Trends* e de informações falsas sobre a vacina contra a Covid-19, em plena pandemia, e analisa iniciativa feita no âmbito da extensão da UFJF, para levar informação com estratégias de certificação e de proximidade.

Frente à circulação de informações falsas, entende-se que a produção de notícias certificadas em projetos de extensão nas universidades públicas configura também uma ação de combate às *fake news*, de forma paralela ao trabalho das agências de checagem. Mas não basta enviar informação corre-

---

[1] Perfil do Narrativas de Vida no Instagram. In: https://www.instagram.com/narrativasdevida/. Acesso em: 13 jun. 2022.

ta, é preciso buscar estratégias de aproximação com o público, garantindo a certificação do conteúdo e também buscando diálogo e empatia, sobretudo em um momento de risco e medo. Dessa forma, buscou-se trabalhar a produção narrativa a partir da subjetivação, com a voz autoral dos narradores, e da certificação, incluindo o diálogo com especialistas e pesquisadores, estratégias narrativas que foram adotadas durante a pandemia também em telejornais e programas de entrevistas na televisão.

A análise apontou, no entanto, que as estratégias narrativas precisam estar em consonância com os formatos audiovisuais adotados e também precisam considerar o hábito de fruição de conteúdos do público a que o material se destina. Assim, pode-se perceber que a desejada criação de laços se deu de forma mais efetiva via aplicativo *WhatsApp*, nos grupos com pessoas em situação de vulnerabilidade, com a mediação dos profissionais de saúde.

O projeto desenvolveu, assim, formas e conteúdos que se complementam no objetivo de combater as chamadas notícias falsas, com narrativa em primeira pessoa e lirismo nas crônicas audiovisuais. Foram trabalhados os temas com referência à memória de um tempo anterior à pandemia, trazendo informação nas entrelinhas, com empatia e emoção, e também com informação certificada nas entrevistas em vídeo e nos podcasts, a partir das fontes e das notícias apuradas, com base na ciência.

A parceria entre projetos de extensão da Comunicação e da Medicina foi materializada ainda em um evento remoto, multidisciplinar, aberto ao público, de forma gratuita. A "I Jornada do Estilo de Vida" teve a proposta de debater estratégias para uma vida com mais saúde[2]. Tanto nas produções audiovisuais e entrevistas quanto nas participações dos profissionais no evento houve a preocupação com a linguagem, que norteou as ações dos projetos, sobretudo evitando rótulos que possam estigmatizar e/ou afastar as pessoas tanto dos consultórios quanto dos espaços informativos certificados da universidade.

---

[2] Cf. https://www2.ufjf.br/noticias/2021/07/13/evento-debate-estrategias-para-viver-com-mais-saude/. e https://jornadadeestilodev.wixsite.com/my-site/v%C3%ADdeos. Acesso em: 15 jun. 2022.

Referências

ALBURY, Charlotte; STRAIN, David; LE BROCQ, Sarah; LOGUE, Jennifer and LLOYD, Cathy (2020). The importance of language in engagement between health-care professionals and people living with obesity: a joint consensus statement. *The Lancet*. Vol. 8, May 01, 2020.

ASSOCIAÇÃO BRASILEIRA DE PODCASTERS. *PodPesquisa 2019*. Disponível em: https://abpod.org/wp-content/uploads/2020/12/Podpesquisa-2019-Resultados.pdf. Acesso em: 13 jun. 2022.

BARDIN, L. *Análise de conteúdo*. São Paulo: Edições 70, 2016.

BECKER, Beatriz. *Televisão e Telejornalismo: Transições*. 1ª Edição. São Paulo: Estação das Letras e Cores, 2016.

BECKER, Beatriz; GOES, Francisco. FAKE NEWS: uma definição possível entre a reflexão crítica e a experiência jornalística. *Revista Latino-americana de Jornalismo*. Ano 7, Vol. 7, N.1, janeiro a junho de 2020, p. 34 a 53.

COUTINHO, Iluska. O telejornalismo narrado nas pesquisas e a busca por cientificidade: A análise da materialidade audiovisual como método possível. In: *XXXIX Congresso Brasileiro de Ciências da Comunicação*, São Paulo, Anais eletrônicos, 2016. Disponível em https://portalintercom.org.br/anais/nacional2016/resumos/R11-3118-1.pdf.

PALÁCIOS, Marcos. Fake News e a emergência das agências de checagem: terceirização da credibilidade jornalística? In: MARTINS, Moisés de Lemos; MACEDO, Isabel. *Políticas da língua, da comunicação e da cultura no espaço lusófono*. Ribeirão: Húmus, 2019.

PORCELLO, Flávio; BRITES, Francielly. Verdade x Mentira: A ameaça das fake news nas eleições de 2018 no Brasil. In: *41º Congresso Brasileiro de Ciências da Comunicação*, Joinville (SC), Anais eletrônicos, 2018. Disponível em https://portalintercom.org.br/anais/nacional2018/ resumos/R13-0364-1.pdf. Acesso em: 20 jan. 2022.

RECUERO, Raquel; GRUZD, Anatoliy. Cascatas de Fake News Políticas: um estudo de caso no Twitter. *Galáxia* (São Paulo), n. 41, p. 31–47, 2019.

RIBEIRO, A. P. G; SACRAMENTO, I. *Televisão e memória*: entre testemunhos e confissões. Rio de Janeiro: Mauad X, 2020.

SANTAELLA, Lúcia. *A Pós-Verdade é verdadeira ou falsa?*. São Paulo: Estação das Letras e Cores, 2018.

THOMÉ, Cláudia de Albuquerque; MIRANDA, Pedro Augusto Silva; MARTINS, Vanessa Coutinho. Não basta noticiar, tem que garantir que é verdade: estratégias narrativas e a ameaça das fake news no telejornalismo. *Trama: Indústria Criativa em*

Revista. Dossiê Fake news, pós-verdade(s) e economia criativa. Ano 5, vol. 8, n. 1, janeiro a junho de 2019: 24-43.

THOMÉ, C. A. Emoção e testemunho no Jornal Nacional: estratégias narrativas no mês das 500 mil mortes pela Covid-19. In: *Anais do Congresso Brasileiro de Ciências da Comunicação*, 44, 2021, Recife-PE: Intercom, 2021. Disponível em: https://portalintercom.org.br/anais/nacional2021/resumos/dt1-te/claudia-thome.pdf. Acesso em: 20 jan. 2022.

THOMÉ, C.; REIS, M. A. Videoteratura nostálgica nas crônicas audiovisuais da quarentena. In: MUSSE, C.; MEDEIROS, T.; HENRIQUES, R. (org.). *Nostalgias e memórias no tempo das mídias*. 1. ed. Florianópolis: Insular, 2020.

THOMÉ, Cláudia; PICCININ, Fabiana; REIS, Marco Aurelio. Anatomias narrativas do Telejornalismo contemporâneo e seus elementos certificadores. In: EMERIM, Cárlida; PEREIRA, Ariane; COUTINHO, Iluska (orgs.). *Telejornalismo 70 anos: o sentido das e nas telas*. Florianópolis: Insular, 2020, v. 9, p. 159-196.

YIN, Robert. *Pesquisa Estudo de Caso - Desenho e Métodos*. 2 ed. Porto Alegre: Bookman, 2001.

O AGENDAMENTO DA "ASSOCIAÇÃO MÉDICOS PELA VIDA" E DA NARRATIVA DO TRATAMENTO PRECOCE NA PANDEMIA DE COVID-19: UMA ANÁLISE DOS JORNAIS *O GLOBO* E *FOLHA DE S.PAULO*

Fernanda Cristine Vasconcellos[3]
Larissa Caldeira de Fraga[4]
Michele da Costa Souza[5]
Vitor Laitano e Silva[6]

Introdução

O grupo autointitulado "Associação Médicos pela Vida"[7] é um movimento de profissionais da saúde que defende o tratamento precoce da Covid-19, com sede em Recife (PE). Embora as autoridades sanitárias (Anvisa, Associação Brasileira de Infectologia, OMS) já tenham contestado a existência de um tratamento precoce, o grupo defende o uso de medicamentos comprovadamente ineficazes no combate à doença. Em 23 de fevereiro de 2021, oito dos principais jornais do Brasil (O Globo, Folha de S. Paulo, Estado de Minas, Jornal do Commercio, Zero Hora, Jornal Correio, Correio Braziliense e O Povo) publicaram um informe publicitário que continha o manifesto da Associação[8] em defesa do tratamento. O anúncio acabou legitimando o grupo de médicos, que passou a integrar como fonte as matérias dos jornais.

---

[3] Doutora em Comunicação Social pela PUCRS. Integrante do GTI.

[4] Doutora em Comunicação Social pela PUCRS. Integrante do GTI.

[5] Mestranda do PPGCOM/UFMA. Integrante do Imaginarium.

[6] Mestrando do PPGCOM/PUCRS. Integrante do GTI.

[7] Disponível em: medicospelavidacovid19.com.br. Acesso em: 27 maio 2022.

[8] O GLOBO. Disponível em: https://oglobo.globo.com/brasil/entidades-especialistas-em-saude-condenam-manifesto-que-defende-tratamento-precoce-da-covid-19-24895651. Acesso em: 27 maio 2022.

Imagem 1: Informe publicitário "Manifesto pela Vida", publicado em 23 de fevereiro de 2021, nos principais jornais do país.

INFORME PUBLICITÁRIO

MANIFESTO PELA VIDA

MÉDICOS DO TRATAMENTO PRECOCE BRASIL

Brasil, 23 de fevereiro de 2021

À sociedade brasileira, aos colegas médicos, aos órgãos de imprensa, aos Conselhos Regionais de Medicina e ao Conselho Federal de Medicina.

Fonte: DefesaNet.[9]

A partir desse momento, jornalistas de diversos veículos passaram a tratar a ideia do uso de um grupo de medicamentos, chamados de "kit Covid", como uma questão polêmica, com argumentos a favor e contra. Essa premissa, de que a decisão por recomendar o uso de medicamentos como Hidroxicloroquina[10], Ivermectina[11] e Azitromicina[12] no tratamento da Covid-19 era

[9] Disponível em: https://www.defesanet.com.br/. Acesso em: 29 maio 2022.

[10] Originalmente um antiviral destinado principalmente ao tratamento da malária e de doenças autoimunes como o lúpus.

[11] Antiparasitário principalmente indicado no tratamento de sarna, piolho e verminoses.

[12] Antibiótico indicado para infecções provocadas por bactérias no trato respiratório superior.

uma questão de opinião da classe médica, abriu espaço para a fixação de um campo de batalha entre os que defendiam o uso desse tratamento à revelia do que mostravam as evidências científicas, do que alertavam os especialistas da área reconhecidos mundialmente e das recomendações da própria Organização Mundial da Saúde (OMS).

A compra de espaço publicitário por parte da organização que defendia o tratamento precoce não só fez com que os jornais emprestassem sua credibilidade para a Associação Médicos Pela Vida, como também ampliou o espaço mais nobre (das reportagens) de suas páginas para essa narrativa. Desse modo, a informação baseada em dados científicos e opinião desqualificada se misturam e se equivalem, transformando o que deveria ser um serviço público em um agente de desinformação.

Narrativa do tratamento precoce

Entre o surgimento da Covid-19 e a chegada da única forma de parar o vírus, a imunização, foi criada uma narrativa. O movimento Médicos pela Vida impulsionou uma fórmula para supostamente reduzir o número de mortes pela doença. O uso de drogas com eficácia não comprovada em pacientes com a enfermidade (como a Cloroquina e a Hidroxicloroquina), batizado de "kit Covid", foi propagado por parte da comunidade médica. Assim foi criado o mito do tratamento precoce.

O senso comum utiliza, frequentemente, o termo mito para designar algo falso, uma fábula, que não condiz com a realidade. Neste trabalho, usaremos o termo mito como uma narrativa, algo vivo, vivenciado, promovendo sentimentos em comum e arraigando crenças. Para Eliade (2016), o mito é uma realidade cultural extremamente complexa, que pode ser abordada e interpretada através de perspectivas múltiplas e complementares. Pode contar uma história sagrada, um acontecimento ocorrido no "princípio" ou no tempo primordial. Silva (2017) acredita que "assim como o mito pode ser mais relevante que a verdade, o imaginário - processo de mitificação ou mitologia consumada - tende, por ser encantador (enfeitiçador), a triunfar" (p. 29).

O tratamento precoce tornou-se uma narrativa midiática no Brasil quando o presidente Jair Bolsonaro defendeu o uso da Cloroquina, em 23 de março de 2020. A partir de 9 de junho do mesmo ano, o discurso foi feito de forma oficial, ao falar sobre o uso do medicamento na 34ª reunião do Conselho de Governo. Após contrair o novo coronavírus, o presidente passou a afirmar em seus pronunciamentos que foi curado após usar o "kit Covid". Até maio de 2021, Bolsonaro defendeu[13] o uso da Cloroquina em 23 discursos oficiais.

Bolsonaro se inspirou na defesa do uso da Cloroquina pelo então presidente norte-americano, Donald Trump. O republicano passou a advogar[14] a favor do medicamento após Gregory Rigano, representante da faculdade de Medicina da universidade Stanford, abordar o estudo do uso da Hidroxicloroquina no tratamento da Covid-19, realizado pelo médico francês Didier Raoult, em uma entrevista na emissora Fox News.

Em 28 de março de 2020, a agência federal do departamento de saúde norte-americano, a *Food and Drug Administration* (FDA), liberou o uso emergencial de Cloroquina e Hidroxicloroquina, porém, quase três meses depois, informou que esses medicamentos seriam ineficazes no tratamento da Covid-19 e que teriam graves efeitos cardíacos adversos e outros efeitos colaterais, incluindo lesões nos rins, problemas no fígado e morte.

Um estudo[15] liderado pela OMS, divulgado em outubro de 2020, em mais de 30 países, apresentou a ineficácia de quatro medicamentos contra o coronavírus, incluindo a Hidroxicloroquina. O resultado apontou que os medicamentos apresentaram nenhum papel na redução da mortalidade ou tempo de internação da Covid-19. Uma pesquisa[16] realizada pela Fiocruz e pela Universidade Federal do Amazonas revelou que pessoas que tomaram Ivermectina ou outros medicamentos como tratamento preventivo tiveram maiores taxas de infecção que aquelas que não tomaram nada.

---

13 O Globo. Disponível em: https://oglobo.globo.com/brasil/bolsonaro-defendeu-uso-de-cloroquina-em-23-discursos-oficiais-leia-as-frases-25025384. Acesso em: 23 maio 2022.

14 Vanity Fair. Disponível em: https://www.vanityfair.com/news/2020/03/trumps-touting-of-an-untested-coronavirus-drug-is-dangerous. Acesso em: 29 maio 2022.

15 Portal G1. Disponível em: https://g1.globo.com/bemestar/coronavirus/noticia/2020/10/15/estudo-liderado-pela-oms-em-mais-de-30-paises-afirma-ineficacia-de-4-antivirais-contra-a-covid-19.ghtml. Acesso em: 23 maio 2022.

16 Portal El País. Disponível em: https://brasil.elpais.com/brasil/2021-02-26/estudo-sugere-que-pessoas-em-tratamento-precoce-tiveram-taxas-mais-altas-de-infeccao-por-covid-19-em-manaus.html. Acesso em: 23 maio 2022.

Em um documento enviado à Comissão Parlamentar de Inquérito (CPI) da Pandemia, o governo afirmou[17] ter investido mais de 23 milhões de reais na divulgação de campanhas sobre o tratamento precoce. Com o mesmo valor, era possível adquirir 456.718 doses da vacina Pfizer, imunizando mais de 228 mil pessoas.

Apenas em julho de 2021, passado mais de um ano da campanha governamental pelo "kit Covid", o Ministério da Saúde divulgou[18] que não recomenda o uso dos medicamentos usados para o tratamento precoce. O órgão reforçou que não possui evidência científica para o uso dos fármacos para o tratamento da doença e que os testes de alguns desses medicamentos não apresentaram benefícios clínicos aos pacientes hospitalizados.

Essa narrativa defendida e propagada pelo Governo Federal e por parte da comunidade médica resultou em grandes lucros para a indústria farmacêutica. Segundo levantamento[19] do Sindicato da Indústria de Produtos Farmacêuticos, a venda do vermífugo Ivermectina passou de 44 milhões de reais, em 2019, para 409 milhões, em 2020, representando um aumento de 829%. A Cloroquina e Hidroxicloroquina, indicados para doenças como malária e lúpus, catapultou a sua receita de 55 milhões de reais para 91 milhões de reais no mesmo período.

A CPI da Pandemia, finalizada em outubro de 2021, discutiu a publicação do informe publicitário publicado pela Associação Médicos Pela Vida e a influência da indústria farmacêutica para impulsionar a venda dos medicamentos que compõem o "kit Covid". A comissão comprovou[20] o patrocínio da farmacêutica Vitamedic aos anúncios dos Médicos Pela Vida. O representante da empresa apresentou à CPI o comprovante de pagamento

---

[17] Portal G1. Disponível em: https://g1.globo.com/politica/noticia/2021/06/11/governo-diz-que-gastou-r-23-milhoes-para-divulgar-tratamento-precoce-ineficaz-contra-covid.ghtml. Acesso em: 22 jul. 2021.

[18] CNN Brasil. Disponível em: https://www.cnnbrasil.com.br/saude/2021/07/14/em-resposta-a-cpi-saude-desaconselha-cloroquina-e-kit-covid. Acesso em: 22 jul. 2021.

[19] Site Valor Econômico. Disponível em: https://valor.globo.com/empresas/noticia/2021/02/05/venda-de-remedios-do-kit-covid-movimenta-r-500-mi-em-2020.ghtml. Acesso em: 22 jul. 2021.

[20] Relatório Final CPI da Pandemia. Disponível em: http://estaticog1.globo.com/2021/10/26/relatorio_final_26102021_12h40.pdf?_ga=2.254022156.52519448.1653808689-169358206.1637242130. Acesso em: 29 maio 2022.

de 717 mil reais pelos anúncios nos jornais. A comissão também identificou repasses da Vitamedic a profissionais da saúde para apoiar o tratamento precoce. O sociólogo Edgar Morin afirma a existência de lobbies dos fármacos, em todo o mundo, no período pandêmico.

> A ciência foi legitimamente convocada pelo poder para lutar contra a epidemia. Mas os cidadãos, de início tranquilizados sobretudo pelo remédio inesperado da experiência do professor Didier Raoult, viram-se depois diante de pareceres médicos diferentes e até contrários. Cidadãos mais bem informados também descobriram que alguns grandes cientistas mantinham relações de interesse com a indústria farmacêutica, cujos lobbies são poderosos junto a ministérios e mídia (Morin, 2020, p. 32).

Para Morin (2020), o período pandêmico evidenciou a insuficiência de reflexão e de ação política. O poder público sacrificou a prevenção para dar lugar à obsessão pela rentabilidade e a competitividade. "As insuficiências no modo de pensamento, somadas à dominação da insaciável sede de lucro, são responsáveis por inúmeros desastres humanos, entre os quais os ocorridos desde fevereiro de 2020" (p. 37). O Estado estaria sendo submetido a pressões e interesses que paralisariam mudanças necessárias.

Imagem 2: Faixa em defesa do tratamento precoce fixada em frente a uma casa, em outubro de 2021, em Viamão/RS.

Foto: Larissa Fraga

Percebe-se a consolidação de uma narrativa motivada pelo poder público e pela indústria farmacêutica, dinamizada pela mídia. O mito do tratamento precoce alimentou a esperança para uma população sem perspectivas de enfrentamento à pandemia, em um país com estratégias de isolamento pouco efetivas e com investimento tardio para compra de vacinas. O governo apostou em ações sem efetividade em termos de tratamento e promoveu o lucro de grandes corporações em detrimento da saúde e bem-estar da população.

Crise do financiamento no jornalismo e seu impacto no conteúdo editorial

O campo do jornalismo vive uma crise generalizada em diversos aspectos (Picard, 2010; Gitlin, 2011; Ramonet, 2011; Alexander, Breese e Lungo, 2016; Christofoletti, 2019; Pickard, 2020; Vasconcellos, 2021; entre outros). A mais evidente delas, relacionada a uma transformação tecnológica que mudou as dinâmicas sociais e as funções das mídias (Lemos, 2010), que culminou na plataformização da Internet e da sociedade (Lemos, 2021), afetou a forma como o jornalismo se financia. Com uma diminuição drástica no dinheiro advindo de venda de anúncios publicitários, o jornalismo chamado pós-industrial (Anderson, Bell e Shirky, 2013) precisou encontrar novos modelos de negócio para se viabilizar. Essa crise financeira do jornalismo comercial, um abismo entre o que se costumava faturar através das notícias e o que se fatura hoje – especialmente quando observadas as mídias impressa e digital –, gera consequências na forma como os jornais lidam com seus anunciantes, assinantes, leitores e, em um movimento observado especialmente em cidades menores, coloca em xeque a própria existência de veículos de imprensa, que desaparecem, fenômeno frequentemente referido como a geração de "desertos de notícias" (Mcchesney; Pickard, 2011).

Os problemas financeiros ampliam as fragilidades profundas no relacionamento entre jornais e anunciantes, que enxergam oportunidades para pressionar o conteúdo editorial dos veículos através do poder econômico, como ocorreu no caso em que anunciantes se retiraram do programa Timeline, da Rádio Gaúcha, após comentários dos jornalistas acerca de um assalto em Criciúma, em dezembro de 2020. Consideradas por parte do público como alinhadas à ideologia de esquerda, ou mesmo desrespeitosas, as falas dos apresentadores foram fortemente criticadas nas redes sociais, o que ocasionou uma debandada massiva de anunciantes ('Caso Timeline'..., 2020). Outro exemplo foi a resposta do coletivo Sleeping Giants Brasil a comentários homofóbicos do apresentador Sikêra Jr., da Rede TV!. Ao incentivar que pessoas chamassem a atenção dos anunciantes do programa "Alerta Nacional" através das redes sociais, a iniciativa conseguiu que 38 patrocinadores retirassem dinheiro do programa a fim de que a postura mudasse ou fosse retificada – o que ocorreu, ainda que não de modo satisfatório na visão de pessoas da comunidade LGBTQIA+ – alguns dias depois (Sikêra Jr. pede..., 2021). Patrocínios de órgãos federais, como o Ministério da Educação e a Caixa Econômica Federal, entretanto, permanecem no noticiário (Vidon, 2021).

A influência de entes econômicos nas linhas editoriais dos jornais, entretanto, não é um fenômeno novo, nem surge com a Internet. Na evolução do jornalismo, são diversos os momentos em que veículos expressaram opiniões e defenderam interesses de seus proprietários ou anunciantes com mais ou menos transparência (Charron; Bonville, 2016). A questão a observar no momento atual é que o agravamento da crise econômica dos jornais impressos, somada à falta de capacidade de encontrar sustentabilidade econômica de suas versões digitais e ao próprio contexto pós-moderno (Marshal, 2003), coloca as linhas editoriais em situação particularmente vulnerável a agentes econômicos, o que já faz parte do imaginário do jornalismo expressado por membros da sociedade (Vasconcellos, 2021).

Em paralelo, um fenômeno também antigo e que encontra ressignificação no momento atual é o do agendamento. Cunhada nos anos 1960 por McCombs e Shaw, de maneira ampla, a hipótese do *agenda-setting* trata de como a mídia pauta os assuntos – e as opiniões – do público, tanto no seu conteúdo (Hohlfeldt, 2001) como no seu enquadramento ou viés (Scheufele; Tewksburys, 2007). Nos tempos atuais, e conforme vimos nos exemplos citados anteriormente, o oposto também ocorre quando, através das redes sociais digitais, o público reage de determinadas maneiras aos acontecimentos ou à cobertura da imprensa acerca deles e, assim, pauta novos assuntos ou novos enquadramentos. As influências são tão fortes dos grandes veículos para com a sociedade, como o contrário (Jenkins, Green e Ford, 2013). Portanto, quando algo recebe grande atenção das redes sociais, acaba por aparecer na grande mídia, assim como o que aparece na grande mídia é alvo de interesse nas redes.

Quando um jornal aceita ter em suas páginas publicado um anúncio que traz desinformação ou informações falsas – como analisamos nesta pesquisa –, ele entrega a sua frente aos leitores para esse anúncio. Além disso, a força econômica dos agentes por trás do anúncio, assim como o clamor popular que vem de pessoas impactadas por conteúdos publicitários como esse, faz com que o valor social do jornalismo seja deixado de lado a uma falsa simetria entre informação falsa – mas que tem um viés econômico – e informações verdadeiras.

Percurso metodológico

Para realizar esta pesquisa, utilizamos a Análise Discursiva de Imaginários (ADI) proposta por Silva (2019). A ADI é uma metodologia compreensiva e complexa que recorre ao pensamento hologramático de Morin, que afirma, nas palavras de Silva (2019, p. 104): "O exame da parte deve ser capaz de indicar ou sugerir o desvelamento do todo". Isto é, ao analisar um, não se pode ignorar o outro; a árvore está para a floresta e vice-versa.

Os três passos da análise consistem em: estranhamento, entranhamento e desentranhamento (Silva, 2019). O primeiro diz respeito à curiosidade do pesquisador e tem início com a busca e a leitura de tudo que é possível encontrar sobre o objeto. Esse passo, no entanto, vai além da procura do estado da arte do assunto, exige uma leitura crítica, com desconfiança (Vasconcellos, 2021, p. 189). O voo baixo sobre a floresta. A partir desse momento, pode-se identificar o contexto em que o objeto está inserido, permitindo, então, uma aproximação mais detalhada. Este é o momento em que a pesquisa começa de fato, pois "o ponto de partida são os Tópicos Emergentes (TE), essas pontas de icebergs que emergem do discurso como pistas dos imaginários encobertos" (Silva, 2019, p. 100).

No entranhamento, segundo passo da ADI, é feito "um processo arqueológico de remoção de camadas que recobrem o objeto e o seu discurso. A pesquisa toma o objeto e o desmonta para ver de que partes ele é composto" (Silva, 2019, p. 95). O entranhamento é um processo de desvelamento das camadas discursivas em busca da essência do objeto, que é imaginária. Por mais que seja possível que o analista não chegue à essência do objeto analisado, cada "raspagem" mostra como o objeto foi recoberto (Silva, 2019). No caso de êxito, chega-se ao descoberto. "Essa operação se mostra assim:

construído (discurso ou texto); desconstruído (subtexto ou imaginário, aquilo que se esconde); reconstruído (contexto e/ou pretexto e mensagem embutida)" (Silva, 2019, p. 100-101).

Ao seguir esse percurso, chegamos ao desentranhamento (terceiro passo). Aqui, as camadas discursivas que cobrem o imaginário, agora retiradas, costumam "se revelar como ideologia, subjetividade sufocada, emoções arquivadas, significados superfaturados" (Silva, 2019, p. 105). Esse procedimento analítico, enfim, revela o pano de fundo por trás dos discursos; suas brechas.

Nesta pesquisa, os Tópicos Emergentes (TE) foram identificados a partir das matérias publicadas nos sites dos jornais impressos *Folha de S.Paulo* e *O Globo* que citam a Associação Médicos pela Vida (AMV). O recorte está dividido em dois períodos: **(1)** a confirmação do primeiro caso de Covid-19 no Brasil (26/02/2020), até a publicação do informe publicitário nos jornais (23/02/2021); e **(2)** a publicação do informe em fevereiro, até 22 de junho de 2021, data da última matéria encontrada no jornal *O Globo* mencionando a AMV. Nesse recorte, propõe-se realizar um comparativo entre as matérias publicadas nos veículos antes e após a divulgação do informe em fevereiro de 2021.

Sele, nos portais digitais da *Folha de S.Paulo* e do *O Globo*, todas as peças jornalísticas que mencionaram, pelo menos uma vez, a Associação Médicos pela Vida. Ao todo, foram encontradas sete (7) peças no *O Globo* e dezoito (18) na *Folha de S.Paulo*.

Ao realizar a busca das matérias nos sites dos jornais nos dois períodos de tempo citados, notamos que no veículo *O Globo* as peças encontradas foram todas publicadas no ano de 2021. Não encontramos matérias citando a Associação antes de 23 de fevereiro. Portanto, não havia agendamento do veículo sobre a AMV até a publicação do informe publicitário. Dessa forma, o comparativo entre os dois períodos de tempo no jornal *O Globo* não foi possível. Assim, nos dedicamos às peças encontradas somente em 2021, isto é, após a publicação do informe em fevereiro.

Das dezoito peças encontradas na *Folha de S.Paulo*, uma não fala sobre a Associação brasileira, mas sim sobre um movimento de médicos espanhóis contra a regulamentação do aborto na Espanha em 2009. Das dezessete peças jornalísticas restantes, seis são artigos de opinião (colunas assinadas, editoriais ou textos de Ombudsman) e uma é uma "galeria de fotos". Apesar desse material possuir certa relevância, ele não será considerado em nossa pesquisa porque precisamos de um espaço de discussão que nos forneça ferramentas capazes de realizar o aprofundamento necessário. Portanto, são analisadas dez matérias jornalísticas da *Folha de S.Paulo*, entre março de 2020 e junho de 2021. Apresentamos a seguir os resultados da pesquisa.

O agendamento do tratamento precoce nos jornais *O Globo* e *Folha de S.Paulo*

O Globo depois do informe

A primeira matéria publicada no *Globo* é do dia 24 de fevereiro e tem como título: "*Entidades e especialistas em saúde condenam manifesto que defende tratamento precoce da Covid-19*"[21]. A peça fala da repercussão entre autoridades e especialistas após a publicação do informe publicitário da AMV nos jornais. O veículo traz os elementos escritos no informe e os principais pontos defendidos pela Associação.

Na matéria, o jornal esclarece que o informe foi publicado nos principais jornais impressos do país, incluindo a versão impressa do *O Globo*. As críticas ao discurso da Associação são feitas pelas fontes da matéria e não pelo próprio jornal. Isto é, o contraponto à narrativa da AMV fica a critério da fonte especializada. No exemplo do trecho a seguir, o jornal entrevistou o infectologista da UFRJ Mauro Schechter e o questionou sobre as afirmações do informe publicitário. O especialista apontou duas falácias no texto da AMV e o jornal utilizou as críticas do especialista para conduzir ao fechamento da matéria.

> A primeira [falácia] é afirmar que, segundo o artigo 32 do Código de Ética Médica, é falta grave o médico deixar de utilizar todos os meios disponíveis cientificamente comprovados. Ora, todas as sociedades científicas nacionais e internacionais unanimemente contraindicam os medicamentos propostos por eles. Isto por já ter sido conclusivamente demonstrada a ineficácia da maioria dos que eles propõem, como cloroquina, azitromicina e vitamina D (O Globo, 2021).

---

[21] O GLOBO. Disponível em: https://oglobo.globo.com/brasil/entidades-especialistas-em-saude-condenam-manifesto-que-defende-tratamento-precoce-da-covid-19-24895651. Acesso em: 27 maio 2022.

A forma como o veículo escolheu falar sobre o informe publicitário na primeira matéria parece mais uma simples cobertura do evento, não deixando evidente o seu posicionamento a respeito do acontecimento.

Cerca de quinze dias após a publicação do informe, o veículo volta a falar da AMV na matéria publicada no dia 04 de maio. O título "*MPF pede indenização de R$ 10 milhões de associação médica que defendeu tratamento precoce*"[22] aponta para as consequências judiciais da carta publicada pelo grupo no dia 23 de fevereiro. Diferente da anterior, a matéria de maio traz um texto mais extenso e mescla trechos do documento elaborado pelo Ministério Público Federal e falas de especialistas contrários ao tratamento precoce.

Logo no início, o texto contextualiza a leitora sobre o que se trata o informe publicado pela AMV. Também utiliza o recurso do *hiperlink*[23] para direcionar a outras matérias publicadas anteriormente, como a de 24 de fevereiro. Embora aborde com mais detalhes o informe publicitário e suas contradições, a segunda matéria ainda se utiliza do texto descritivo-informativo. Novamente, não há um posicionamento do veículo diante da publicação do informe. Um trecho que vale ser destacado nessa matéria é o último parágrafo, que diz o seguinte:

> Além do pagamento de indenização, na ação, o MPF requer, liminarmente, que a associação retire do seu site o manifesto publicado por meio do informe publicitário, e todas as demais informações que contrariem a legislação e atos normativos, especialmente sobre a propaganda/publicidade de medicamentos e o Código de Ética Médica. Ainda que se abstenha de promover novas publicações em relação ao "tratamento precoce" (O Globo, 2021).

Nota-se que a ação do MPF não alcançou os resultados, conforme destacado pelo jornal. O site da Associação ainda está no ar e segue sendo alimentado desde então. É possível notar também que eles dinamizaram o portal e colocaram mais "informações". Além de não ter atendido ao pedido da

---

[22] Disponível em: https://oglobo.globo.com/saude/mpf-pede-indenizacao-de-10-milhoes-de-associacao-medica-que-defendeu-tratamento-precoce-25002791. Acesso em: 27 maio 2022.

[23] Recurso utilizado em sites (jornalísticos, etc.) para que a leitora ou o leitor tenha acesso a outros materiais complementando a compreensão de um assunto ou de outras temáticas.

justiça, a AMV elaborou e publicou recentemente um "Pedido de providências às autoridades", inclusive à Anvisa, que aponta para o combate à Covid-19 mediante uso do kit Covid. Esse documento foi publicado no começo de 2022 e possui 250 páginas onde a AMV diz apresentar "evidências científicas no tratamento da Covid-19"[24]. Percebe-se que a Associação segue firme; que as ações jurídicas de 2021 não surtiram efeito e que a narrativa do tratamento precoce tem se estendido até os dias de hoje.

Diferente das duas primeiras matérias que falam diretamente da AMV, as outras cinco peças encontradas no site do *O Globo* citam a Associação rapidamente. São todas sobre os desdobramentos da "CPI da Covid-19" no Senado Federal e acabam por entrelaçar a AMV devido às citações à Associação no diário oficial do Palácio do Planalto.

A matéria "*Nise confirma que discutiu mudança na bula da cloroquina, mas nega produção de minuta de decreto*"[25] aborda o depoimento da médica Nise Yamaguchi à "CPI da Covid", em 01 de junho. Na ocasião, a médica prestou depoimento à CPI após ter sido citada nos depoimentos do ex-ministro da Saúde Henrique Mandetta e do presidente da Anvisa, Antonio Barra Torres.

Nise Yamaguchi ficou marcada por defender o uso de medicamentos como a Hidroxicloroquina no combate à Covid-19. O texto detalha o depoimento da médica às perguntas feitas pelos senadores. Além de apresentar as contradições de Yamaguchi no próprio depoimento à Comissão de Inquérito, são evidenciados os registros das reuniões do Palácio do Planalto em que o presidente, representantes de órgãos da saúde e demais agentes do governo se reuniram com a médica para falar sobre o tratamento precoce. Conforme aponta o trecho a seguir que traz o histórico de reuniões da agenda do Planalto:

> 6 de abril de 2020 – Além de Nise Yamaguchi, estavam o anestesista Luciano Dias Azevedo e o deputado Osmar Terra. Havia a presença de alguns ministros, mas não de Luiz Henrique Mandetta, à época

[24] AMV. Disponível em: https://medicospelavidacovid19.com.br/documentos-manifestos/pedido-de-providencias-as-autoridades-recurso-anvisa-10-jan-2022/. Acesso em: 27 maio 2022.

[25] O GLOBO. Disponível em: https://oglobo.globo.com/politica/nise-confirma-que-discutiu-mudanca-na-bula-da-cloroquina-mas-nega-producao-de-minuta-de-decreto-25042780. Acesso em: 27 maio 2022.

> no comando da Saúde. No mesmo dia, houve uma segunda reunião, dessa vez sem Bolsonaro, mas com a presença de Mandetta. (...)
>
> 8 de setembro de 2020 – Nise Yamaguchi e integrantes do "*Médicos pela Vida*", que defende o uso de remédios sem eficácia comprovada contra a Covid-19 (O Globo, 2021).

O que nos chama atenção nessa matéria é a relação entre a narrativa do tratamento precoce defendida pela AMV e o Governo Federal. Parece haver relação entre esses sujeitos, suas ações e o discurso por eles defendido. Entretanto, o veículo não faz essa análise. As matérias ficam soltas e parece não haver uma conexão entre os acontecimentos.

No período em que a médica Nise Yamaguchi foi alçada a depor na CPI, surgiu a informação de que haveria uma espécie de "gabinete paralelo" de combate à pandemia que estaria prestando assessoria à presidência e que não fazia parte do Ministério da Saúde (O Globo, 2021)[26]. A médica seria, então, uma das conselheiras do "gabinete paralelo". A informação foi apresentada por meio de um vídeo[27] à CPI e o suposto gabinete teria realizado reuniões de aconselhamentos quanto ao uso do kit Covid e também na compra de vacinas.

A quarta matéria também foi publicada no dia 01 de junho, sob o título de "*Oito contradições de Nise Yamaguchi na CPI da Covid*"[28], dando continuidade à matéria anterior. Como o próprio título demonstra, a peça jornalística foca exclusivamente nas contradições de Yamaguchi no depoimento. O texto intercala as falas da médica com fatos que apresentam as falhas encontradas em seu discurso. Entre as contradições estão informações falsas defendidas pela médica sobre o controle da Covid-19 no mundo, a defesa do uso de medicamentos do kit Covid e a sua participação no governo diante da crise sanitária. Nota-se que a matéria não possui muitas diferenças em relação à anterior e segue o mesmo modelo descritivo do acontecimento.

---

[26] Disponível em: https://oglobo.globo.com/politica/cpi-da-covid-veja-os-indicios-da-existencia-do-gabinete-paralelo-no-planalto-contra-covid-19-1-25048517. Acesso em: 27 maio 2022.

[27] JORNAL HOJE. "CPI da Covid quer aprofundar apuração sobre existência de gabinete paralelo". Disponível em: https://globoplay.globo.com/v/9581840/. Acesso em: 27 maio 2022.

[28] Disponível em: https://oglobo.globo.com/politica/oito-contradicoes-de-nise-yamaguchi-na-cpi-da-covid-25043335. Acesso em: 27 maio 2022.

Já a quinta matéria: "*CPI quebra sigilo telefônico e telemático de Pazuello, auditor do TCU, Ernesto Araújo, Filipe Martins e integrantes do Ministério da Saúde*"[29], é de 10 de junho. Ela detalha uma das sessões da CPI onde foram solicitadas as prestações de informações de setores do governo, de organizações da saúde, secretarias, empresas de comunicação, farmacêuticas e de personagens que foram envolvidos em depoimentos anteriores. Além da quebra dos sigilos bancários, telefônicos e telemáticos de servidores do Ministério da Saúde, a Comissão de Inquérito solicitou a investigação bancária e telefônica de um grupo chamado "Associação Dignidade Médica", também de Pernambuco, entendido como integrante da AMV.

A sexta matéria é de 16 de junho e tem como título: "*Rosa Weber mantém quebra de sigilo telefônico de assessor especial da presidência Felipe Martins*"[30]. A peça jornalística descreve a decisão da ministra do Supremo Tribunal Federal Rosa Weber sobre a quebra de sigilo telefônico do então assessor da presidência, Felipe Martins, suspeito de integrar o "gabinete paralelo" da Covid-19. A citação à Associação Médicos pela Vida na matéria é em função da decisão da ministra que manteve a quebra dos sigilos fiscal e bancário da AMV, solicitados na sessão da CPI noticiada na matéria cinco. Após a descrição da decisão de Weber, a matéria é finalizada com o texto da negativa da ministra:

> "Se existe determinada atividade de natureza privada que, como visto, pode ter impactado o enfrentamento da pandemia, eventual ligação dessa entidade com o poder público propiciará, em abstrato, campo lícito para o desenvolvimento das atividades de investigação", afirmou (O Globo, 2021).

A última matéria do jornal *O Globo* foi publicada em 22 de junho, sob o título: "*Osmar Terra se reuniu ao menos 20 vezes com Bolsonaro em*

[29] Disponível em: https://oglobo.globo.com/politica/cpi-quebra-sigilo-telefonico-telematico-de-pazuello-auditor-do-tcu-ernesto-araujo-filipe-martins-integrantes-do-ministerio-da-saude-25054937. Acesso em: 27 maio 2022.

[30] Disponível em: https://oglobo.globo.com/politica/rosa-weber-mantem-quebra-de-sigilo-telefonico-do-assessor-especial-da-presidencia-filipe-martins-por-cpi-25063727. Acesso em: 27 maio 2022.

agendas oficiais"[31]. Conforme o título da peça sugere, o texto aponta para o histórico de reuniões entre o deputado federal e ex-ministro da Cidadania, Osmar Terra, e o presidente Jair Bolsonaro. A peça foi publicada pautando o depoimento do deputado à CPI, em que o mesmo afirma ter encontrado o presidente pouquíssimas vezes. Além de apontar as contradições entre as falas do deputado e o histórico da agenda oficial, a matéria destaca que Osmar Terra é cotado como membro do "gabinete paralelo". No vídeo disponibilizado pela CPI, citado anteriormente, o deputado foi chamado de "padrinho" pelos médicos presentes defensores do kit Covid. Novamente é citada a reunião de 08 de setembro de 2020 em que membros da Associação Médicos pela Vida encontraram-se com Nise Yamaguchi e Osmar Terra. A matéria é finalizada com o histórico de reuniões entre o deputado e o presidente Jair Bolsonaro, além de outros personagens apontados como membros do gabinete.

Como observado, todos os textos das peças jornalísticas encontradas no *O Globo* são sempre informativos e seguem o "padrão de objetividade". Apesar de destacar a ineficácia do kit Covid no tratamento da doença, é possível notar a falta de criticidade na cobertura realizada pelo veículo sobre a narrativa da AMV, diferentemente da cobertura da *Folha de S.Paulo*, como veremos mais à frente. O jornal também procurou a Associação para questionar sobre o informe e a mesma não se pronunciou. O que demonstra que, embora a AMV não tenha respondido aos questionamentos, isso não foi um impedimento para que o jornal pautasse o discurso do tratamento precoce, defendido pela Associação.

Folha de S.Paulo antes do informe

As dez peças encontradas na *Folha de S.Paulo* foram divididas em dois grupos: as de antes da publicação do informe e as matérias que saíram após a publicação do informe assinado pela Associação, no dia 23 de fevereiro de 2021. O primeiro grupo contém três matérias publicadas no ano de 2020: duas nos dias 18 e 26 de maio e uma no dia 8 de setembro. O segundo grupo contém sete matérias publicadas em 2021: duas do dia 23 de fevereiro; uma de 6 de junho; três de 12 de junho e uma de 15 de junho.

---

[31] Disponível em: https://oglobo.globo.com/politica/osmar-terra-se-reuniu-ao-menos-20-vezes-com-bolsonaro-em-agendas-oficiais-25072066. Acesso em: 27 maio 2022.

A primeira menção da AMV nas páginas da *Folha de S.Paulo*, no dia 18 de maio de 2020, não fala exatamente sobre a Associação. O "médicos pela vida", aqui, é um grupo de alcance nacional na rede social *WhatsApp* utilizada, também, pelo grupo autointitulado "Doutores da Verdade", de Recife - capital onde a AMV foi oficialmente fundada.

Nessa matéria, a AMV, como Doutores da Verdade, são usados apenas como um contraponto à notícia – de que médicos estavam se sentindo pressionados por pacientes a receitar remédios sem comprovação de eficácia contra a Covid-19 – ou seja, "o outro lado". Ainda assim, mesmo mantendo a retórica jornalística descritivo-informativa, a crítica à posição dos médicos da AMV é explícita:

> A recomendação para a utilização da cloroquina cresce apesar da falta de estudos completos que corroborem sua eficácia e minimizem os efeitos colaterais, como arritmias que já levaram pacientes à morte.
>
> Centenas de médicos em todo o país, no entanto, vêm se unindo a favor do uso precoce da cloroquina em manifestos como o "Médicos pela Vida na Covid-19", uma plataforma que permite e estimula o apoio à prescrição do medicamento via grupos de WhatsApp (*Folha de S.Paulo*, 2020).[32]

A posição crítica ao uso de medicamentos sem eficácia comprovada está presente em todas as matérias em que a AMV é citada. Esta posição do jornal crítica à Associação é mais explícita na matéria publicada no dia 26 de maio de 2020, intitulada *"Médicos 'cloroquiners' se comparam a Dom Quixote contra 'Dragão Covidiano'"*.[33] É criado um tom de humor na matéria quando a autora mostra a contradição na fala dos médicos:

> "Este protocolo nasceu da angústia dos médicos que se viram frente a frente com um inimigo desconhecido mas que, a exemplo de Dom Quixote, ergueram a lança e foram para cima do Dragão Covidiano ao grito de 'Vamos à luta para a implementação de um tratamento pré hospitalar!'", diz o documento em sua apresentação.

---

[32] Disponível em: https://www1.folha.uol.com.br/cotidiano/2020/05/medicos-da-rede-publica-temem-pressao-para-prescrever-cloroquina.shtml. Acesso em: 28 jul. 2021.

[33] Disponível em: https://www1.folha.uol.com.br/equilibrioesaude/2020/05/medicos-cloroquiners-se-comparam-a-dom-quixote-contra-dragao-covidiano.shtml. Acesso em: 28 jul. 2021.

> No livro de Miguel de Cervantes, Dom Quixote, na verdade, enxerga moinhos de vento como gigantes a serem combatidos, numa metáfora para sua loucura. Ao investir contra os moinhos, sua lança é feita em pedaços e Quixote, jogado longe (*Folha de S.Paulo*, 2020).

Ao mesmo tempo que, ao intercalar citações do protocolo publicado pela AMV e dados que comprovam a ineficácia dos remédios, é reproduzido um contra-argumento a esses médicos, ao escrever uma matéria-perfil e dedicar espaço do jornal a eles acabam por legitimar os médicos da associação como porta-vozes da cloroquina.

A legitimação também pode ser identificada em níveis mais superficiais, como a associação ao governo Bolsonaro – tanto com pessoas do governo, como Osmar Terra, deputado governista, quanto diretamente ao presidente, como na matéria do dia 8 de setembro de 2020:

> O presidente fez a avaliação durante encontro, promovido no Palácio do Planalto, com integrantes do movimento Médicos pela Vida, formado por defensores da substância (*Folha de S.Paulo*, 2020).[34]

Desta matéria em diante, até o fim da análise, toda a citação da AMV aparecerá como uma entidade associada ao governo – antes, como o personagem "do outro lado", defensor dos remédios como Cloroquina e Azitromicina, a quem eram feitos contrapontos, agora, é parte do governo, quase um representante.

Folha de S.Paulo depois do informe

No dia 23 de fevereiro de 2021, a AMV voltou a aparecer na imprensa hegemônica brasileira ao publicar em diversos periódicos de circulação nacional, dentre eles a *Folha,* um informativo publicitário que veiculava uma carta aberta em defesa do uso de medicamentos como Cloroquina, Hidroxicloroquina, Azitromicina e outros. No dia seguinte, a *Folha* publicou duas matérias repercutindo o informe.

---

[34] Disponível em: https://www1.folha.uol.com.br/equilibrioesaude/2020/09/bolsonaro-diz-que-ficou-com-pecha-de-genocida-por-defender-a-cloroquina.shtml. Acesso em: 29 jul. 2021.

No primeiro[35], assinado pela Agência Lupa, braço *fact checking* da *Folha de S.Paulo*, é admitida a publicação do informe com informações falsas. A matéria, com mais de 11 mil caracteres, mostra, ponto por ponto, as informações falsas apresentadas pela Associação. O texto, apesar de não citar o governo, apresenta a Associação como um "grupo" formado por "profissionais da saúde", legitimando-o, ainda que entre críticas e apontamentos de informações falsas.

Na segunda matéria, no dia 23[36], apesar de reafirmar que as informações da peça publicitária eram falsas e admitir a publicação pelo periódico, a *Folha de S.Paulo* seguiu com a associação da AMV com o governo. No segundo parágrafo já diz: "O governo federal e o Ministério da Saúde, que já defenderam o uso do 'kit Covid' abertamente, hoje baixam o tom com relação à divulgação dos medicamentos" (*Folha de S.Paulo*, 2021). O periódico paulista apresenta, assim, a AMV como uma extensão do Governo Federal, um braço extraoficial usado para legitimar uma posição a favor destes medicamentos.

Nas matérias publicadas ao longo do ano, essa relação parece ser dada cada vez mais como natural e óbvia. Em nenhuma publicação do diário paulista a Associação volta a ser o foco da notícia nem participa do acontecimento jornalístico em si. São, na verdade, cúmplices no pano de fundo da política.

Por mais que a *Folha* tenha criticado e feito contrapontos à defesa da AMV quanto ao uso de medicamentos, ela agendou e legitimou a Associação na discussão pública. Além da associação ao governo, nunca houve uma entrevista ou fala de algum representante da Associação. Houve, no máximo, citação de documentos publicados pela entidade, como no dia 23 de fevereiro de 2021:

> Este protocolo nasceu da angústia dos médicos que se viram frente a frente com um inimigo desconhecido mas que, a exemplo de Dom Quixote, ergueram a lança e foram para cima do Dragão Covidiano ao grito de 'Vamos à luta para a implementação de um tratamento

[35] Disponível em: https://www1.folha.uol.com.br/equilibrioesaude/2021/02/medicos-usam-informacoes-falsas-para-defender-tratamento-ineficaz-contra-covid-19-veja-a-checagem.shtml. Acesso em: 28 jul. 2021.

[36] Disponível em: https://www1.folha.uol.com.br/equilibrioesaude/2021/02/grupo-de-medicos-defende-tratamento-precoce-sem-eficacia-contra-covid-19-em-jornais.shtml. Acesso em: 30 jul. 2021.

pré hospitalar!'", diz o documento em sua apresentação (*Folha de S.Paulo*, 2021).

Na tentativa de "dar o outro lado da história", a *Folha* acaba por validar um personagem e um ponto de vista que ela mesma denuncia como falso. Ao publicar os documentos sem dar o nome, sobrenome ou cargo de um representante, a defesa do uso de medicamentos para Covid-19 (o kit Covid) pela AMV é apresentada como uma opção legitimada duas vezes: pela Associação e pelo jornal.

Há um vácuo de matérias jornalísticas publicadas pela *Folha* entre fevereiro e junho – período em que as peças de opinião aparecem. A AMV volta a ser citada no dia 6 de junho[37], na matéria intitulada "*CPI amplia ofensivas e deve votar convocação de supostos membros do gabinete paralelo*". A partir dessa publicação, a associação entre a AMV e o governo federal se torna um fato concreto e apenas *relatado*, e não insinuado por viés ideológico. No corpo da matéria, a Associação é citada participando de reunião no Palácio do Planalto junto ao presidente e outros "defensores da cloroquina" (*Folha de S.Paulo*, 2021).

No dia 12[38] [39] [40], três matérias são publicadas aprofundando a imagem de cumplicidade da AMV com o governo. Mesmo não sendo o destaque de nenhuma matéria, a Associação é o pano de fundo em que a matéria se desenrola, como na primeira matéria daquele dia: "'Presidente, o sr. tem uma tropa aqui de leões. Os leões precisam ser guiados por um leão também', pediu o virologista no evento, organizado pelo Médicos Pela Vida, grupo que defende o tratamento precoce e do qual Zanotto é uma espécie de consultor

[37] Disponível em: https://www1.folha.uol.com.br/poder/2021/06/cpi-amplia-ofensiva-e-deve-votar-convocacao-de-supostos-membros-do-gabinete-paralelo.shtml. Acesso em: 28 jul. 2021.

[38] Disponível em: https://www1.folha.uol.com.br/equilibrioesaude/2021/06/referencia-virologista-choca-colegas-com-adesao-a-teses-bolsonaristas-sobre-covid.shtml. Acesso em: 28 jul. 2021.

[39] Disponível em: https://www1.folha.uol.com.br/equilibrioesaude/2021/06/grupo-de-empresarios-liderado-por-luciano-hang-apoia-medicos-conselheiros-de-bolsonaro.shtml. Acesso em: 28 jul. 2021.

[40] Disponível em: https://www1.folha.uol.com.br/poder/2021/06/ambicao-politica-moveu-gabinete-paralelo-de-bolsonaro-hoje-principal-foco-da-cpi-da-covid.shtml. Acesso em: 28 jul. 2021.

informal" (*Folha de S.Paulo,* 2021). O mesmo acontece nas duas outras peças jornalísticas – sem ser os atores das ações, estão presentes em todos os acontecimentos, seja recebendo "apoio de um movimento encabeçado pelo empresário Luciano Hang" ou são "integrantes do grupo de suposto assessoramento ao presidente colecionam ambições políticas e oferecem consultas particulares para o tratamento precoce" (*Folha de S.Paulo*, 2021).

O movimento que acontece a partir destas três matérias não é o deslocamento da AMV de um contraponto, ou "o outro lado da história", para junto do governo – isso já era observado nas matérias anteriores –, mas sim a absorção completa de um pelo outro. De fato, como é noticiado, a Associação estava prestando serviços ao Governo Federal por meio do suposto "gabinete paralelo", como vimos nas matérias do *O Globo*. O que chama a atenção é que, depois do hiato de matérias citando a entidade, a Associação é tratada como *parte* do próprio governo, como uma organização institucionalizada.

Na última matéria analisada, publicada no dia 15 de junho[41], a *Folha de S.Paulo* traz uma fala de Bolsonaro durante uma entrevista à SIC TV, afiliada à Rede Record em Rondônia, em que ele confirma ter recebido aconselhamentos da AMV. Nessa matéria não há nenhum trecho denunciando a falta de comprovação científica do uso dos medicamentos do kit Covid, ou do tratamento precoce para Covid 19.

Percebe-se que, embora a *Folha* tenha adotado um discurso mais crítico em relação à AMV no início, ela também não se pronunciou a respeito do informe publicitário. A cobertura do jornal acabou por ceder o mesmo espaço (como *O Globo*) para a narrativa do tratamento precoce defendido pela Associação. Além disso, nas peças analisadas dos dois veículos foi possível observar que o discurso do tratamento precoce perpassa outros sujeitos além da AMV: o presidente e seus aliados políticos. Isso ficou visível durante a "CPI da Covid" no Senado Federal, mas os jornais não perceberam essa teia de ligação, apenas relataram os acontecimentos da CPI.

[41] Disponível em: https://www1.folha.uol.com.br/poder/2021/06/bolsonaro-nega-existencia-mas-diz-nao-ver-problema-em-gabinete-paralelo-para-tomar-providencias-contra-covid.shtml. Acesso em: 29 jul. 2021.

Considerações Finais

Por meio da Análise Discursiva de Imaginários dos jornais pesquisados, foi possível identificar que as reportagens, após a publicação do informe publicitário, legitimaram a existência da Associação Médicos pela Vida. A defesa do tratamento precoce foi utilizada como um contraponto válido no contexto de combate à pandemia. A frequência de citação à entidade, mesmo quando não havia entrevistas com os representantes, mostra um esforço dos jornais em manter o nome da Associação em pauta.

Houve, através da constante presença desse discurso, um agendamento da existência de um apoio de médicos e outras figuras da saúde ao tratamento precoce, o que foi reforçado pela narrativa já defendida pelo Planalto e reproduzida pelos jornais nas reportagens. Isso pode ser observado por meio da citação direta de falas de membros do governo Bolsonaro como também por citação indireta.

Ao vender espaço publicitário para um agente que disseminava desinformação – ou informação sem base científica – os jornais abriram mão do seu papel fundamental, informar a sociedade com o que é verossímil, e privilegiaram o aspecto econômico, a sua sustentabilidade financeira. Ignoraram as linhas tênues entre publicidade e jornalismo e deram espaço nobre a uma narrativa que poderia trazer – e trouxe – malefícios à sociedade.

Além disso, como apontado neste trabalho de análise, a presença da Associação Médicos pela Vida em reportagens se intensificou depois do anúncio, demonstrando que o objetivo buscado pela entidade ao comprar espaço nos jornais foi alcançado: colocar-se como uma instituição defensora de um tratamento que merecia atenção e não de uma proposta com intenções puramente econômicas e sem base científica, como de fato foi demonstrado nos meses que se seguiram e, especialmente, durante a Comissão Parlamentar de Inquérito acerca da Covid-19 no Senado Federal.

Referências

ALEXANDER, Jeffrey C.; BREESE, Elizabeth Butler; LUNGO, María. *The Crisis of Journalism Reconsidered*: democratic culture, professional codes, digital future. Cambridge: Cambridge University Press, 2016.

ANDERSON, CW; BELL, Emily; SHIRKY, Clay. Jornalismo pós-industrial: adaptação aos novos tempos. *Revista de Jornalismo ESPM* – edição brasileira da Columbia Journalism Review. Número 5, ano 2. Jun. 2013. Páginas 30 a 89. Disponível em: https://pt.scribd.com/document/363776970/ANDERSON-C-W-BELL-Emilly-SHIRKY--Clay-Jornalismo-Pos-Industrial-In-Revista-de-Jornalismo-ESPN-Sao-Paulo-p-32--89-maijun-2003-pdf. Acesso em: 13 out. 2020.

'CASO TIMELINE': representantes da Academia analisam o episódio polêmico da atração da Rádio Gaúcha. *Coletiva.net*, Porto Alegre, 17 dez. 2020. Disponível em: https://www.coletiva.net/academia/-caso-timeline-representantes-da-academia-analisam-o-episodio-polemico-da-atracao-da-radio-gaucha,382435.jhtml. Acesso em: 22 jul. 2021.

CHARRON, Jean; BONVILLE, Jean de. *Natureza e transformação do jornalismo.* Brasília: FAC Livros, 2016.

CHRISTOFOLETTI, Rogério. *A crise do jornalismo tem solução?*. Barueri, SP: Estação das Letras e Cores, 2019. E-book (94 p.). Edição para o Kindle. Disponível em: https://www.amazon.com.br/dp/B07RKCSZLH/ref=cm_sw_r_tw_dp_x_T6nHFbP5MW43W. Acesso em: 12 out. 2020.

ELIADE, Mircea. *Mito e Realidade*. São Paulo: Perspectiva, 2016.

GITLIN, Todd. A Surfeit of Crises: circulation, revenue, attention, authority, and deference. *In* MCCHESNEY, Robert; PICKARD, Victor. (org). *Will the Last Reporter Please Turn Out the Lights*: The Collapse of Journalism and What Can Be Done to Fix It . Nova York: The New Press, 2011. E-book (541 p.) Edição do Kindle. Cap. 6. posição 2027-2280. Disponível em: Https://Www.Amazon.Com.Br/Will-Last-Reporter-Please-Lights-Ebook/Dp/B0053Q1VU4/Ref=Sr_1_1?__Mk_Pt_BR=%C3%85M%C3%85%C5%BD%C3%95%C3%91&Dchild=1&Keywords=Will+The+Last+Reporter+Please&Qid=1602539127&S=Books&Sr=1-1. Acesso em: 12 out. 2020.

HOHLFELDT, Antonio. Hipóteses contemporâneas de pesquisa em comunicação. *In*: HOHLFELDT, Antonio; MARTINO, Luiz C. (org.). *Teorias da comunicação*: conceitos, escolas e tendências. Petrópolis: Vozes, 2001. Cap. 5, p. 187-240.

JENKINS, Henry; GREEN, Joshua; FORD, Sam. *Cultura da Conexão*: criando valor e significado por meio da mídia propagável. São Paulo: Aleph, 2013. E-book (462 p.). Edição Para o Kindle. Disponível em: Https://Www.Amazon.Com.Br/Dp/B015EE5KMO/Ref=Cm_Sw_R_Tw_Dp_X_Qpnhfbnrm0aew. Acesso Em: 12 Out. 2020.

JORNAIS PUBLICARAM Anúncio Pago De "Tratamento Precoce" Contra Covid-19. Poder 360. [S.L], 23 Fev. 2021. Disponível Em: Https://Www.Poder360.Com.Br/Midia/Jornais-Publicaram-Anuncio-Pago-De-Tratamento-Precoce-Contra-Covid-19/. Acesso Em: 17 Ago. 2021.

LEMOS, André. *A Tecnologia É Um Vírus*: Pandemia E Cultura Digital. Porto Alegre: Editora Sulina, 2021. E-Book. Edição Do Kindle. Disponível Em: Https://Www.Amazon.Com.Br/Tecnologia-V%C3%Adrus-Pandemia-Cultura-Digital-Ebook/Dp/B097F-

3B6LR/Ref=Tmm_Kin_Swatch_0?_Encoding=UTF8&Qid=1623957799&Sr=1-1. Acesso Em: 22 Jul. 2021.

LEMOS, André. Celulares, Funções Pós-Midiáticas, Cidade E Mobilidade. *Urbe. Revista Brasileira De Gestão Urbana*, Jul./Dez./ 2010, V. 2, N. 2, P. 155-166. Disponível Em: Https://Www.Researchgate.Net/Publication/48198371_Celulares_Funcoes_Pos-Midiaticas_Cidade_E_Mobilidade. Acesso em: 12 out. 2020.

MARSHALL, Leandro. *O jornalismo na era da publicidade*. São Paulo: Summus, 2003.

MCCHESNEY, Robert; PICKARD, Victor. (org). *Will the Last Reporter Please Turn Out the Lights*: The Collapse of Journalism and What Can Be Done to Fix It . Nova York: The New Press, 2011. E-book (541 p.) Edição do Kindle. Disponível em: https://www.amazon.com.br/Will-Last-Reporter-Please-Lights-ebook/dp/B0053Q1VU4/ref=sr_1_1?__mk_pt_BR=%C3%85M%C3%85%C5%BD%C3%95%C3%91&dchild=1&keywords=will+the+last+reporter+please&qid=1602539127&s=books&sr=1-1. Acesso em: 22 jul. 2021.

MORIN, Edgar. *É hora de mudarmos de via*. As lições do coronavírus. Rio de Janeiro: Bertrand Brasil, 2020.

PICARD, Robert. *Criação de valor e o futuro das organizações jornalísticas*: por que e como o jornalismo deve mudar. Porto: Media XXI, 2010. E-book (139 p.). Edição do Kindle. Disponível em: https://www.amazon.com.br/dp/B01A9C2YOS/ref=cm_sw_r_tw_dp_x_evzHFb6PAX5HT. Acesso em: 13 out. 2020.

PICKARD, Victor. *Democracy without Journalism?*. New York: Oxford University Press, 2020. E-book (261 p.). Edição para o Kindle. Disponível em: https://www.amazon.com.br/dp/B07ZTHWG2Z/ref=cm_sw_r_tw_dp_x_clAHFbFF2T8T0. Acesso em: 13 out. 2020.

RAMONET, Ignacio. *A explosão do jornalismo*. [Entrevista cedida a] Frédéric Durand, de L'Humanité. Tradução Antonio Martins. Observatório da Imprensa, [s.l.], 26 abr. 2011. Edição 639. Disponível em: http://observatoriodaimprensa.com.br/imprensa-em-questao/a-explosao-do-jornalismo/. Acesso em: 21 mar. 2019.

SCHEUFELE, Dietram A.; TEWKSBURY, David. Framing, Agenda Setting and Priming: the evolution of three media effects models. *Journal of Communication*, [*s.l.*], V. 57, n. 1, p. 09-20, mar. 2007. Disponível em: https://onlinelibrary.wiley.com/doi/full/10.1111/j.0021-9916.2007.00326.x. Acesso em: 12 out. 2020.

SIKÊRA JR. PEDE desculpas após perder anunciantes por xingar LGBTQIA+. *Folha de S. Paulo*, São Paulo, 29 jun. 2021. Disponível em: https://f5.folha.uol.com.br/televisao/2021/06/sikera-jr-pede-desculpas-apos-perder-anunciantes-por-xingar-lgbtqia.shtml. Acesso em: 22 jul. 2021.

SILVA, Juremir Machado da. *O que pesquisar quer dizer*: como fazer textos acadêmicos sem medo da ABNT e da Capes. Porto Alegre: Sulina, 2019.

SILVA, Juremir Machado da. *Diferença e Descobrimento*. O que é imaginário? (A hipótese do excedente de significação). Porto Alegre: Sulina, 2017.

SILVA, Juremir Machado da. *As Tecnologias do Imaginário*. Porto Alegre: Sulina, 2012.

VASCONCELLOS, Fernanda Cristine. *As crises do jornalismo no contexto digital brasileiro: um estudo sobre produção e imaginário*. 2021. Tese (Doutorado) Faculdade de Comunicação Social, Pós-Graduação em Comunicação Social, Pontifícia Universidade Católica do Rio Grande do Sul (PUCRS). Porto Alegre, 2021.

VIDON, Filipe. Depois de perder 38 patrocínios com campanha do Sleeping Giants, Sikêra Jr. mantém anúncios da Caixa e do MEC nos seus intervalos. *Extra*, Rio de Janeiro, 15 jul. 2021. Disponível em: https://extra.globo.com/noticias/brasil/depois-de-perder-38-patrocinios-com-campanha-do-sleeping-giants-sikera-jr-mantem-anuncios-da-caixa-do-mec-nos-seus-intervalos-25111984.html. Acesso em: 22 jul. 2021.

A COBERTURA DE NOTÍCIAS SOBRE VIOLÊNCIA DOMÉSTICA DURANTE A PANDEMIA DA COVID-19

Alicia Porto[1]
Manuel Petrik[2]
Suelen Gotardo[3]

Introdução

O ano de 2020 ficou marcado pela pandemia da Covid-19, uma doença respiratória causada pelo novo coronavírus. Uma das prevenções à propagação do vírus foi estabelecer o isolamento social, fato que contribuiu com o aumento de casos de violência contra a mulher.

Assim como em outros países, durante o período da pandemia, houve uma significativa diminuição nos registros administrativos de violência[4]. Todavia, tal redução é contraditória ao dado que aponta um crescimento de 22,2% do número de registros de feminicídios no país. Sendo assim, podemos constatar que essas informações revelam uma provável dificuldade de acesso aos canais de denúncia por parte das vítimas, não uma verdadeira redução da violência contra a mulher.

Com o início da pandemia do Covid-19 e as medidas de segurança tomadas para tentar conter o vírus, tivemos mudanças radicais nas nossas rotinas. Ainda que a quarentena tenha sido uma medida necessária de segurança adotada, ela causou impactos que extrapolaram o âmbito da saúde. Para as vítimas de violência doméstica, isso significou permanecer durante um período muito mais longo junto ao seu agressor. Ao mesmo tempo em que as políticas públicas mal conseguiam adentrar nas casas das vítimas, a mídia divulgava os casos contínuos de violência doméstica e feminicídios.

---

1 Mestranda do PPGCOM/PUCRS. Integrante do GTI.

2 Doutor pelo PPGCOM/PUCRS. Integrante do GTI.

3 Doutoranda do PPGCOM/PUCRS. Integrante do GTI.

4 Tais como BOs, medidas protetivas, registros de violência sexual ou lesão corporal.

Segundo o Fórum Brasileiro de Segurança Pública (2022), isso causou não apenas o aumento dos casos de violência contra a mulher, como também uma significativa diminuição nos registros administrativos de violência, "uma vez que em função do isolamento muitas mulheres não têm conseguido sair de casa para fazê-la ou têm medo de realizá-la pela aproximação do parceiro" (Bueno et al., 2020).

O estudo apresentado neste artigo se justifica pelo interesse em compreender como foi noticiada a violência doméstica, especificamente em um portal de abrangência nacional, o G1, durante o ano de 2020, considerando as fragilidades e os obstáculos agravados pela pandemia da Covid-19. Acreditamos que a partir deste trabalho poderemos contribuir para a conscientização do papel e da cobertura do jornalismo em relação a casos de violência de gênero e difundir cuidados e práticas para o enfrentamento da violência contra a mulher.

As expressões de violência de gênero

A violência de gênero tem sido uma expressão utilizada para abordar a violência contra a mulher. Bonamigo (2008) explica que o termo violência tem origem no latim *violentia*. "Longe de ser uma expressão neutra ou descritiva, ela está carregada de valores negativos ou positivos, vinculados à ideia de transgressão", explica ela (p. 205). Já Misse (1999, p. 38) ressalta que é importante compreender a complexidade da palavra, pois "[...] não existe violência, mas violências, múltiplas, plurais, em diferentes graus de visibilidade, de abstração e de definição de suas alteridades". Por isso, neste trabalho, falaremos em expressões de violência, para abordar as questões de gênero. Mas o que sabemos sobre isso?

Saffioti (2015, p. 126) conceitua gênero como "a construção social do masculino e do feminino". Para a autora, a sociedade vai esculpindo este conceito com base em características preconcebidas sobre o menino e a menina. Contudo, essas transformações acompanham as mudanças sociais. Sobre isso, Matos (2015, p. 68) lembra que "as culturas e sociedades são dinâmicas e se transformam, e com o passar do tempo ocorrem muitas mudanças no conjunto de regras e valores que as organizam". No contexto das questões de gênero, ao longo da década de 1980, os movimentos sociais feministas se fortalecem e demonstram as construções sociais, políticas e econômicas envolvendo o lugar ocupado por homens e mulheres na sociedade, em busca por direitos igualitários (Matos, 2015).

A noção de gênero está diretamente ligada à normatização da Declaração Universal dos Direitos Humanos, de 1948, e ratificada em 1993, pela Declaração dos Direitos Humanos de Viena. O documento representa um conjunto social regido por regras, normas e valores, valorizando os direitos universais e indivisíveis das pessoas. "Os Direitos Humanos correspondem aos direitos fundamentais, direitos individuais, direitos civis, liberdades fundamentais, liberdades públicas, direitos da liberdade e direitos da solidariedade e fraternidade" (Valadão, 2012, p. 254).

Logo, é possível perceber que as construções de gênero estão diretamente ligadas às estruturas simbólicas que formam as sociedades como tal. Antes mesmo do nascimento do bebê, momento após a identificação do órgão genital do feto, os pais constroem os padrões que a criança deve seguir. Assim, se for menino, o quarto do bebê, suas roupas e brinquedos, serão azuis, e, se for menina, a cor será predominantemente rosa. Essa determinação social acompanha o desenvolvimento da criança e expande-se para além do quarto e do lar. Exemplo disso são as lojas de brinquedos que separam os seus departamentos entre meninos e meninas. Em sua maioria, no espaço das meninas, são encontrados utensílios de cozinha e bonecas, enquanto no departamento dos meninos há uma variedade de brinquedos relacionados a super-heróis, carrinhos, aviões, entre outras opções diversas.

A menina é educada desde cedo a auxiliar a mãe nos afazeres domésticos, a cumprir normas e regras de boa moça, enquanto o menino é criado para ser o homem da casa, a não ser sensível ou não demonstrar fraqueza com choros e lágrimas, assumindo assim uma postura de rigidez, carregada de responsabilidades impostas pela virilidade do patriarcado.

É aí que percebemos as violências legitimadas e difundidas por "sistemas simbólicos e materializações diversas que impedem que se vejam as suas determinações sócio-históricas e contextuais", como aponta Borges (2015, p. 252). A autora lembra ainda que tal sistematização contribui com a culpabilização das próprias mulheres, onde a "subalternidade feminina é vista como necessária e como decorrência natural e imediata de suas determinações biológicas", conforme explica Borges (ibid., p. 252).

Na perspectiva de Butler (2021, p. 8) "o fardo dos 'problemas de mulher', essa configuração histórica de uma indisposição feminina sem nome, que mal disfarça a noção de que ser mulher é uma indisposição natural". Nesse sentido, os problemas de gênero vão além dos estereótipos e padrões propostos por uma construção social (Saffioti, 2001). Por trás dessas cortinas, encontramos ainda criações e processos de gênero (Butler, 2021).

Já sobre a violência de gênero, Arruzza, Bhattacharya e Fraser (2021, p. 57) lembram que as pesquisas apontam que "[...] mais de uma a cada três mulheres vivenciou alguma forma de violência de gênero ao longo da vida". Assim, essa triste realidade é resultado de diversas complexidades, entre elas as questões sociais, econômicas, culturais e simbólicas, que juntas prejudicam a perspectiva de um mundo mais igualitário.

O problema da violência doméstica

Segundo o artigo 5º da Lei Maria da Penha sancionada em 2006, violência doméstica e familiar contra as mulheres significa "qualquer ação ou omissão baseada no gênero que lhe cause morte, lesão, sofrimento físico, sexual ou psicológico e dano moral ou patrimonial[5]". O avanço consagrado pela proposição da lei foi um marco no combate à violência de gênero no Brasil, contudo, ainda há muito a ser feito.

Este fenômeno se agrava com o contexto da pandemia do Covid-19 e as medidas de segurança tomadas para tentar conter a propagação do vírus. Ainda que a quarentena tenha sido uma medida necessária de segurança adotada, ela causou impactos que extrapolam o âmbito da saúde. Carneiro (2020, p. 21) comenta que "a principal característica das violências cometidas contra as mulheres e que as diferencia das violências que vitimam os homens é o vínculo afetivo ou de parentesco entre a vítima e seu algoz". Por isso, para as vítimas de violência doméstica, o isolamento social significou, também, permanecer muito mais tempo na presença do agressor, já que o ambiente familiar é o local onde há mais registro de violência doméstica e feminicídio.

---

5 Disponível em:<http://www.planalto.gov.br/ccivil_03/_ato20042006/2006/lei/l11340.html>. Acesso em: 10 out. 2021.

É por essa razão que o fenômeno da violência contra as mulheres precisa de uma análise aprofundada, que leve em consideração não apenas a sua dimensão e permanência no tempo, como as manifestações próprias dele, buscando identificar a raiz do problema para que, por meio de políticas públicas e sociais, de políticas educacionais e de pessoas engajadas, possamos transformar essa realidade (Carneiro, 2020, p. 21).

Retratando esse contexto, em abril de 2020, o Fórum Brasileiro de Segurança Pública divulgou dados da violência contra as mulheres no Brasil, por meio de uma nota técnica. O documento apresenta um estudo realizado em seis estados brasileiros – São Paulo, Acre, Rio Grande do Norte, Rio Grande do Sul, Mato Grosso e Pará – com o objetivo de compreender o impacto das medidas impostas pelo isolamento social na vida das mulheres, na perspectiva da violência doméstica (Fórum Brasileiro de Segurança Pública, 2020).

Figura 1 - Comparação de homicídio e feminicídio 2019 e 2020

UF	Homicídios de mulheres			Feminicídios			Proporção de Feminicídios em relação aos homicídios (em %)	
	mar/19	mar/20	Variação (%)	mar/19	mar/20	Variação (%)	mar/19	mar/20
Acre	3	2	-33,3	1	2	100,0	33,3	100,0
Mato Grosso	...	...	...	2	10	400%	...	...
Pará	22	21	-4,5	4	4	0,0	18,0	19,0
Rio Grande do Norte	7	7	0,0	1	4	300,0	14,3	57,1
Rio Grande do Sul	...	...	...	11	11	0,0	...	...
São Paulo	38	41	7,9	13	19	46,2	34,2	43,2

Fonte: Secretarias Estaduais de Segurança Pública e/ou Defesa Social; Observatório de Análise Criminal do NAT/MPAC; Fórum Brasileiro de Segurança Pública.

Nota: Os dados de São Paulo relativos a março de 2020 são preliminares e foram consolidados a partir da leitura dos boletins de ocorrência.

Fonte: Fórum Brasileiro de Segurança Pública (2020).

A pesquisa mostra que o isolamento social provocou um aumento nos casos de violência doméstica, quando compara o índice de feminicídio do primeiro semestre de 2020 ao mesmo período de 2019. Além disso, a quarentena também gerou uma significativa diminuição nos registros de denúncia de violência, já que o isolamento prejudicou tanto a saída das mulheres quanto o acesso das mesmas aos canais eletrônicos de atendimento às mulheres.

Figura 2 - Registro de ocorrências no canal 180, serviço de atendimento à mulher

Unidades da Federação	Denúncias registradas no Ligue 180		
	mar/19	mar/20	Variação (%)
Acre	18	16	-11,1
Mato Grosso	95	104	9,5
Pará	219	133	-39,3
Rio Grande do Norte	162	108	-33,3
Rio Grande do Sul	446	447	0,2
São Paulo	1.540	1.519	-1,4
BRASIL	8.440	7.714	-8,6%

(*) Os dados referentes a março de 2020 compreendem o período entre 01/03/20 e 25/03/20.

Fonte: Fórum Brasileiro de Segurança Pública[6].

A diminuição também acontece com os registros de boletins de ocorrência. De acordo com o estudo publicado pelo Fórum Brasileiro de Segurança Pública, este índice nos cinco estados mapeados aparece em queda.

Figura 3 - Boletins de ocorrência

Registros de boletins de ocorrência apresentaram queda nos primeiros dias de isolamento nos crimes que, em geral, exigem a presença das vítimas

BOS DE AGRESSÃO DECORRENTE DE VIOLÊNCIA DOMÉSTICA

Período: comparação entre março de 2019 e março de 2020

CE ▶ -29,1%
MT ▶ -21,9%
AC ▶ -28,6%
PA ▶ -13,2%
RS ▶ -9,4%

Fonte: Fórum Brasileiro de Segurança Pública[7].

Outro fator apresentado neste estudo é a manifestação de terceiros, geralmente vizinhos, na rede social Twitter, sobre brigas de casal. Foram ana-

6 Dados divulgados pelo Fórum Brasileiro de Segurança Pública. Disponível em: https://forumseguranca.org.br/wp-content/uploads/2018/05/violencia-domestica-covid-19-v3.pdf. Acesso em: 10 out. 2021.

7 Dados divulgados pelo Fórum Brasileiro de Segurança Pública. Disponível em: https://forumseguranca.org.br/wp-content/uploads/2018/05/violencia-domestica-covid-19-v3.pdf. Acesso em: 10 out. 2021.

lisadas mais de 52 mil menções na plataforma social, geralmente publicadas às sextas-feiras, entre 20h e 3h da manhã.

Figura 4 - Frequência de relatos de brigas de casal no Twitter

Segunda-feira	Terça-feira	Quarta-feira	Quinta-feira	Sexta-feira	Sábado	Domingo
13%	14%	12%	9%	25%	12%	15%

Fonte: Decode e Fórum Brasileiro de Segurança Pública.

Esse fenômeno também foi recorrente em outros países. Para combater a violência doméstica neste período, os governos italiano, francês e espanhol anunciaram a requisição de quartos de hotéis para as vítimas. Os Estados Unidos criaram um sistema remoto para as denúncias, facilitando o acesso das mulheres.

Assim, percebe-se que o problema da violência doméstica aumentou consideravelmente no período de pandemia, provocado por uma das suas principais medidas de proteção, que foi o isolamento social.

O papel da mídia no registro de violência

O papel da mídia para a formação da opinião pública é, de fato, importante. No caso da violência doméstica, a mídia tem o potencial de ser um instrumento para fomentar o debate e a reflexão acerca da desigualdade e violência de gênero. O Instituto Patrícia Galvão explica que ela influencia crenças e comportamentos e, em alguns casos, até mesmo no processo penal. Nesse sentido, a mídia pode ser compreendida como uma poderosa ferramenta a ser usada dentre as estratégias de enfrentamento.

Sendo o jornalismo uma forma de conhecimento social e cultural, compreendemos nele uma função pedagógica, através da reprodução, difusão e organização da informação. "Sua função 'educativa' se traduz, sobretudo, pela necessidade de 'explicar' o mundo sempre baseado na 'verdade' e fazendo uso de recursos técnicos e humanos capazes de ilustrarem esses saberes gerando significados" (Silva, 2010, p. 33).

É notória a função de formação que essa profissão carrega, que, além de apresentar e difundir esse conhecimento, também acaba por nortear e elevar as discussões que impactam na sociedade. Através de sua mediação entre diversos saberes, organização e tradução do conhecimento cultural, o jornalismo precisa ser encarado como um lugar seguro e de referência da informação.

Contudo, é necessário compreender que esse conhecimento apresentado pelo jornalismo não é neutro e, ainda que existam técnicas que ajudem os profissionais a trabalharem de forma mais próxima à objetividade, sua atuação não é, de fato, imparcial. Diversos elementos influenciam na atuação de jornalistas, incluindo marcadores sociais de classe, raça e gênero, que impactam na visão de mundo desses indivíduos e por consequência na sua construção da notícia.

Traquina (2020) aponta que a escolha narrativa dos jornalistas não é livre, mas sim orientada pela visão de mundo que eles assumem. Para o autor, "essa escolha é orientada pela aparência que a 'realidade' assume para o jornalista, pelas convenções que moldam a sua percepção e fornecem o repertório formal para a apresentação dos acontecimentos, pelas instituições e rotinas" (Traquina, 2020, n.p.).

O jornalismo faz parte da sociedade em que se insere e parte das normas e visões aceitas dentro dela. Portanto, a estrutura machista e patriarcal da sociedade também impacta na produção do jornalismo e na imagem daqueles que atuam na profissão.

Autoras como Silva (2010) e Ponte (2005) relacionam o gênero masculino como o gênero dessa profissão, defendendo que existe um arquétipo masculino ligado ao jornalismo. Isso se dá pelo fato desse conhecimento ter sido historicamente produzido por homens, além de também ter valores românticos associados à profissão, como o mito do jornalista herói, justiceiro, corajoso, etc. Características que sempre foram culturalmente ligadas a homens.

Sendo assim, essa profissão precisa ser percebida por uma ótica de gênero. Este deve ser o início da compreensão de como a imagem e a prática do jornalismo podem acabar contribuindo para a reprodução de valores e de representações hegemônicas e heteronormativas, inclusive no que tange o debate de violência de gênero (Silva, 2010).

O Instituto Patrícia Galvão salienta que o papel da mídia não pode ser meramente noticiar a violência contra a mulher, mas, sim, contextualizar e abordar essa problemática de uma perspectiva estrutural.

> A partir do problema individual, é necessário estabelecer uma conexão com os aspectos socioculturais envolvidos, como noções de desigualdade de direitos e sentimentos como posse, controle e direito sobre o corpo e a vida das mulheres [...] Como construtor e destruidor de preconceitos e estereótipos culturais que moldam visões e comportamentos, o jornalismo pode contribuir para a promoção de debates mais aprofundados sobre as raízes da violência contra as mulheres e a importância de uma educação que aborde a igualdade de gênero e raça e o respeito à diversidade e aos direitos humanos (Galvão, 2017, p. 144).

Assim como o jornalismo tem o potencial pedagógico e educativo, ele também pode apresentar um papel oposto, trazendo abordagens reducionistas e que reforçam a cultura de violência contra a mulher. Isso pode ser notado a partir de coberturas que reforçam estereótipos, culpabilizam as vítimas e tentam lucrar a partir de manchetes e matérias sensacionalistas, desrespeitando as mulheres.

> Especialistas concordam que recorrentemente a imprensa reforça estereótipos e culpabiliza a mulher, abordando o crime de forma sensacionalista, desrespeitando vítimas – mortas ou sobreviventes – e seus familiares. É comum a exposição desnecessária de imagens e a busca de 'justificativas' para o assassinato (Galvão, 2017, p. 142).

Para que tais abordagens não se repitam, é preciso que seus profissionais tomem frente dos debates sociais contemporâneos que encaramos hoje, com responsabilidade e propriedade nas pautas abordadas. O processo didático e formativo que a mídia participa traz uma carga ainda maior para a responsabilidade social dessa profissão.

Método – Desvelando um imaginário machista

A violência contra a mulher está presente em diferentes situações da vida cotidiana e acontece de distintas formas, em diversos níveis, como é ressaltado na lei Maria da Penha, por exemplo. Perpassa, também, um longo caminho histórico. Dessa forma, está tão entronizada na cultura que não seria equivocado classificá-la como estrutural. Desnecessário, porém, retomar as polêmicas em torno de quão inespecífica e imprecisa esta definição pode ser. Por isso, optou-se como ferramenta para exame a Análise Discursiva de Imaginários – ADI (Silva, 2019), dado que o fenômeno está alicerçado, também, em uma estrutura imaginal.

Para isso, é necessário que seja retomada a noção de imaginário: "Imaginário seria aquilo que move as pessoas e dá-lhes sentido sem que elas saibam como passaram a ser presas a tais configurações. (...) O imaginário é um excesso, algo que se acrescenta ao real." (SILVA, 2017, p. 24). Como tudo que é excesso, o imaginário encobre algo. Ao encobrir, aponta que alguma coisa está escondida e deve ser revelada.

A ADI auxilia nesse desvelamento ao atacar aquilo que ficou acumulado como significação. "A Análise Discursiva de Imaginários examina o conteúdo dos discursos. (...) Trata-se apenas de analisar o imaginário como discurso" (Silva, 2019, p. 96). Tal recomendação orienta-se na premissa simples de que "a essência do discurso não é discursiva, mas de imaginário" (Silva, 2019, p. 100). Para entender a essência de um fenômeno, a dica é clara, deve-se desencobrir o imaginário que o permeia.

O método da ADI sugere, inicialmente, apontar os tópicos emergentes presentes nos discursos, ou seja, "essas pontas de icebergs que emergem do discurso como pistas dos imaginários encobertos", explica Silva (p. 100). Como estas pistas se relacionam com a violência de gênero?

As razões para a ocorrência de casos de violência contra a mulher podem ser explicadas sob diferentes aportes. A ênfase em aspectos psíquicos ou das relações interpessoais levaria ao campo da saúde mental. Mas mesmo nessa área, pode-se identificar uma motivação clara, prévia e socialmente estabelecida. A Comunicação Social é pródiga ao evidenciá-la.

Ao longo de décadas, os anúncios publicitários cristalizaram, de modo a reforçar e explorar um imaginário social machista, com o sentido ficando evidente por meio de imagens, como são as peças a seguir.

Figura 5 – Propaganda da cerveja Skol (2006)

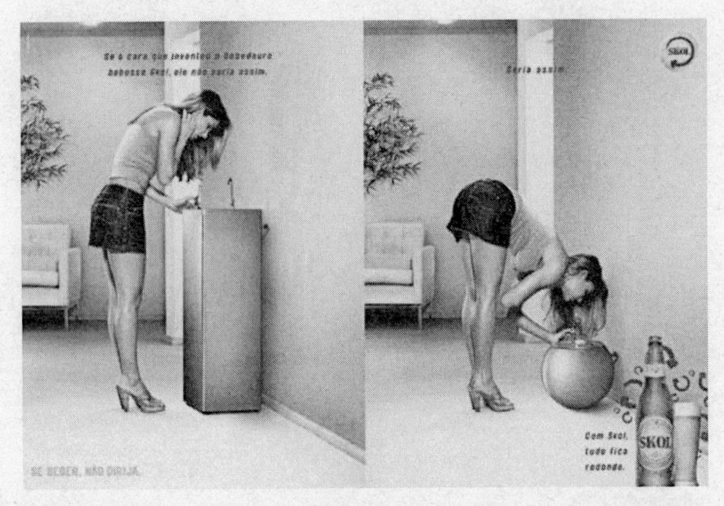

Fonte: Agência Patrícia Galvão. Disponível em: <https://agenciapatriciagalvao.org.br/mulheres-de-olho/mulher-e-midia/machismo-e-a-regra-da-casa-publicitarias-denunciam-abusos-no-trabalho/>. Acesso em: 30 maio 2022.

Figura 6 – Propaganda da cerveja Itaipava (2016)

Fonte: Folha de São Paulo. Disponível em: <https://m.folha.uol.com.br/mercado/2016/10/1825432-marcas-de-cerveja-se-distanciam-do-estereotipo-da-mulher-de-biquini.shtml>. Acesso em: 30 maio 2022.

Figura 7 - Propaganda Mr. Músculo

Fonte: Revista Fórum. Disponível em: <https://revistaforum.com.br/direitos/2015/3/25/as-10-propagandas-mais-machistas-racistas-do-ultimo-ano-11959.html>. Acesso em 30 maio 2022.

São mensagens claras, seja comparando o corpo feminino a uma garrafa de cerveja, ou atribuindo à mulher as tarefas domésticas, ou ainda comparando a um animal abatido. Depreciação plasmada em estampas que corroboram comportamentos agressivos. Discursos machistas por meio de imagens. Qual o lugar da mulher nestes imaginários? Qual a função destes imaginários? "Construído, discurso ou texto. Desconstruído, subtexto ou imaginário, aquilo que se esconde", diz Silva (2019, p. 101). Assim é a ADI, um exercício metodológico com o objetivo de evaporar o que se esconde por trás do que se vê.

A cobertura encobridora do G1

O 8 de março, Dia Internacional da Mulher, transcorreu ainda normalmente em 2020 já que, no Brasil, as medidas de isolamento social só seriam adotadas ao final daquele mesmo mês. O jornalismo do G1, no entanto, não tratou o tema como prioridade logo de início, mesmo sendo o confinamento nas residências um fator que aumentaria os casos de violência. Inicialmente, são tratados do mesmo modo que vinham sendo antes da Covid-19.

De 16 de abril a 24 de maio, repetem-se matérias com títulos idênticos: *Mulher é encontrada morta com sinais de violência em Uberaba*[8], *Mulher é encontrada morta com sinais de violência em prédio abandonado em Cruzeiro, SP*[9], e *Mulher é encontrada morta com sinais de violência em Foz do Iguaçu*[10]. São notícias de pouco aprofundamento, textos curtos, com poucas informações, não descrevem quem era a vítima, nem dão maiores indícios sobre o perfil do assassino. Tampouco relacionam os fatos ao período da quarentena, já vigente em todos os estados brasileiros.

É comum a narrativa da notícia partir do fato *mulher é morta, mulher é assassinada*, seguida pela apresentação do agressor que, em sua maioria, possui um grau de relacionamento com a vítima.

O mesmo padrão jornalístico, de foco factual e pequena variação nos títulos, repete-se pelos meses seguintes como é exemplo: *Mulher de 32 anos é encontrada morta com sinais de violência em São José dos Campos, SP*[11]. A carência de informações e de uma reflexão maior sobre a recorrência dos crimes, além da explícita falta de criatividade nas manchetes, evidenciam um claro encobrimento de algo a ser explicado. A dinâmica desse tipo de cobertura é interrompida por matérias com foco na repressão à violência, em ações policiais. É um exemplo a publicação: *Polícia faz operação para prender 54 homens acusados de violência doméstica em RO*[12]. São textos que focam na operação policial, sem detalhar como são os crimes, ou qualquer menção às restrições de mobilidade impostas pela Covid-19. Assemelham-se a qualquer

---

[8] Disponível em: https://g1.globo.com/ap/amapa/noticia/2020/06/01/apos-70-dias-de-pandemia-violencia-contra-mulher-reduz-cerca-de-52percent-no-ap.ghtml. Acesso em: 17 maio 2022.

[9] Disponível em: https://g1.globo.com/sp/vale-do-paraiba-regiao/noticia/2020/05/08/mulher-e-encontrada-morta-com-sinais-de-violencia-em-predio-abandonado-em-cruzeiro-sp.ghtml. Acesso em: 17 maio 2022.

[10] Disponível em: https://g1.globo.com/pr/oeste-sudoeste/noticia/2020/05/24/mulher-e-encontrada-morta-com-sinais-de-violencia-em-foz-do-iguacu.ghtml. Acesso em: 16 maio 2022.

[11] Disponível em: https://g1.globo.com/sp/vale-do-paraiba-regiao/noticia/2020/09/23/mulher-de-32-anos-e-encontrada-morta-com-sinais-de-violencia-em-sao-jose-dos-campos-sp.ghtml. Acesso em: 17 maio 2022.

[12] Disponível em: <https://g1.globo.com/ro/rondonia/noticia/2020/06/25/policia-faz-operacao-para-prender-54-homens-acusados-de-violencia-domestica-em-ro.ghtml>. Acesso em: 10 maio 2022.

outra matéria sobre atuações da polícia, como combate ao tráfico de drogas ou contra quadrilhas de golpes específicos.

Quando a análise recai sobre o aumento ou decréscimo de casos durante o isolamento, geralmente o enfoque direciona-se às estatísticas, sem maiores reflexões, numa simples repercussão anódina de números. Ou distorce causas influenciadas por claro viés machista, como observa-se em: *Após 70 dias de pandemia, violência contra a mulher reduz cerca de 52% no Amapá*[13]. Redigida pelo repórter Wedson Castro, tem como principal fonte também um homem, o delegado Uberlândio Gomes. Para o policial, a redução deveu-se, principalmente, pela queda do consumo de álcool em bares, como se a dependência à bebida não pudesse ser suprida pelo consumo doméstico. "Como os bares e boates restringiram a comercialização de bebida, o homem não vai frequentar esse ambiente. Uma vez frequentado, ele vai lá, ingere álcool e volta para casa e por vezes chega embriagado. Aí acaba entrando em conflito com a sua esposa. O que culmina numa violência doméstica, seja física, moral, psicológica, sexual ou patrimonial", disse o delegado à reportagem do G1. Ou seja, além de depositar grande parte da culpa no álcool, como se essa fosse independente da patologia masculina, trata a violência como um acontecimento trivial, decorrente de um eventual conflito entre o casal. O homem, em última instância, é o menor dos culpados.

A hipótese da subnotificação de casos, algo bem comum, especialmente no início da pandemia, quando as mulheres estavam mais reclusas e não havia a divulgação de canais alternativos para denúncias, é aventada apenas no sétimo parágrafo, por uma fonte feminina. "Não trabalhamos apenas com os dados oficiais. O registro no Amapá mostra que não houve aumento de violência, mas trabalhamos com as subnotificações e elas chegam através dos pedidos nas redes sociais, dos pedidos de amigos, ligações telefônicas e mensagens anônimas", advertia a secretária extraordinária de Políticas Públicas para Mulheres, Renata Santana.

Contudo, o contexto de Amapá não representa, de fato, a situação de outros estados brasileiros, como é o caso do Rio Grande do Norte, São Paulo

---

[13] Disponível em: <https://g1.globo.com/ap/amapa/noticia/2020/06/01/apos-70-dias-de-pandemia-violencia-contra-mulher-reduz-cerca-de-52percent-no-ap.ghtml>. Acesso em: 10 maio 2022.

ou Mato Grosso, onde o número de casos de feminicídio aumentou no ano de 2020, em comparação a 2019. Mas representa a forma como a notícia sobre a violência doméstica é retratada através dos imaginários já constituídos. Ou seja, no Amapá, a culpa do problema social é do álcool e não do homem. "O imaginário é uma introjeção do real, a aceitação inconsciente, ou quase, de um modo de ser partilhado com outros, com um antes, um durante e um depois (no qual se pode interferir em maior ou menor grau)", explica Silva (2006, p. 09).

Os reflexos da pandemia começam a repercutir efetivamente na cobertura a partir do mês de maio de 2020, quando surgem os primeiros dados de aumento de casos e acolhimentos de mulheres no período. As matérias, por sua vez, são bastante semelhantes. Também passam a fazer parte mais notícias sobre campanhas de governos municipais e estaduais de combate à violência contra a mulher. É também naquele mês que começam a surgir matérias sobre novos meios de denunciar casos, como *whatsapp* ou mesmo em farmácias, dada a dificuldade de acessar os canais tradicionais durante o isolamento. Sem dúvida, nesses momentos, o jornalismo do G1 cumpre plenamente com sua função de informar, por aí, tentar alterar uma realidade social nefasta.

O principal ponto a ser apontado aí é que há inúmeras matérias contemplando aspectos sobre o crescimento de ocorrências, campanhas e novas formas de denúncia, mas muito regionalizadas, indo do interior de São Paulo ao Amapá, sem buscar um balanço nacional. Talvez essa omissão seja também resultado da falta de ações do e da demora do governo federal na questão, mas justamente por isso, aí o jornalismo deveria se pronunciar.

Considerações

Neste estudo, buscamos desvelar a violência de gênero encoberta em notícias de feminicídios, veiculadas no portal G1. Percebemos um padrão na forma e escrita dessas notícias, nunca evidenciando a discussão de gênero, mas sim descrevendo o fato. De certa forma, percebemos uma naturalização desses feminicídios, enquadrando-os dentro de uma esfera banal, ou seja, espaço comum a outras notícias sem grau de importância.

A noticiabilidade desses casos beira o trivial, muito embora o lugar da violência doméstica não possa, jamais, permanecer no cotidiano, em nível simbólico ou real. Mas o dia a dia desse problema acaba por ser devorado pelo efêmero, cristalizado por imaginários machistas já imbuídos na engrenagem do social. Mas onde se enquadra o papel do jornalismo? A função social da profissão deve prezar pela discussão do problema, não velar ou encobrir. Rasgar as correntes do automático e conscientizar a sociedade na violência de fato.

Esse trabalho da (des)banalização e (des)naturalização da violência deve acontecer em todas as formas da mídia, da publicidade à noticiabilidade dos fatos, da telenovela aos programas de auditório, ou seja, a partir da dinamização desses imaginários que formam o cimento social. Aos poucos, a discussão vai tomando forma, invadindo as bacias semânticas já formadas. É transformando e inundando. E desse excesso de significação, trazer à luz novos caminhos, desvelados por uma matriz de imaginários escondidos ou infantes e, assim, dando espaço para novos norteadores e padrões que respeitem, sobretudo, os direitos humanos, universais, acima de tudo.

Salientamos que é de suma importância evoluirmos na abordagem e na apresentação desses temas nos produtos do jornalismo e da comunicação. E, para que isso ocorra, é necessário que reconheçamos nossas falhas e limitações até agora, para que, assim, possamos seguir evoluindo no exercício da nossa profissão.

Essa busca por uma imprensa mais qualificada, responsável e sensível em temas como esse não está isolada, mas sim vinculada aos principais problemas que enfrentamos no jornalismo hoje: superficialidade da informação, sensacionalismo e mercantilização da informação.

Buscar atribuir a uma única causa um fenômeno complexo como a violência doméstica é demasiado simplificador, e, por isso, equivocado. O que se torna cristalino é que um dos elementos centrais nesses casos segue sendo corroborado nos meios de comunicação, mesmo em épocas mais propícias à violência doméstica, como foi na pandemia. A despeito de outras falhas cometidas pelo jornalismo que ajudam no encobrimento das verdadeiras motivações.

Para Silva (2010), o primeiro passo é investigar como o jornalismo é atravessado pela questão de gênero, para que, assim, possa ser compreendido como que condutas equivocadas da profissão acabam contribuindo para a reprodução de valores hegemônicos e heteronormativos de gênero.

Além disso, acreditamos que há um limite para a abordagem de temáticas delicadas como gênero e raça por parte de profissionais que não possuem – e muitas vezes não buscam – um letramento nessas pautas. A representatividade deve ser levantada aqui não como objetivo ilustrativo, mas enquanto uma mudança da abordagem e aprofundamento de pontos sensíveis no debate social.

Como relembra Silva (2019), um discurso pode encobrir um imaginário, entre outras formas, por "racionalizações, cientificização, omissões ou recurso à emoção" (Silva, 2019, p. 102). Todas essas formas de ocultação estavam presentes na cobertura jornalística do G1. Poderíamos ainda incluir mais uma: por banalização, em que o caso mais evidente é o dos títulos repetidos: "*Mulher é encontrada morta com sinais de violência*". E, além dessa, a inércia, já que nas matérias observadas, o isolamento e a violência íntima só são correlacionadas a partir do mês de maio, 40 dias após o início das restrições de circulação.

Vivemos em uma época de "invaginação do sentido" em uma feliz expressão de Michel Maffesoli (2012) que representa um retorno ao ventre pela exaltação dos sentidos e dos afetos como tônica do tempo, em contraposição à razão projetiva moderna com significado "espermático" (Maffesoli, 2010, p. 59). Entre outras coisas, observa-se agora uma descentralização de papéis historicamente forjados. Como figura central nesses deslocamentos, perdendo poder e potência, talvez esteja o próprio homem, habituado a ser "a medida de todas as coisas" desde os tempos do sofista Protágoras de Abdera (490 a. C. a 420 a. C.), autor da frase[14]. Uma sentença que colocou o ser humano quase que como sinônimo de homem, o indivíduo do sexo masculino, em uma confusão tolerada e endossada pela sociedade e pela mídia.

Na contemporaneidade, essa predominância do masculino se esvai cotidianamente, de forma inapelável, mas que ainda encontra resistências, como é prova cabal a ascensão de políticos de extrema direita homens, ensandecidos e obcecados pela demonstração de potência. O aprofundamento sobre as causas e consequências dessa crise na pós-modernidade rende outra série de estudos, como já há diversas produções nesse sentido. A pandemia

---

[14] A centralidade do homem viria a ser repetida diversas vezes desde então até a atualidade. Mais recentemente, pode-se lembrar o exemplo de Michel Foucault, para quem o ponto onde todas as analogias são possíveis é "o homem; ele está em proporção com o céu, assim como com os animais e as plantas, assim como com a terra, os metais, as estalactites ou as tempestades. (...) O corpo do homem é sempre a metade possível de um atlas universal" (Foucault, 1999, p. 39).

e o isolamento social, de certa forma, tornaram esse abalo da masculinidade secularmente construída mais visível e, para muitos, insuportável. Rebelião também claramente expressa na violência doméstica que, por sua vez, é mal relatada e incompreendida no jornalismo aqui examinado.

Referências

ARRUZA, Cinzia; BHATTACHARYA, Tithi; FRASER, Nancy. *Feminismo para os 99%*: um manifesto. São Paulo: Boitempo, 2021.

BONAMIGO, Irme Salete. Violências e contemporaneidade. *Revista Katálysis*, v. 11, n. 2, p. 204-213, dez. 2008. DOI: 10.1590/S1414-49802008000200006.

BORGES, Cláudia Andréa Mayorga. Naturalização das violências. In: FLEURY-TEIXEIRA, Elizabeth; MENEGHEL, Stela N. (Orgs.). *Dicionário feminino da infâmia*: acolhimento e diagnóstico de mulheres em situação de violência. Rio de Janeiro: Fiocruz, 2015. p. 252-253.

BUTLER, Judith. *Problemas de gênero*: feminismo e subversão da identidade. Rio de Janeiro: Civilização Brasileira, 2021.

CAMUS, Albert. *Os quatro pilares da imprensa livre*. Disponível em: http://www.observatoriodaimprensa.cm.br/circo-da-noticia/ed687-os-quatro-pilares-da-imprensa-livre/. Acesso em: 29 ago. 2021.

CARNEIRO, Isabel. Fundação Demócrito Rocha. *Enfrentamento à violência doméstica e familiar contra a mulher*: o processo de debate e a construção dos direitos. Fortaleza: Universidade Aberta do Nordeste, 2020.

FBSP – Fórum Brasileiro de Segurança Pública. *Violência doméstica durante a pandemia de covid-19*. São Paulo. FSBP 2020. Disponível em: <https://forumseguranca.org.br/wp-content/uploads/2018/05/violencia-domestica-covid-19-v3.pdf>. Acesso em: 15 abr. 2022.

FBSP – Fórum Brasileiro de Segurança Pública. *Violência doméstica durante a pandemia de covid-19*. São Paulo. FSBP 2020. Disponível em: <http://forumsegu- ranca.org.br/wp-content/uploads/2020/06/violencia-domestica-covid-19-ed02-v5.pdf>. Acesso em: 20 maio 2022.

FOUCAULT, Michel. *As Palavras e as Coisas*: uma arqueologia das ciências humanas. São Paulo: Martins Fontes, 1999.

MAFFESOLI, Michel. *Saturação*. São Paulo: Iluminuras: Itaú Cultural, 2010.

MAFFESOLI, Michel. *O Tempo Retorna*: formas elementares da pós-modernidade. São Paulo: Editora Forense Universitária, 2012.

MATOS, M. Construção Social de Gênero. In: FLEURY-TEIXEIRA, E.; MENEGHEL, S. N. (orgs.). *Dicionário Feminino da Infâmia*: acolhimento e diagnóstico de mulheres em situação de violência. Rio de Janeiro: Fiocruz, 2015. p. 68-71.

MISSE, M. *Malandros, marginais e vagabundos & a acumulação social da violência no Rio de Janeiro*. Rio de Janeiro, 1999. Tese (Doutorado em Sociologia) –Instituto Universitário de Pesquisas do Rio de Janeiro (Iuperj), Rio de Janeiro, 1999.

PONTE, Cristina. *Para entender as notícias*: Linhas de análise do discurso jornalístico. Florianópolis: Insular, 2005.

PRADO, Débora; SANEMATSU, Marisa (orgs.). *Feminicídio #InvisibilidadeMata*. São Paulo: Instituto Patrícia Galvão, 2017.

SAFFIOTI, Heleieth. *O Poder do Macho*. São Paulo: Moderna, 2001.

SAFFIOTI, Heleieth. *Gênero patriarcado violência*. São Paulo: Expressão Popular: Fundação Perseu Abramo, 2015.

SILVA, Marcia Veiga da. *Masculino, o gênero do jornalismo: um estudo sobre modos de produção das notícias*. Dissertação (Mestrado em Curso de Comunicação e Informação, Biblioteconomia e Comunicação), Universidade Federal do Rio Grande do Sul, Porto Alegre, 2010.

SILVA, Juremir Machado da. *O que pesquisar quer dizer*: como fazer textos acadêmicos sem medo da ABNT e da Capes. Porto Alegre: Sulina, 2019.

SILVA, Juremir Machado da. *Diferença e Descobrimento. O que é imaginário*? A hipótese do excedente de significação. Porto Alegre: Sulina, 2017.

TRAQUINA, Nelson. *Teorias do jornalismo*. Vols. I e II. Florianópolis: Insular, 2005.

TRAQUINA, Nelson. *Porque as notícias são como são*. 1. ed. Florianópolis: Insular Livros, 2020 (Coleção Teorias do Jornalismo, v.1). E-Book (ePub, 739 Kb).

VALADÃO, M. A. P. *Aspectos Extrafiscais do IPI e Direitos Fundamentais*. Tributação e Direitos Fundamentais: Conforme a Jurisprudência do STF e do STJ. São Paulo: Saraiva, 2012. Série IDP.

PESQUISADOR COMO INFLUENCIADOR: UMA ANÁLISE SOBRE A PRESENÇA DE ATILA IAMARINO NO TWITTER

Carla Baldutti Rodrigues[15]
Luana Chinazzo Müller[16]
Taíla Lopes Quadros[17]
Wagner Machado da Silva[18]

Introdução

Em 2020, paralelamente ao avanço do novo coronavírus, cresceu a demanda por informações confiáveis, o que gerou visibilidade a cientistas e divulgadores científicos, que passaram a ser conhecidos pelo público. Esta pesquisa visa compreender a presença midiática de um desses profissionais, o biólogo e doutor em microbiologia Atila Iamarino. Iamarino já atuava na divulgação da ciência antes da pandemia e aproveitou seu conhecimento sobre virologia e sua experiência na produção de conteúdo sobre ciência para informar seus seguidores desde o início dos casos de Covid-19, ainda em janeiro de 2020. Observamos, em sua trajetória, que ele age, conforme destaca Bueno (1988), considerando que a divulgação científica não deve se limitar à imprensa, mas se utilizar de todos os meios para informar de modo acessível os fatos e princípios da ciência.

Todavia, consideramos que o papel desempenhado por Atila Iamarino não se limita ao de um divulgador científico, ele posiciona-se e é reconhecido como um influenciador digital. A influência digital baseia-se na existência do sentimento de pertencimento a um grupo específico e às relações mantidas pelo indivíduo nesse meio. De acordo com Recuero (2009), a influência refere-

[15] Mestranda do PPGCOM/UFJF. Integrante do Comcime.
[16] Doutoranda do PPGCOM/PUCRS. Integrante do GTI.
[17] Mestranda do PPGCOM/PUCRS. Integrante do GTI.
[18] Doutorando do PPGCOM/PUCRS. Integrante do GTI.

-se ao conhecimento e ao reconhecimento dos demais integrantes do grupo. É preciso que o indivíduo não apenas deseje ser um ponto de influência, ele deve ser identificado pelos demais como tal.

A partir desse contexto, este artigo tem como problema de pesquisa a seguinte questão: *como um cientista assume papel de influenciador digital perante a população na divulgação de informações científicas?* O objetivo é entender como Iamarino tornou-se um influenciador no ambiente digital. Para isso, olhamos para sua presença em mídias digitais, a partir de uma análise do Twitter, buscando apreender as estratégias de comunicação utilizadas por ele e no que elas se diferenciam das de outros profissionais. E, com intuito de compreender se Iamarino ocupa mesmo uma posição de influência digital, observamos também como o público interage e consome os conteúdos publicados pelo pesquisador.

Nossa pesquisa foi realizada em dois momentos. No primeiro, foi criado um questionário para entender qual o nível de conhecimento do público sobre Atila Iamarino. Participaram da pesquisa pessoas de diferentes faixas etárias e níveis de escolaridade, habitantes de diferentes regiões do país. Em um segundo momento, foi realizada a análise de conteúdo de Iamarino no Twitter, com foco no espaço-temporal compreendido entre os dias 11 de março de 2020 a 11 de junho de 2020, no Brasil, destacando-se como unidade de contexto a pandemia de Covid-19. Nessa etapa, foi observada a forma como o biólogo se posiciona e como interage com outros usuários. A partir da análise dos dados, vamos buscar relacionar os pontos estudados como fatores determinantes de um perfil de influência com o de Iamarino e sua atuação como influenciador digital.

A trajetória de Atila Iamarino: de pesquisador a influenciador digital

A trajetória do biólogo Atila Iamarino evidencia sua predisposição para atingir outros públicos além da área acadêmica. A forma como o pesquisador se define no perfil do Twitter, rede social analisada neste texto, revela sua escolha: "Divulgador científico e explicador do mundo por opção" (IamarinoA, 2022).

Segundo informações obtidas por meio de seu currículo na Plataforma Lattes Iamarino (2022b) é ex-aluno da Universidade de São Paulo (USP), onde cursou Ciências Biológicas, doutorado em Microbiologia e pós-doutorado em

Genética Molecular e de Microorganismos. Em entrevista feita por Mariangela Castro para o Portal Alumni USP, ele conta que cursou a última turma na qual não precisava se especializar: "Tive a sorte de pegar a última turma que era 'aberta'. Hoje em dia, quando você faz o curso, tem que fechar o currículo em uma determinada área. Nunca quis me especializar, sempre gostei da biologia como um todo, tive a sorte de passar por tudo" (Castro, [2015?], on-line).

Além de buscar um conteúdo mais amplo, Iamarino queria falar com quem estava fora da Universidade, o que fez com que participasse de projetos de extensão do bacharelado. Assim começou seu interesse pelo ensino, ao receber estudantes de escolas públicas e particulares para uma visita guiada pelo Instituto de Biociências para tentar despertar o interesse deles pela área de Biologia (Castro, [2015?], on-line).

A partir daí, o pesquisador começou a se envolver com a educação, e, no final do curso, deu aulas em um cursinho popular, o que transformou sua carreira. Explicar os conceitos para uma turma interessada e tendo que traduzir termos de sua área para um público leigo foi o ponto de partida para a divulgação científica: "Era um desafio tentar explicar aquele conceito complexo de modo mais acessível, de um jeito mais claro, era necessário trazer os conteúdos para o mundo real. O retorno era muito bom e criou uma semente dentro de mim", explicou Atila na entrevista já citada (Castro, [2015?], on-line).

Após se formar em Ciências Biológicas em 2006, Iamarino parou de dar aulas no cursinho popular para se dedicar à pós-graduação na qual cursou mestrado em Microbiologia e se especializou em evolução viral trabalhando na época com o Zika vírus. Foi nesse período que o pesquisador começou a atuar nas mídias digitais quando criou um blog chamado *Rainha Vermelha* e, posteriormente, a rede de blogs científicos *Science Blogs Brasil*, experiências que permitiram conversar com outras pessoas sobre ciência e difundir conhecimentos para uma audiência maior (Castro, [2015?], on-line).

No doutorado, Atila Iamarino expandiu sua participação nas mídias digitais quando foi convidado a fazer um episódio do *Nerdcast* – podcast brasileiro sobre ciência e cultura *pop* – e tornou-se um participante recorrente quando o tema era científico pela boa recepção dos episódios junto ao público. Os apresentadores o convidaram também para apresentar um canal semanal no YouTube chamado *Nerdologia* com a mesma proposta do programa de áudio. Já no pós-doutoramento, na Yale University, em Connecticut (EUA), ele se dividia entre as atividades acadêmicas e a divulgação científica pelo canal (Castro, [2015?], on-line).

As experiências em mídias sociais e na área de educação adquiridas em paralelo à sua formação acadêmica conferiram ao pesquisador outras opções de atuação. Por isso, em 2015, Iamarino abandonou a carreira acadêmica para se dedicar exclusivamente à divulgação científica. O sucesso do trabalho de divulgador científico nas mídias sociais ficou evidente em dois momentos em que seus conteúdos viralizaram[19]: um vídeo explicando sobre o vírus Zika e outro sobre o Ebola, que se espalhava pela África (Castro, [2015?], on-line).

Em sua trajetória, Iamarino adquiriu amplo conhecimento a respeito do funcionamento da ciência, a partir de sua experiência acadêmica, sobre pedagogia e formas de ensino, já que, além das aulas em cursinho, atuou em outros projetos de Educação e também aprendeu a se posicionar nas mídias sociais. Assim, quando a pandemia do novo coronavírus começou em 2020, ele detinha o entendimento necessário e a credibilidade construída ao longo de anos para se colocar como uma referência sobre o tema e responder às muitas dúvidas da população brasileira.

O biólogo atingiu seu propósito como divulgador científico quando se destacou, atualmente durante a pandemia do novo Coronavírus, nas redes sociais em que está presente, como uma referência no assunto. Durante a pandemia no Brasil, o pesquisador se dedicou ao esclarecimento sobre os estudos, dados e projeções a respeito do coronavírus nas principais plataformas de mídias sociais e como comentarista e colunista em veículos tradicionais de jornalismo. Ele também publicou, em parceria com a bióloga brasileira Sônia Lopes, o livro "Coronavírus - Explorando a pandemia que mudou o mundo'' (editora Moderna). Entre muitas citações que recebeu, foi nomeado como principal influenciador do Twitter na esfera científica de pesquisadores e instituições científicas, de acordo com uma pesquisa realizada pelo Instituto Brasileiro de Pesquisa e Análise de Dados (IBPAD) com dados do Science Pulse, publicada em dezembro de 2020 (Meirelles, 2020).

Observamos, na trajetória de Átila Iamarino, que ele, assim como destaca Bueno (1988), considera que a divulgação científica não se limita

[19] Nas mídias sociais, os conteúdos que "viralizam" são aqueles que são amplamente compartilhados, comentados e apropriados por outros usuários.

à imprensa e que deve se utilizar de todos os meios para informar de modo acessível aquilo que se relaciona à ciência.

As funções de comunicador e divulgador científico

O biólogo Atila Iamarino apesar de sua formação, da graduação até o pós-doutoramento, optou por ser divulgador científico largando a carreira acadêmica. Enquanto pesquisador era um comunicador científico, considerado aquele que troca conhecimentos entre os pares. Conforme Bueno (2010, p. 2): "A comunicação científica, por sua vez, diz respeito à transferência de informações científicas, tecnológicas ou associadas a inovações e que se destinam aos especialistas em determinadas áreas do conhecimento".

Porém, ao ter contato com projetos educativos, e ser pioneiro em mídias sociais, o pesquisador escolheu ser divulgador científico para popularizar a ciência, função que compreende a "[...] utilização de recursos, técnicas, processos e produtos (veículos ou canais) para a veiculação de informações científicas, tecnológicas ou associadas a inovações ao público leigo" (Bueno, 2009, p. 162).

Ao expandir sua carreira de comunicador científico para divulgador ocorreu a adaptação para a transmissão de conhecimentos já que enquanto os pesquisadores convivem com os termos de cada área e "o público frequenta espaços, ambientes ou acessa veículos especializados (congressos ou periódicos/revistas científicas, por exemplo) com desenvoltura e está continuamente empenhado em assimilar termos, processos e conceitos novos" (Bueno, 2010, p. 3), para a população em geral é preciso traduzir a ciência com uma linguagem mais simples. Portanto, para divulgar fatos científicos a um público leigo é necessária uma adequação à realidade das pessoas:

> [...] a difusão de informações científicas e tecnológicas para este público obrigatoriamente requer decodificação ou recodificação do discurso especializado, com a utilização de recursos (metáforas, ilustrações ou infográficos, etc.) que podem penalizar a precisão das informações. Há, portanto, na divulgação científica, embate permanente entre a necessidade de manter a integridade dos termos técnicos e conceitos para evitar leituras equivocadas ou incompletas e a imperiosa exigência de se estabelecer efetivamente a comunicação, o que só ocorre com o respeito ao background sociocultural ou linguístico da audiência (Bueno, 2010, p. 3).

Atila Iamarino diverge da área acadêmica na qual "muitas fontes (pesquisadores e cientistas) têm dificuldade em se comunicar com o público leigo, porque isto implica alterar o nível do discurso e/ou simplificar certos processos ou conceitos, com o que nem sempre concordam" (Bueno, 2010, p. 5) e inovou ao utilizar *blogs*, *podcasts*, vídeos no YouTube e as redes sociais como Instagram e Twitter para fazer divulgação científica, considerando que, conforme Bueno:

> Na prática, a divulgação científica não está restrita aos meios de comunicação de massa. Evidentemente, a expressão inclui não só os jornais, revistas, rádio, TV ou mesmo o jornalismo on-line, mas também os livros didáticos, as palestras de ciências [...] abertas ao público leigo, o uso de histórias em quadrinhos ou de folhetos para veiculação de informações científicas (encontráveis com facilidade na área da saúde/Medicina), determinadas campanhas publicitárias ou de educação, espetáculos de teatro com a temática de ciência e tecnologia (relatando a vida de cientistas ilustres) e mesmo a literatura de cordel, amplamente difundida no Nordeste brasileiro (2009, p. 162).

O diferencial de Atila Iamarino como divulgador científico está em ser um pesquisador altamente capacitado e que consegue evitar, como denuncia Bueno (2010), a transmissão exata de informações científicas, na mídia, para o público leigo. Ele considera que como faz o biólogo "a comunicação científica, devidamente recodificada e retrabalhada, contribui para alimentar o processo de divulgação científica." (Bueno, 2010, p. 6). Isso só é possível a alguém com formação e que se comunica numa linguagem adequada ao público como o pesquisador faz nas redes sociais.

> O jornalista ou o divulgador, com raras exceções, não está capacitado para o processo de decodificação ou recodificação do discurso especializado e o processo de produção jornalística pode (o que acontece de maneira recorrente) privilegiar a espetacularização da notícia, buscando mais a ampliação da audiência do que a precisão ou a completude da informação. Além disto, a não ser em situações específicas, como no caso de portais ou blogs dedicados à divulgação científica, a interação entre produtores de informações e audiência não ocorre, reduzindo-se o processo a uma mera transmissão de informações (Bueno, 2010, p. 4-5).

Atila Iamarino por ser pesquisador tornou-se um divulgador científico capacitado e que atingiu a projeção nas redes sociais por seu interesse educativo. Durante a pandemia do novo Coronavírus, em 2020, consagrou-se como uma referência na área, atraindo a atenção das pessoas para o conhecimento de um pesquisador brasileiro que tirava as dúvidas da população sobre COVID-19 de forma clara e simples, de modo que todos pudessem compreender.

Fatores que determinam a influência nas redes sociais

Para Recuero (2009), o conceito de destaque dos usuários das redes sociais pode ser chamado de capital social, um indicativo da conexão entre pares de indivíduos em uma rede social. A definição de capital social não é um consenso entre os estudiosos, segundo a autora, e são apresentados diferentes conceitos sobre o tema. O que é ponto comum para os autores é que o capital social tem relação ao valor gerado a partir das interações dos atores sociais que compõem as redes.

O capital social é composto por duas unidades, uma ligada ao sentimento de pertencimento a um grupo específico e às relações mantidas pelo indivíduo nesse meio. O outro fator refere-se ao conhecimento e o reconhecimento dos demais integrantes do grupo. É preciso que o indivíduo não apenas deseje ser um ponto de influência, ele deve ser identificado pelos demais como tal.

Recuero (2009) apresenta quatro elementos que compõem o capital social. São eles: visibilidade, reputação, popularidade e autoridade. A visibilidade vem com os muitos pontos de conexão que as pessoas possuem nas redes sociais. As pessoas que possuem mais pontos de conexão têm mais chances de receberem informações e apoio dos seguidores quando solicitar. A visibilidade pode aumentar o capital social do indivíduo e é possível buscar o aumento intencional da sua visibilidade utilizando-se de técnicas de divulgação para aumentar as suas conexões nas redes. As redes sociais possibilitam aos usuários uma maior conexão e visibilidade social entre si. Para Recuero (2009), a visibilidade é um valor por proporcionar aos nós da rede que os usuários sejam vistos por mais conexões. Quanto mais conectado está cada ponto da rede, maiores são as chances de receber suporte social e informações quando precisar, além da credibilidade conferida pelos seguidores. Portanto, a visibilidade é um valor de importância na formação de um perfil de influência bem como é a matéria-prima para a criação de outros valores dessa construção.

No ponto da reputação, a autora (Recuero, 2009) apresenta o elemento como a percepção que os demais atores têm do indivíduo. É sobre a imagem que se passa e como ela é percebida pelo público de contatos e seguidores. As informações fornecidas nas redes são responsáveis pela criação da reputação que se constrói. A partir dela, pode ser feito um julgamento dos demais e de seus defeitos e qualidades. A reputação não é um valor apenas de quem é mais influente nas redes, mas de todos os seus integrantes, pois se refere à visão dos pontos uns sobre os outros. Recuero (2009, p. 109) define a reputação como "a percepção construída de alguém pelos demais atores e, portanto, implica três elementos: o 'eu' e o 'outro' e a relação entre ambos". Nesse caso, existem informações que os demais membros da rede ou comunidade possuem que auxiliam na construção de impressões sobre a identidade do outro. A reputação pode ser influenciada pelas ações realizadas pelos indivíduos, mas também ser fruto da imagem formada pela sua audiência. Essa imagem e as impressões geradas podem ser criadas de forma intencional pelo criador de conteúdo, a partir das informações e materiais compartilhados sobre o tema em que deseja ser referência.

A autoridade diz respeito ao poder de influência e da propagação de informações que o perfil possui sobre os demais. Não diz respeito apenas ao lugar ocupado pela pessoa ou à sua visibilidade perante os outros. Refere-se a algo a mais, é sobre reputação, mas também sobre contribuição e compartilhamento de conhecimento com a comunidade que acompanha as suas publicações. Segundo Recuero (2009), o número de seguidores pode ser um indicador de autoridade, mas não o único. "A autoridade está conectada ao capital social conector, uma vez que este é o foco dos blogueiros que desejam construir uma audiência, mais do que construir intimidade com outros" (Recuero, 2009, p. 111). Para mensurar a autoridade deve-se observar que "a medida de autoridade é uma medida que só pode ser percebida através dos processos de difusão de informações nas redes sociais e da percepção dos atores dos valores contidos nessas informações" (Recuero, 2009, p. 111).

A autora (Recuero, 2009) destaca a popularidade como um valor relacionado à audiência e que o aumento e a mensuração deste fator são facilitados no ambiente da internet, assim a popularidade dos perfis é facilmente identificada pelos números e resultados. Quanto mais pontos de conexão um determinado usuário possui, maior a sua popularidade e a sua capacidade de influenciar e disseminar informações. Nesse caso, a popularidade por si só não determina a força de um perfil influenciador, pois, muitas vezes, muitos dos laços estabelecidos com esses perfis são relacionados à quantidade e não à qualidade dos vínculos.

A partir do estudo dos fatores relacionados à determinação de influência nas redes sociais, podemos observar no perfil de Atila Iamarino evidências da sua influência para os demais seguidores interessados no assunto. A grande visibilidade e a popularidade que ele possui por contar com muitos seguidores nas redes sociais, aliadas à autoridade que a posição de pesquisador lhe confere tanto por sua reputação no meio científico, como por ser divulgador de temas relevantes relacionados à ciência, sinalizam que o seu papel na internet já pode ser visto como o de um influenciador.

Atila Iamarino divulgador científico e influenciador

Para resolver o nosso problema – *como um cientista assume papel de influenciador digital perante a população na divulgação de informações científicas* –, dividimos nossa pesquisa em dois momentos. Como nós partimos da hipótese de que o Atila Iamarino assume um papel de influenciador digital, consideramos relevante primeiramente entender se o público conhece o divulgador científico e como o vê. Para isso, realizamos um questionário via Google Forms divulgado pelas redes sociais dos autores e em grupos de WhatsApp variados com intenção de obter um público heterogêneo. Tivemos participações de 175 pessoas, das quais 68,6% responderam a uma pergunta eliminatória que conheciam Iamarino. O questionário seguiu com estes 120 participantes, de diferentes faixas etárias – 7,5% entre 18 e 24 anos; 45% entre 25 e 35 anos; 35% entre 36 e 50 anos; e 12,5% com 51 anos ou mais –, com níveis escolares variados – sendo 3,3% com ensino médio completo; 8,3 com superior incompleto; 48,3% com superior completo; e 40% com pós-graduação – e de quase todas as regiões do Brasil, com exceção do Norte – 70% dos participantes afirmaram ser da região Sul;

20% do Sudeste; 4,2% do Nordeste; 3,3% do Centro-Oeste; e ainda 2,5% disseram morar fora do país.

Entre os participantes, 73,3% conheceram o Atila Iamarino durante a pandemia da Covid-19, sendo 68,3% ainda em 2020, e o restante, 26,7%, já conhecia desde 2019 ou antes. Sobre a forma como conheceram o divulgador, as respostas foram muito variadas, sendo 11 tipos de meios/canais de comunicação citados. A maioria, 20%, conheceu pelo Twitter, dado que sustentou nossa escolha de analisar a presença dele nessa rede nas etapas seguintes da pesquisa. Também se destacaram o Instagram com 17,5%; o canal de Iamarino no YouTube com 13,3%; e os meios tradicionais (televisão, rádio e jornais impressos) com 12,5%. Dos respondentes, a maioria, 66,7%, afirmou que acompanha o trabalho dele, principalmente, em ordem de citação, pelo YouTube, Instagram, Twitter e portais de notícias.

Quando questionados se o conteúdo produzi do e divulgado por Iamarino ajudou durante a pandemia, 93,3% disseram que sim. Entre os motivos, respondidos dissertativamente, destacam-se a apresentação de informações científicas, indicando fonte, o que o qualifica como confiável, e a forma de seu conteúdo, classificado como claro, sério e objetivo.

Figura 1 – Nuvem de palavras das respostas dissertativas de "Por que os conteúdos do Atila Iamarino ajudaram você durante a pandemia da Covid-19".

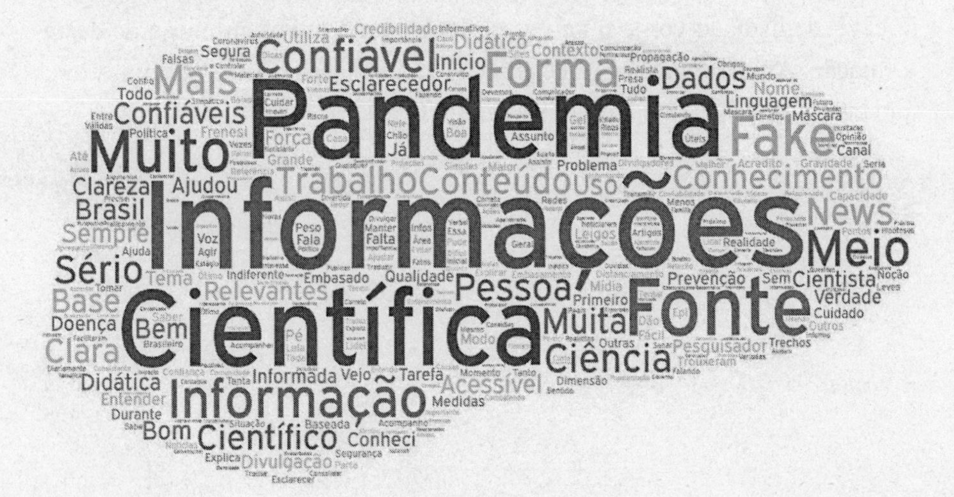

Fonte: os autores.

No segundo momento da nossa pesquisa, buscamos observar como Atila Iamarino se posiciona nas mídias digitais e como interage com seus seguidores. São muitos os produtores de conteúdos na internet, porém, não são todos que recebem atenção constante da audiência. Nesse caso, assim como ocorre com Iamarino, os influenciadores produzem e publicam conteúdos na internet e o público presta atenção, questiona, valoriza ou contraria de maneira contínua esses posts. Parsons (1963, p. 38) constata que "a influência é uma forma de ter um efeito nas atitudes e opiniões de outros através de ação intencional (mas não necessariamente racional) – o efeito pode ou não ser uma mudança de opinião ou prevenir uma mudança possível". Justamente por isso, o autor sustenta que a influência depende da confiança.

Nesse sentido, destacamos a presença de Iamarino no período pandêmico, no qual as suas declarações geravam muita interação. E, nesse contexto, interações vão além de curtidas e se potencializam em discussões encontradas nos comentários de seus tuítes. Primo (2007) explica que, enquanto os *likes* têm suporte na ação e reação de clicar em um ícone, os *replies* ocorrem por uma negociação e um interesse em expor a opinião.

Em meio ao caos da crise sanitária, muitos cientistas se tornaram influenciadores na rede social. Atila, conforme estudos do Instituto Brasileiro de Pesquisa e Análise de Dados (IBPAD) com dados do Science Pulse (Meirelles, 2020), teve aumento no número de seguidores e não perdeu relevância, pois já havia se firmado como uma voz potente contra a disseminação de desinformação. Além disso, o biólogo ajudou a potencializar outros pesquisadores que também utilizavam a plataforma.

Figura 2 – Perfil de Atila Iamarino no Twitter em junho de 2020

Fonte: Captura de tela do cabeçalho do perfil de Twitter “@oatila”.
Acessado e registrado em 17 jun. 2020.

Foi em 2020 que o Twitter passou a reconhecer a importância dos divulgadores científicos na plataforma. No final daquele ano, a empresa informou que quem trabalhasse com divulgação científica poderia solicitar a verificação da conta por meio da categoria “ativistas, organizadores e outros indivíduos influentes”. O selo azul de verificação demonstra credibilidade e autenticidade de uma conta de interesse público.

Figura 3 – Publicação de Atila Iamarino no Twitter 18 maio 2020

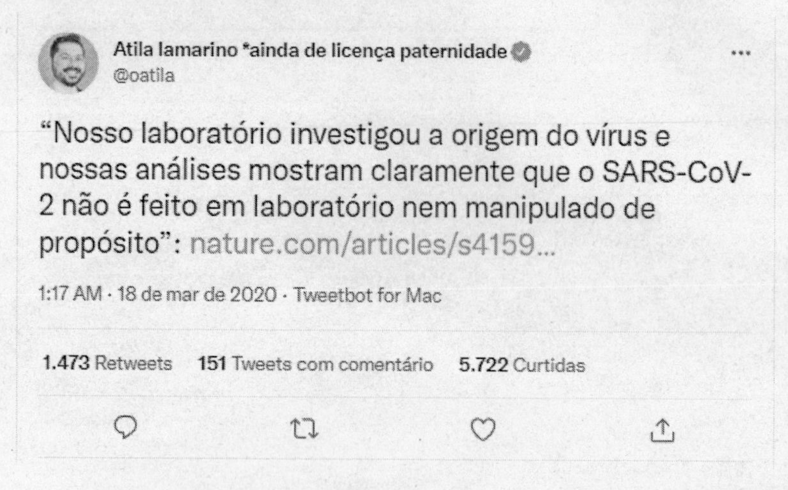

Fonte: Captura de tela do perfil de Twitter "@oatila". Acessado e registrado em 28 maio 2022.

Tão logo foi percebido que o potencial abrasivo da Covid na Europa estava chegando no Brasil, Atila, que já estava verificado, despontou no Twitter e começou a ganhar seguidores, curtidas e compartilhamentos. Os números surpreendem, pois ele não era uma celebridade ou falava de entretenimento, falava de assuntos pandêmicos e tentava acabar com a desinformação por meio de dados científicos, inclusive criticando o Governo Federal que minimizou os efeitos da doença.

O Twitter é a plataforma social em que o divulgador é mais ativo quando comparado ao YouTube, Facebook e Instagram. Nos meses que observamos, ele publicava várias vezes ao longo do dia, respondia a questões de seguidores, compartilhava artigos científicos, divulgava suas lives e participações na imprensa e até publicava propagandas pagas. O trabalho dele era voltado a esclarecer, na medida do possível, as dúvidas sobre o vírus ainda pouco conhecido. Embora ele se relacione com diversos atores, na observação fica evidente que sua principal preocupação é interagir com o público, mas de uma forma geral, não diretamente com usuários específicos. Outra questão que desponta é que ele se coloca como divulgador científico e não produtor da ciência, ou seja, seus tuítes não exploram muito a sua trajetória acadêmica, ele utiliza dados de outros cientistas para legitimar suas afirmações.

Figura 4 – Resposta de Atila Iamarino a seguidor no Twitter

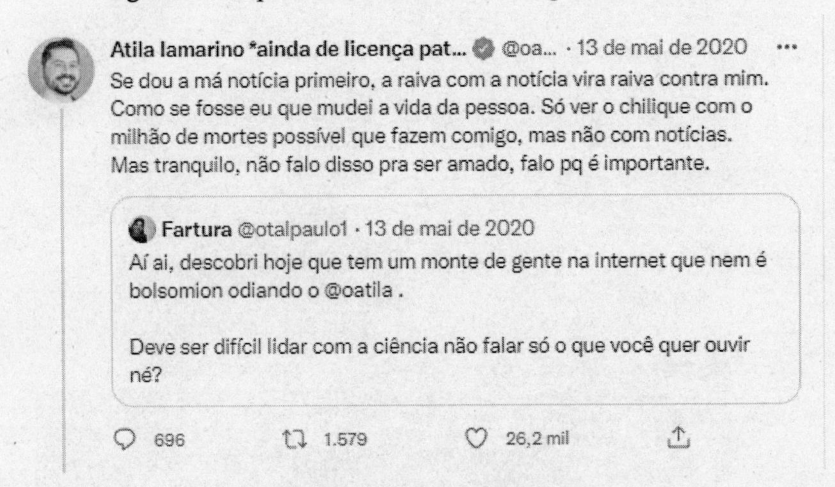

Fonte: Captura de tela do perfil de Twitter "@oatila". Acessado e registrado em 28 maio 2022.

Com grande parte dos tuítes indicando artigos ou evidenciado dados bem embasados, Atila, nessa rede social, não tinha o hábito de responder aos usuários do Twitter diretamente em seus comentários, mas compartilhava opiniões de quem se aproximava da linha de pensamento dele ou respondia dúvidas a partir do compartilhamento do comentário feito. Possivelmente essa estratégia visava responder de uma só vez questões que eram feitas por diversas pessoas.

Figura 5 – Publicação de Atila Iamarino no Twitter 6 jun. 2020

Atila Iamarino *ainda de licença pate... @oa... · 6 de jun de 2020 ···
Em resposta a @oatila
Estamos vivendo Chernobyl em 2020. Com uma diferença, em Chernobyl foram por volta de 120 mil vidas tomadas pelo descaso. Nós vamos garantidamente passar disso.

Fonte: Captura de tela do perfil de Twitter "@oatila". Acessado e registrado em 28 maio 2022.

À medida que os meses foram passando, o alcance seguiu aumentando, pois se tornou uma referência na temática nas redes sociais. Iamarino defendia constantemente que a falta de gestão e de políticas públicas faria com que muitas outras pessoas morressem no Brasil, mesmo com tantos exemplos de outras nações que tentaram se precaver do vírus.

Figura 6 – Publicação de Atila Iamarino no Twitter 6 jun. 2022

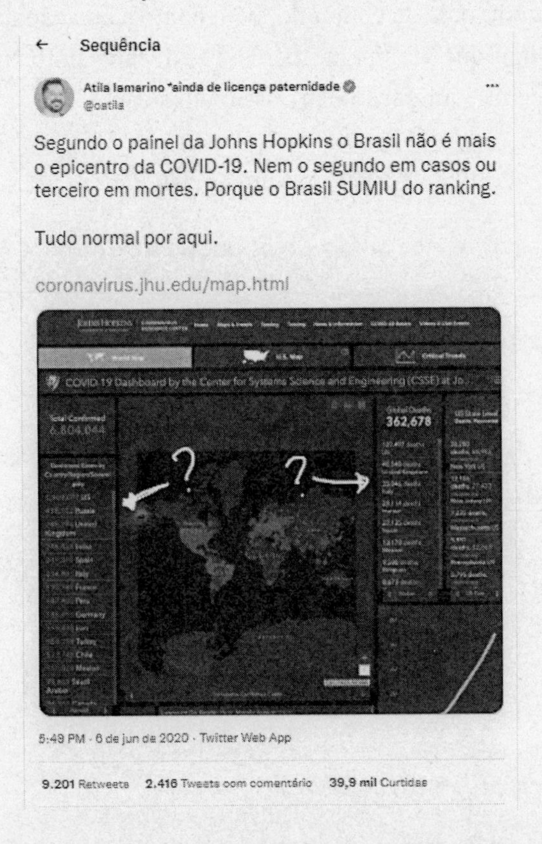

Fonte: Captura de tela do perfil de Twitter "@oatila".
Acessado e registrado em 28 maio 2020.

Nas vezes que mostrava o descompasso da informação e possível manipulação de dados, seus tuítes eram bastante compartilhados, demonstrando a confiança nas análises de dados que ele fazia. Ainda assim, o influenciador não costumava interagir diretamente com usuários no Twitter, mas optava por postar e contar com a disseminação do conteúdo por parte dos usuários.

Há, atualmente no Brasil, milhares de influenciadores digitais. Essas pessoas, que se diferenciam da maioria dos usuários, provocam um impacto na rede social onde formam um público fiel e engajado, capitalizando através da produção desses conteúdos. Para Safko e Brake (2010), "influência é o alicerce sobre o qual todas as relações economicamente viáveis são construídas". Para além das métricas de popularidade, é necessário pontuar a crescente profissionalização dos produtores de conteúdo, bem como a atuação das agências das plataformas digitais que acentuam a percepção de fama, influência, promoção, tecnologia, conteúdo, interação e profissionalização.

Figura 7 – Perfil de Atila Iamarino no Twitter em maio de 2022

Fonte: Captura de tela do cabeçalho do perfil de Twitter "@oatila". Acessado e registrado em 28 maio 2022.

Considerações finais

Profissional importante na disseminação do conhecimento, principalmente na pandemia da COVID-19, tendo em vista que se tornou uma voz confiável contra a desinformação, Atila disputou espaço na rede social com contas falsas, disparos de robôs e políticos que postavam falsas afirmações sobre ciência com o intuito de silenciar a voz dos cientistas. Bourdieu (2004) alerta que a rede de conexões do capital social dificilmente se adquire sem dedicação e tampouco é algo eterno. Ele explica que essa conquista é fruto de esforços contínuos e desejo de manter e melhorar esses atributos.

É sabido também que são necessários vários fatores para que uma pessoa alcance o reconhecimento ou, talvez, o sucesso. Watts (2015) entende que situação semelhante ocorre com a propagação de ideias em uma rede social. Para o pesquisador, o processo depende de uma massa crítica de pessoas influenciáveis, que influenciam outras pessoas também influenciáveis.

Assim como Atila, outros pesquisadores também se destacaram no marco temporal escolhido para esse artigo, no período de 11 de março de 2020 a 11 de junho de 2020, que é o momento inicial e, talvez, de maior temor da pandemia. Porém, aliado a autoridade, articulação e popularidade, ele amplificou o conteúdo em outros locais, como em livros, YouTube, programas na televisão aberta e campanhas publicitárias.

No ano passado, quando se tornou pai, Atila, em certa medida, alterou a postura na rede social, situação que já era demonstrada no segundo ano da pandemia. Ele diversificou as postagens, ampliando a atuação como influenciador genérico, sem perder o foco no ensino e na saúde, mas também jogou luzes sobre a vida em família e outros assuntos.

Ao se destacar frente ao negacionismo científico e obscurantismo intelectual, Atila, por meio de dados embasados, usou a influência para combater a negligência durante a pandemia. Da negação das vacinas até a insistência na propagação de tratamentos ineficazes contra o vírus, junto com outros pesquisadores, ele utilizou as plataformas para se comunicar direto com a sociedade. Assim, através do dinamismo do Twitter, ganhou fama, catapultou a ciência, desfez mitos e disseminou informações corretas e efetivas para a população.

Fruto da dedicação na academia e na rede social, está previsto para esse ano, na TV Cultura, uma série sobre ciência que será apresentada pelo Atila Iamarino, justamente pelo destaque durante a pandemia do novo coronavírus, ao conseguir horizontalizar o conhecimento e mostrar os riscos e consequências da doença. Assim que os reflexos do coronavírus forem amenizados será possível perceber se a influência do pesquisador prosseguirá, assim como o valor da produção científica, tão pouco valorizada, mas essencial.

Referências

BOURDIEU, Pierre. The forms of capital. In: BALL, Stephen J. (ed.). *The Routledge Falmer Reader in Sociology of Education*. Londres: Routledge, 2004. p. 15-29.

BUENO, Wilson da Costa. Comunicação científica e divulgação científica: aproximações e rupturas conceituais. *Informação & Informação*, Londrina, v. 15, n. 1 esp., p. 1-12, 2010.

BUENO, Wilson da Costa. *Jornalismo científico no Brasil*: aspectos teóricos e práticos. São Paulo: ECA/USP, 1988.

BUENO, Wilson da Costa. Jornalismo científico: revisitando o conceito. In: VICTOR, C.; CALDAS, G.; BORTOLIERO, S. (Org.). *Jornalismo científico e desenvolvimento sustentável*. São Paulo: All Print, p.157-78, 2009.

CASTRO, Mariangela. Entrevista Alumni – Atila Iamarino. *Alumni USP*, São Paulo, [2015?]. Disponível em: http://www.alumni.usp.br/entrevista-alumni-atila-iamarino/. Acesso em: 25 abr. 2022.

IAMARINO, Atila. *[Perfil]*. São Paulo, 28 maio 2022a. Twitter: @oatila. Disponível em: https://twitter.com/oatila. Acesso em: 28 maio 2022.

IAMARINO, Atila. *[Currículo Lattes]*. Plataforma Lattes, Conselho Nacional de Desenvolvimento Científico e Tecnológico, Ministério da Ciência, Tecnologia e Inovações, Brasília, 28 maio 2022b. Disponível em: http://lattes.cnpq.br/4978322672579487. Acesso em: 19 maio 2022.

MEIRELLES, P. *Principais vozes da ciência no Twitter*: Mapeando a conversa de cientistas e especialistas sobre a COVID-19. Relatório. Instituto Brasileiro de Pesquisa e Análise de Dados (IBPAD): Brasília, 2020.

PRIMO, Alex. *Interação mediada por computador*: comunicação, cibercultura, cognição. Porto Alegre: Sulina, 2007.

PARSONS, Talcott. On the concept of influence. *Public opinion quarterly*, Oxford, v. 27, n. 1, p. 37-62, Spring 1963.

RECUERO, Raquel. *Redes sociais na internet*. Porto Alegre: Sulina, 2009.

SAFKO, Lon; BRAKE, David. *A bíblia da mídia social*. São Paulo: Blucher, 2010.

WATTS, Duncan J. *Everything is obvious*: once you know the answer. New York: Crown Business, 2011.

Parte 3

IMAGINÁRIO

"IMAGINÁRIO DAS COVAS" PANDEMIA, DESINFORMAÇÃO E A SATURAÇÃO DO COTIDIANO MIDIÁTICO

Denise Cristina Ayres Gomes[1]
Heloisa Juncklaus Preis Moraes[2]
Renata Rezende Ribeiro[3]

Introdução

A pandemia da Covid-19 colocou o mundo diante da morte cotidiana e extrema. As imagens circulantes na mídia tentaram presentificar os mortos de diversas formas, exacerbando o "choque do real" (Jaguaribe, 2007). Dada a radicalidade do acontecimento que se expandiu para além de questões temporais e geográficas, a pandemia pode ser considerada um metaevento (Delarbre, 2021). É possível compreendê-la ainda como um evento-catástrofe que, como ressalta Castoriadis (2000), rompe com o imaginário instituído, provocando uma radical descontinuidade no social: "[...] a catástrofe sai de todos esses limites, é a expressão paroxística do sentido, sua explosão torna-se irrepresentável, anormal, incalculável" (Vidal, 2020, p. 80).

A pandemia se impôs como uma intimação objetiva, e o modo como se trata o acontecimento disruptivo depende, também, de disposições subjetivas. Em uma sociedade permeada por redes digitais de informação, os modos de lidar com a morte provocada pelo Sars-Covid-19 ultrapassaram a dimensão biológica, constituindo-se como *constructo simbólico*, resultante do agencia-

[1] Docente do Programa de Pós-Graduação em Comunicação da Universidade Federal do Maranhão (PPGCOM/UFMA). Coordenadora do grupo de pesquisa Imaginarium.

[2] Docente do Programa de Pós-Graduação em Ciências da Linguagem da Universidade do Sul de Santa Catarina (PPGCL/UNISUL). Líder do grupo de pesquisas do Imaginário e Cotidiano.

[3] Docente do Programa de Pós-Graduação em Mídia e Cotidiano da Universidade Federal Fluminense (PPGMC/UFF). Coordenadora do MULTIS – Núcleo de Estudos e Experimentações do Audiovisual e Multimídia.

mento midiático. É nesse sentido que este texto se propõe à reflexão sobre o imaginário da morte na pandemia da Covid-19 no Brasil, abordando o que denominamos "iconografia das covas". Interessa-nos compreender, a partir de fragmentos e pela metodologia formista[4], o repertório de símbolos e imagens da pandemia. Problematizamos o paradoxo das *fakes news*[5] – em especial as que disseminaram diversas imagens de caixões vazios –, ao chocante registro da realidade imagética das covas abertas em diferentes cemitérios do país – consequência do aumento de mortes pelo coronavírus que, em 2021, somaram mais de 650 mil óbitos[6].

Com o cenário pandêmico, as condições de existência foram colocadas à prova e a possibilidade de finitude, mesmo que sabidamente inegociável, tornou-se ameaçadora e coletiva. As covas foram abertas, como muitas imagens midiáticas confirmaram. Ao mesmo tempo, surgiam dúvidas sobre os caixões estarem vazios, evidenciando como todo um processo de desinformação tumultuou a produção de imagens e de sentidos coletivos.

Por meio da noção do imaginário das covas (Durand, 2002; Maffesoli, 2019), no contexto da pandemia no Brasil, a proposta deste artigo é refletir sobre como a comunicação em redes digitais de informação é regida por pactos emocionais em que as opiniões e os testemunhos adquirem proeminência em detrimento da lógica factual e do saber científico, confirmando o que a Organização Mundial da Saúde (OMS) denominou de infodemia[7]. A partir

---

[4] A partir de Michel Maffesoli (2007) que compreende o Formismo como forma abrangente e determinante da vida social, ou seja, como método, mas principalmente como realidade. A influência se dá a partir da Sociologia de Georg Simmel (2006, p. 64) para quem "a forma é a mútua determinação e interação dos elementos pelos quais se constrói uma unidade".

[5] Utilizamos o termo *Fake News* a partir de sua tradução literal do inglês "notícias falsas". É preciso ressaltar que o vocábulo divide opiniões, na medida em que se é notícia, não poderia ser falsa, mas aqui optamos por manter o termo, considerando toda a mobilização e do cenário midiático dos últimos anos, na denominada "Era da Pós-Verdade". Ver mais in: D'Ancona, Matthew, 2018. Pós-Verdade. São Paulo: Faro Editorial.

[6] Até o final da escrita deste artigo, mais de 535 milhões de pessoas tinham sido contaminadas e mais de 6 milhões morreram em decorrência do vírus em todo planeta. No Brasil, foram registrados mais de 31 milhões de casos e mais de 668 mil mortes. Os dados são da Organização *Our Word in Data*. Ver mais in: https://ourworldindata.org/explorers/coronavirus-data-explorer. Acesso em: 12 jun. 2022.

[7] Ver mais in: https://www.who.int/health-topics/infodemic#tab=tab_1. Acesso em: 30 out. 2021.

de diferentes fragmentos imagéticos, circulados sobretudo nas mídias digitais, objetivamos refletir sobre a representação simbólica das covas, na incoerente relação entre os caixões vazios e as covas reais, tomando, ainda, como o fluxo imagético incessante promove a estimulação constante dos sentidos acarretando, paradoxalmente, sua própria dessensibilização.

A farsa dos caixões vazios

Logo no início da pandemia, em meados de abril de 2020, começou a circular uma série de publicações nas redes sociais digitais com boatos sobre caixões vazios ou com pedras, que estariam sendo enterrados nos cemitérios de todo o país, simulando mortes por Covid-19. Tais postagens falsas objetivavam contestar e minimizar o cenário desolador que se iniciava no Brasil, que nesse período somava cerca de 6 mil mortes.

Em diversos posts nas redes digitais, imagens de caixões sem corpos foram associadas à situação da pandemia, como é possível verificar na figura 1, registrada no dia 30/04/2020, no Facebook.

Figura 1. Post do Facebook sobre caixões vazios

Fonte: Print das autoras

Na legenda das imagens, o usuário afirma que as "covas abertas" são apenas para a #globolixo (sic) e que se trata de mau-caratismo. Em outro post, também no Facebook (figura 2), as imagens de um enterro de uma vítima de Covid-19 são associadas aos caixões vazios. Nessa postagem, o usuário afirma que se trata de "manipulação de mortes em vários municípios" e reitera que é "crime contra a República Federativa do Brasil" (sic).

Conforme demonstrou apuração da Agência Lupa[8], empresa jornalística especializada em checagem de dados, as fotos das postagens são mesmo de urnas funerárias vazias, mas estão totalmente fora de contexto. As imagens seriam de caixões abandonados, há pelo menos dois anos antes da pandemia; um deles em uma cidade do Maranhão e outro em João Pessoa, na Paraíba.

Figura 2. Postagem de enterro de vítima de Covid-19 associado à farsa dos caixões vazios

Fonte: Print das autoras

[8] Ver mais in: https://lupa.uol.com.br/jornalismo/2020/05/05/verificamos-fotos-caixoes-vazios-jogados-chao-pandemia. Acesso em: 30 set. 2021.

Nesse sentido, podemos recorrer ao que Ribeiro (2020), a partir de Mansur (2019), denomina como "prática de reinformação", noção que desenvolve novas versões dos fatos, baseando-se no princípio de que a mídia tradicional não noticiaria a realidade. "A ideia é tomada, na maior parte das vezes, pela imposição de determinada crença e isso se potencializa pela forma como fragmentos de verdade são hibridizados aos conteúdos falsos" (Ribeiro; Martinuzzo, 2021, p. 3).

A noção de "reinformar" faz parte do universo de estratégias de produção das notícias falsas, que utiliza a estrutura jornalística como formato e modelo para roubar a credibilidade narrativa. Segundo D'Ancona (2018, p. 20), na era da pós-verdade "os fatos objetivos são menos influentes em formar a opinião pública do que os apelos à emoção e à crença pessoal", como é possível verificar nos exemplos citados. Desta forma, embora o prefixo "re" comporte uma suposta ideia de ruptura (como recomeçar, refazer, restaurar, renovar, etc.), o que se verifica são "pedaços de verdade" descontextualizados ou misturados às narrativas fictícias, ou seja, uma farsa – composições textuais e imagéticas ardilosas que induzem ao engano, à mentira[9].

Para além da farsa dos caixões vazios, por outro lado, houve uma proliferação de imagens chocantes e 'reais' de covas abertas (figuras 3, 4, 5 e 6), evidenciando a conjuntura das perdas individuais e coletivas e colocando em cena o enfrentamento da morte brutal, cuja cobertura midiática foi constante, intensa e, muitas vezes, contraditória. De acordo com Jaguaribe (2007, p. 100), o uso exagerado da estética realista objetiva provocar um efeito catártico no espectador, a fim de, pelo incômodo, sensibilizar sem forçosamente apelar para o grotesco ou para o sensacionalismo: "O impacto do choque decorre da representação de algo que não é necessariamente extraordinário, mas que é exacerbado e intensificado".

---

[9] É importante ressaltar que o texto, enquanto narrativa/enunciado nas redes sociais digitais, estende-se aos compartilhamentos e comentários dos usuários da rede. Desta forma, as postagens de informações falsas – como os exemplos destacados – têm sua circulação ampliada e incontrolada.

Figura 3. Covas abertas no Cemitério de Sorocaba/SP

Fonte: Portal de Notícias G1/Rede Globo

Figura 4. Covas abertas no Cemitério de Manaus/AM

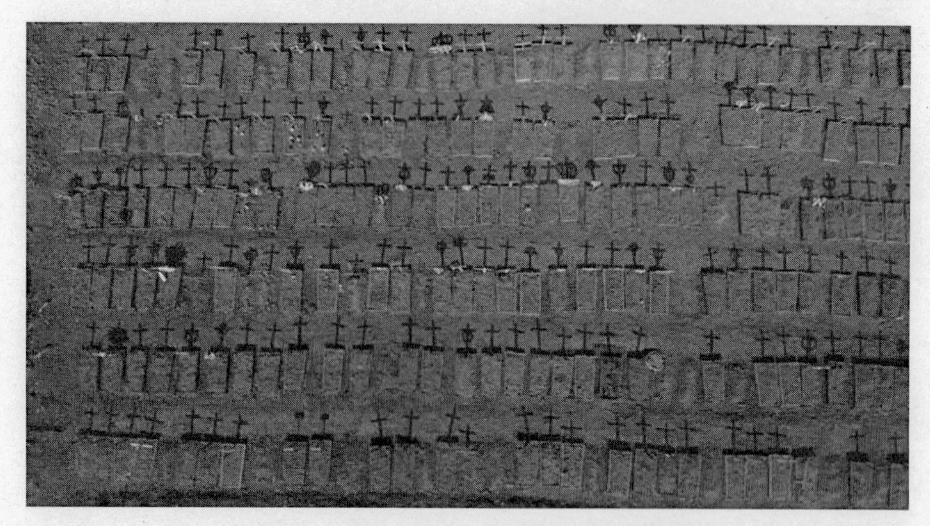

Fonte: Canal de Notícias CNN Brasil

Figura 5. Covas abertas no Cemitério de Porto Velho/RO

Fonte: Jornal Correio Braziliense

Figura 6. Covas abertas

Fiocruz aponta que 18 Estados e Distrito Federal estão com taxas de ocupação de UTIs acima de 80%, nível considerado crítico pela instituição; oito deles estão acima de 90%

Fonte: Agência Reuters

Jaguaribe (2007) desenvolve o sentido de "choque do real" a partir das vivências cotidianas que provocam intensa carga emotiva, entre as quais diferentes crimes, violações, mas também contatos eróticos. Em nossa reflexão sobre a iconografia das covas na pandemia, esse choque de realidade se expande, na medida em que a noção de catástrofe também é incorporada na narrativa, engendrando, para além do efeito catártico, uma ressonância emotiva que objetiva comover. Do latim *commovere*, "mobilizar, mover com os outros", fenômeno que Didi-Huberman (2021, p. 30) relaciona ao *páthos* e toma como um movimento sempre para fora de si. A partir de Nietzsche, o autor afirma que a vida sensível é descrita em uma energia passional para além da razão: "A vontade de potência manifesta-se como o poder de ser afetado, como o poder determinado da força de ser ela mesma afetada [...]. O poder de ser afetado não significa necessariamente passividade, mas afetividade, sensibilidade, sensação [...]".

Seligmann-Silva (2003) afirma que um evento catastrófico extrapola o limite da compreensão, dificultando, nesse sentido, sua própria representação e transmissão da experiência enquanto memória. O autor utiliza o conceito freudiano de trauma, o qual comporta um choque violento que desenvolve a dificuldade de simbolizá-lo, justamente por se tratar de uma realidade inimaginável. Esse obstáculo acarretaria sua repetição e seu excesso. Mas Seligmann-Silva (2003) ressalta a necessidade de manutenção da memória de tais eventos traumáticos justamente para evitar que eles se repitam. Embora seja preciso esquecer para seguir em frente e superar o trauma, a lembrança se coloca de maneira fundamental para impossibilitar que o choque volte a ocorrer.

As centenas de covas "reais" abertas nos cemitérios se tornaram um *lócus* privilegiado para compreender (e, dentro do possível, representar) o impacto da Covid-19 no cotidiano. A pandemia provocou uma ruptura nos rituais, suprimindo o velório e abreviando o enterramento dos mortos e, nessa conjectura, o excesso e a repetição destas "covas abertas" poderia ter contribuído para manter viva a memória dos mortos e da própria gravidade da situação pandêmica. Se o túmulo tende a designar o local do defunto e objetiva transmitir às gerações a lembrança do falecido (ARIÈS, 2014), as covas abertas, no entanto, pareceram abocanhar os corpos, denotando as condições precárias do rito abreviado e apressado em meio aos milhares de mortos.

A tragédia das covas abertas

A tragédia das covas abertas e a farsa dos caixões vazios durante a pandemia no Brasil se tornaram cenas que passaram a habitar nosso imaginário e possivelmente se tornaram pregnante à nossa memória. Durand (2002, p. 18) nos diz que o imaginário é "o conjunto das imagens e relações de imagens que constitui o capital pensado do *homo sapiens* – aparece-nos como o grande denominador fundamental onde se vêm encontrar todas as criações do pensamento humano". Assim, enquanto reservatório e motor (Silva, 2012), o imaginário não só armazena as inúmeras combinações e sentidos simbólicos de dada sociedade, mas mobiliza o cotidiano e a visão de mundo. Ferreira-Santos e Almeida (2012, p. 31) corroboram que "a imagem possui o atributo básico de mobilizar afetos, memórias e percepções". Ao nos referirmos ao imaginário, tratamos da convergência entre aspecto biológico inerente ao ser humano e sua capacidade de transcender esta mesma esfera por meio de criações simbólicas que sensibilizam o cotidiano e sua visão de mundo.

Para Durand (2002), o imaginário é, então, o reservatório geral de imagens e representações e é por meio dele que a humanidade expressa sua função criadora, de modo que a produção de imagens, símbolos e mitos ocorre por meio da associação dos dados objetivos (social/histórico) com os dados subjetivos/pulsionais inerente ao indivíduo. A dialética realizada por esses dois polos constitui o que o autor chamou de trajeto antropológico. Dessa feita, a conformação das imagens e seus respectivos semantismos estariam sobre uma matriz organizadora baseada nas dominantes reflexas vinculadas ao conjuntos sensórios-motores mais primitivos do ser humano. Para o autor, toda manifestação simbólica estaria ancorada em três eixos: a dominante postural, a digestiva e a rítmica. Seguindo a influência das dominantes reflexas, o ser humano organizaria suas produções em três estruturas do imaginário: a antitética/esquizomorfa, a mística e a sintética/dramática.

Em função da convergência destas imagens em núcleos organizadores, Durand (2002) lança a base da arquetipologia geral, propondo a divisão das imagens em dois regimes: ***o diurno***, ligado à dominante postural, que divide o universo em opostos (alto/baixo, esquerda-direita, feio/bonito, bem/mal, etc.), caracterizando-se como o regime da antítese e correspondente à estrutura heroica; e o ***noturno***, dividido na estrutura mística, ligada ao eixo da dominante digestiva, com a negação da fase trágica do tempo e a dramática – da dominante rítmica, com a harmonização dos contrários. Para o autor, a partir desses regimes são criadas as estruturas simbólicas.

Dada a proposta de um imaginário das covas que orbita em um contexto complexo de pandemia e desinformação, nos debruçamos sobre a estrutura mística do *Regime Noturno*, cujo movimento de eufemização a partir do "excesso" e do "choque do real" simboliza os espaços de intimidade, um receptáculo tal como a cova. Esse movimento de descida promovido pela estrutura mística do imaginário diante da angústia existencial e da morte é "um trajeto interior mais lento na descida do que o do herói na subida" (Pitta, 2005, p. 33). Voltar à terra, à origem da vida, é como um chamamento espiritual. A cova é um "engolimento" do corpo pela própria terra, como expressados de outras formas em várias mitologias: a terra como *mater* e matéria desse movimento telúrico (Bachelard, 1990).

A estrutura mística, vinculada ao *Regime Noturno* da imagem e à dominante digestiva, estaria relacionada "ao prazer do engolimento, à descida do alimento, à noção da profundidade, da digestão viscosa e lenta no interior do corpo, bem como às sensações táteis, térmicas, olfativas" (Durand *apud* Ferreira-Santos; Almeida, 2012). Essa estrutura seria responsável por constelar representações com teor "continente" (como as citadas covas), matérias que emanam teor de profundidade (água, terra cavernosa) e devaneios relacionados com nutrição (bebidas, alimentos). Pitta (2017, p. 35) nos esclarece, afirmando que "a estrutura mística do imaginário, diante da angústia existencial e da morte, vai, pois, negar suas existências e vai criar um mundo em harmonia baseado no aconchego e na intimidade (de si, e das coisas)".

A imagem das covas abertas sinaliza a perda, símbolo de narrativas individuais, mas que confluem para uma narrativa coletiva. Ricoeur (2007, p. 377) vê "a sepultura como lugar material [...] a marca duradoura do luto, o resumo do gesto de sepultura". É símbolo de morte. Coloca em cena esse enfrentamento da morte provocada abruptamente pela pandemia e cuja cobertura midiática foi constante, intensa e, muitas vezes, contraditória. Legros et al. (2007) enfatizam que a morte associada ao acaso é a mais destruidora, tal como aquela provocada por um cataclisma, aleatória e imprevisível, não oferecendo uma explicação imediata. Uma morte sofrida, indizível, mas coletivizada e intensificada pelas imagens.

O engolimento, visível pelas imagens das covas abertas, choca como o tempo previsto do nosso imaginário: lento e processual. As imagens colocaram em cena o pânico através de um constante choque do real. As imagens e seus contextos, conteúdos contraditórios, configuraram ainda mais insegurança: os sentidos possíveis das covas em si e, somada a isso, a possibilidade de novas *fake news*.

As dúvidas quanto à circulação das imagens midiáticas denotam uma nova forma de relacionamento informacional. Para o sociólogo Michel Maffesoli (2010), a forma (das coisas, dos processos) permite compreender o conjunto social, pois determina o ambiente da época, por suas diversas modulações, por aglomeração, por sedimentação; feita também de sensações, sentimentos e emoções coletivas. São essas características que conferem à forma sua carga imaginária ou, como nos trouxe Cassirer (1994), sua pregnância simbólica. A pregnância simbólica de uma imagem, gesto, conteúdo ou forma "é o que vai permitir sua resistência ou dispersão no tempo" (Moraes, 2016, p. 146).

Assim, nesse teatro-mundo vamos percebendo as constelações de imagens e recorrências simbólicas em ciclos redundantes:

> Bacia semântica e trajeto antropológico são, pois, processos essenciais ao imaginário social. As motivações para a formação das imagens em nível simbólico, ancoradas nos arquétipos universais, vêm da cultura e da pressão social, estabelecendo, assim, o trajeto antropológico e contribuindo para a formação da bacia semântica. Logo, quando temos uma mudança social abrupta tal como a que vivenciados em função da pandemia de coronavírus em 2020 traz uma série de novas ambiências, práticas, estéticas, sentidos e, portanto, imagens (Moraes, Bressan e Fernandes, 2021, p. 639).

Na complexa e confusa ambiência midiática deste século, o paroxismo das imagens circulantes no cotidiano, além de impregnar, pareceu mais saturar.

A saturação do cotidiano midiatizado

A pandemia também é sintoma da crise da lógica racionalista moderna. A separação entre homem e natureza e o sentido utilitário conferido às ações têm resultado em catástrofes que o ser humano não consegue conter. O vírus mostrou que não se pode priorizar a economia em detrimento da saúde, já que a primeira tem permanecido "como o vetor central da pilhagem ecológica" (Maffesoli, 2010, p. 98). Podemos, ainda, considerar a pandemia como meta-evento (Delarbre, 2021) ou um "acontecimento monstro" (Nora, 1974), uma vez que modifica as relações nas diversas esferas. Dosse (2013) retoma este termo para apontar a proliferação de sentidos provocada pela mídia quando confere visibilidade a determinado acontecimento:

> Longe de ser uma relação de externalidade, as *mass media* participam plenamente da própria natureza dos acontecimentos que elas transmitem. Cada vez mais, é através delas que o acontecimento existe. Para ser, o acontecimento deve ser conhecido, e as mídias são de maneira crescente os vetores dessa tomada de consciência [...] (Dosse, 2013, p. 260).

Acessamos a realidade por meio de imagens, narrativas e representações que constituem a dinâmica do imaginário e contribuem para a compreensão do mundo. Como forma de enfrentar a decrepitude e restabelecer o equilíbrio vital, dispomos da imaginação simbólica que é "a negação do nada da morte e do tempo" (Durand, 2017, p. 116). Diante de um fenômeno extremo como a pandemia, o imaginário "nos conscientiza do espírito do tempo e das mudanças que ele sofre que são decisivas para a compreensão do laço social" (Alves *et al.*, 2022, p. 8). O imaginário, portanto, imbrica-se ao real, é uma "alavanca metodológica" (Maffesoli, 2019, p. 59) para apreender as características do ser.

A intensa produção e circulação de imagens na mídia modula crenças, aspirações, mitos e ritos que constroem a realidade. O paroxismo irredutível da morte se elevou com o risco constante e iminente durante a pandemia. As imagens das centenas de covas abertas em cemitérios à espera dos mortos pela Covid chocaram o país e deram a dimensão da tragédia, no mesmo tempo em que circularam nas redes sociais imagens de caixões vazios que tentavam desacreditar os dados reais sobre os milhares de mortos pelo vírus. O noticiário destacou as inúmeras covas nos cemitérios, apoiando-se em dados e no discurso científico. Por outro lado, as imagens e *fake news* das urnas funerárias vazias romperam com a lógica e a dureza que os fatos impuseram, atrelando ao domínio do sentir, próprio da "cultura da curtição" (Han, 2021), disseminada no ambiente digital.

Nesse sentido, as imagens dos caixões vazios representam uma espécie de violência virtual que rompe com as regras fundadoras do pacto social e denota um "mundo inclinado à pós-verdade" (Faillet, 2018, p. 13). A lógica digital é regida por pactos emocionais em que as opiniões e o testemunho adquirem proeminência em detrimento da lógica factual e do saber científico. Para Maffesoli (2014, p. 7-8), assistimos "[...] ao grande retorno dos humores secretados pelo corpo social. Entusiasmo, indignações e fanatismos são as secreções em questão".

O fluxo imagético incessante promove a estimulação constante dos sentidos acarretando, paradoxalmente, sua própria dessensibilização. Simmel preconizava (1903), há mais de cem anos, que o indivíduo se torna indiferente em meio ao excesso de estímulos, uma vez que a psique tem capacidade limitada de assimilação.

As redes digitais acentuaram o regime do excesso, modificando a relação com o saber. Tudo precisa ser acessível, rápido e lúdico. Vidal (2020, p. 83) alerta que "preferimos ressoar em vez de raciocinar". Estamos imersos em um ambiente em que a mídia reproduz os signos ao infinito, estetizando o mundo, como alertou Baudrillard (2004).

A realidade tende a se descolar dos fatos, e o regime da opinião relativiza o mundo e tudo se torna um ponto de vista. As informações que suscitam emoção têm preponderância. "As lembranças matizadas de alegria ou de tristeza, medo ou orgulho" se enraízam mais profundamente na memória (Faillet, 2018, p. 55). Dessa forma, continua a autora, "os medos fazem nascer os rumores e os rumores alimentam os medos". Em tempos de catástrofe, as pessoas ficam mais propensas a buscar informações que expliquem o acontecimento e reiterem suas crenças.

A saturação do cotidiano durante a pandemia ocorre não apenas pelas restrições impostas para evitar a contaminação pela Covid-19, mas também devido ao turbilhão de imagens midiatizadas. As imagens dos caixões vazios, disseminadas como vírus, misturam-se ao paroxismo das covas nos cemitérios. No entanto, ambas circularam de forma exaustiva no ambiente virtual, independentemente de sua veracidade, afinal, as ideias, assim como patógenos, se tornam virais por conta da própria estrutura em rede (Ferguson, 2021). A midiatização do evento-catástrofe potencializa a desestabilização dos sentidos e provoca a saturação do cotidiano. O real e o imaginário estão imbricados de tal forma que tanto as imagens das covas como dos caixões vazios, para além do dualismo verdadeiro e falso, conferem a tônica do mundo vivido.

Considerações finais

Como reiteradamente afirma Maffesoli (2011, p. 105), "nada escapa à ambiência de uma época", pois é a ambiência a condição de toda vida em sociedade, ou seja, precisamos estar atentos ao "espírito do tempo", ao cotidiano, ao imaginário que nos faz pensar no próprio ar enquanto respiramos. Como tentamos demonstrar neste breve texto, a atmosfera que nos banhou durante os últimos dois anos e que ainda ressoa em diferentes ecos políticos, econômicos e sociais é contraditória. Trata-se de um contexto de "harmonia conflitual", como ressalta Maffesoli (2011), remetendo à questão do pluralismo a partir de Gilbert Durand. Não há soluções fáceis. O paradoxo dos falsos caixões vazios e das covas abertas reais são contradições semânticas que embaralham, cada vez, os sentidos e as representações.

A pandemia trouxe ressignificação das nossas existências, mas de maneira abrupta. Novas formas de várias práticas. A escorrência, para utilizar a metáfora aquífera da bacia semântica, é lenta. Mas uma pandemia muda tudo. Configurações diferentes vieram em ritmo repentino.

Novos "hormônios da imaginação" circulam e mobilizam o imaginário. A maneira abrupta desse escoamento balança o percurso da formação simbólica: desde as intenções de gestos, com a mudança de perspectiva, postura, rotina, alimentação, passando pelo inconsciente coletivo e imagens mobilizadas, para a expressão simbólica, como a noção de público/privado, de saúde/doença, medo e tensão. Tudo que estava de certa forma estável na bacia semântica sofre uma ruptura, e isso não acontece sem deixar marcas simbólicas. Como dissemos, o imaginário é um dinamismo organizador de imagens e ordenador da vida social. É preciso estarmos atentos a essa ambiência imagética, espírito do tempo contemporâneo.

Referências

ALVES, Fabio Lopes et al. A educação na era da internet: entrevista com Michel Maffesoli. *Educação Temática Digital*. Campinas, SP; v.24 n.1 p. 4-13 jan./abr. 2022. Disponível em: https://periodicos.sbu.unicamp.br/ojs/index.php/etd/article/view/8665214. Acesso: 05 jun. 2022.

ARIÈS, Philippe. *O homem diante da morte*. São Paulo: Unesp, 2014.

BACHELARD, Gaston. *A terra e os devaneios do repouso*: ensaio sobre as imagens da intimidade. São Paulo: Martins Fontes, 1990.

BAUDRILLARD, Jean. *A transparência do mal*: ensaios sobre os fenômenos extremos. 8. ed. São Paulo: Papirus, 2004.

CASSIRER, Ernst. *Ensaio sobre o homem*: introdução a uma filosofia da cultura humana. São Paulo: Martins Fontes, 1994.

CASTORIADIS, Cornelius. *Le monde morcelé*: les carrefours du labyrinthe. Paris: Seuil, 2000. v. 3.

D'ANCONA, Matthew, 2018. *Pós-Verdade*. São Paulo: Faro Editorial.

DELARBRE, Raúl Trejo. Metaevento: Meios, redes e cidadãos na pandemia. *Matrizes*, v.15 - Nº 2 mai./ago. 2021, São Paulo, p. 13-32. Disponível em: <https://www.revistas.usp.br/matrizes/article/view/188794/175623>. Acesso: 1 set. 2021.

DIDI-HUBERMAN, Georges. *Povo em Lágrimas, Povo em Armas*. São Paulo, N1 Edições, 2021.

DOSSE, François. *Renascimento do acontecimento*: um desafio para o historiador; entre Esfinge e Fênix. São Paulo: Unesp, 2013.

DURAND, Gilbert. *As estruturas antropológicas do Imaginário*: introdução à arquetipologia geral. São Paulo: Martins Fontes, 2002.

DURAND, Gilbert. *L'imagination symbolique*. 6. ed., Paris: Puf, 2017.

FAILLET, Caroline. *Décoder l'info*: comment décrypter les fake News? Paris: Bréal, 2018.

FERGUSON, Niall. *Catástrofe*: uma história dos desastres – das guerras às pandemias – e o nosso fracasso em aprender como lidar com eles. São Paulo: Planeta, 2021.

FERREIRA-SANTOS, Marcos; ALMEIDA, Rogério de. *Aproximações ao imaginário*: bússolas de investigação poética. São Paulo: Képos, 2012.

HAN, Byung-Chul. *Sociedade paliativa*: a dor hoje. São Paulo: Vozes, 2021.

JAGUARIBE, Beatriz. *O choque do real*: estética, mídia e cultura. Rio de Janeiro: Rocco, 2007.

LEGROS, PATRICK et al. *Sociologia do Imaginário*. Porto Alegre: Sulina, 2007.

MAFFESOLI, Michel. O imaginário é uma realidade. In: *Revista Famecos*. Porto Alegre: PUCRS, n. 15, p. 74-82, ago. 2001. Disponível em < https://revistaseletronicas.pucrs.br/ojs/index.php/revistafamecos/article/view/3123>. Acesso em: 14 set. 2021.

MAFFESOLI, Michel. *Homo Eroticus*. Comunhões Emocionais. São Paulo: Forense Universitária, 2014.

MAFFESOLI, Michel. *O conhecimento comum*: introdução à sociologia compreensiva. Porto Alegre: Sulina, 2007.

MAFFESOLI, Michel. *A Transfiguração do Político*: a tribalização do mundo. Porto Alegre: Sulina, 2011.

MAFFESOLI, Michel. *No fundo das aparências*. 4. ed. Petrópolis, RJ: Vozes, 2010.

MAFFESOLI, Michel. *Pactos Emocionais*: reflexões em torno da moral, da ética e da deontologia. Curitiba: PUC Press, 2018.

MAFFESOLI, Michel. *La force de l'imaginaire*: contre les bien-pensants. Montréal: Liber, 2019.

MANSOUR, Léda. *The practice of online re-information*. Revista Mídia e Cotidiano, v.13, n.1, 2019.

MORAES, Heloisa Juncklaus Preis Moraes. Sob a perspectiva do imaginário: os mitos como categoria dos estudos da cultura e da mídia. In: FLORES, Giovanna G. Benedetto; NECKEL, Nádia Régia Maffi; GALLO, Solange Maria Leda (orgs). *Análise de Discurso em Rede*: cultura e mídia. Campinas: Pontes, 2016.

MORAES, Heloisa Juncklaus Preis Moraes; BRESSAN, Luiza Liene; FERNANDES, Ana Caroline V. Espaço reconfigurado: a casa como sala de aula e um novo imaginário emergencial pela pandemia. *Revista educação e cultura contemporânea*. v. 18, n. 54, p. 638-653, 2021.

NORA, Pierre. L'événement monstre. In: *Communications*, 18, 1972. L'événement. pp. 162-172. Disponível em: https://www.persee.fr/doc/comm_0588-8018_1972_num_18_1_1272. Acesso: 03 jun. 2022.

PITTA, Danielle Perin Rocha. *Iniciação à teoria do imaginário de Gilbert Durand*. Rio de Janeiro: Atlântica, 2005.

RIBEIRO, Renata Rezende. La réinfosphère brésilienne: fake news et intolérance dans l avie quotidienne numérique. *Sociétés: Revue des Sciences Humaines et Sociales*, n.147. Deboeck Supérieur, 2020.

RIBEIRO, Renata Rezende.; MARTINUZZO, José Antonio. A reinfosfera na pandemia do novo coronavírus: infodemia, fake news e sociabilidade perversa. *Liinc Em Revista*, *17*(1), e5694. 2021. Ver mais in: https://doi.org/10.18617/liinc.v17i1.5694.

RICOEUR, Paul. *A memória, a história e o esquecimento*. Campinas, SP: Editora da Unicamp, 2007.

SELIGMANN-SILVA, M. (Org.). *História, memória, literatura*: o testemunho na Era das Catástrofes. Campinas, SP: Editora da Unicamp, 2003.

SILVA, Juremir Machado da. *As tecnologias do Imaginário*. 3. ed., Porto Alegre: Sulina, 2012.

SIMMEL, Georg. As grandes cidades e a vida do espírito (1903). *Mana*, Rio de Janeiro, v. 11, n. 2, Oct. 2005, p. 577-591. Disponível em: https://www.scielo.br/j/mana/a/WfkbJzPmYNdfNWxpyKpcwWj/?format=pdf&lang=pt. Acesso em: 13 set. 2021.

SIMMEL, Georg. *Questões fundamentais da sociologia*. Rio de Janeiro: Jorge Zahar, 2006.

VIDAL, Bertrand. Repetição, alteridade radical e realidade desativada: a diplopia das imagens dos eventos-catástrofe. In: GUTFREIND, Cristiane Freitas; SILVA, Juremir Machado da; JORON, Philippe. (orgs.). *Laço social e tecnologia em tempos extremos*: imaginário, redes e pandemia. Porto Alegre: Sulina, 2020, p. 79-93.

MAS EIS QUE CHEGA A PANDEMIA E CARREGA A HISTÓRIA PRA LÁ... IMAGINÁRIOS E MEMÓRIA TELEAFETIVA NA CONSTRUÇÃO ATÍPICA DE *AMOR DE MÃE*

Aurora Almeida de Miranda Leão[1]
Leonardo Alexsander Lessa[2]
Mario Abel Bressan Júnior[3]

Introdução

Amor de mãe é um drama urbano protagonizado por três aguerridas mulheres, de faixas etárias e classes sociais diferentes, as quais têm seus destinos entrelaçados por diferentes tragédias afetas a seus filhos. A telenovela é a primeira na qual as protagonistas são mães de produção independente, todas dedicadas trabalhadoras e autênticas guardiãs de suas crias. Um ponto a destacar: nenhuma é loura e cada uma representa simbolicamente uma etnia: Telma (Adriana Esteves) é a branca; a negra é Vitória (Taís Araújo), e Lurdes (Regina Casé) tem biótipo indígena, portanto, *Amor de mãe* é pioneira na ficção seriada do horário nobre sem loura no papel principal. Poderia ser apenas um detalhe, não fosse o Brasil um país que insiste em guardar traços da colonização e a "importação" da mulher loura é quase uma imposição natural. Ademais, trata-se de país com fortes traços de racismo, no qual poucas vezes houve negras ou negros protagônicos na teledramaturgia. "Amor de mãe" ousa e coloca a nossa mestiçagem com enriquecedor protagonismo.

A obra é também a única que passará à posteridade como novela com duas "temporadas": interrompida no auge do desenvolvimento de seu arco

---

[1] Doutoranda do PPGCOM/UFJF. Integrante do NAMÍDIA e COMCIME.

[2] Mestre em Ciências da Linguagem (PPGCL/UNISUL). Integrante do MARC.

[3] Docente do Programa de Pós-Graduação em Ciências da Linguagem da Universidade do Sul de Santa Catarina (PPGCL/UNISUL). Líder do grupo de pesquisa Memória, Afetos e Redes Convergentes (MARC).

dramático por conta da abrupta chegada da Covid-19, faltavam ainda 50 capítulos para o desfecho da trama. E a pandemia veio introduzindo elemento inédito na história da teledramaturgia: a interrogação ao invés do ponto final. Como encerrar uma história sem o clássico Fim? Como prosseguir se o que estava em jogo era a vida das pessoas?

Essa inesperada interrogação apontava para um momento dramático, tanto na condição humana sobre a terra como no desenrolar de um enredo da teleficção seriada. Ademais, abria espaço fortuito para a convocação de imaginários e da memória teleafetiva. A solução encontrada foi diminuir os episódios restantes à metade e, obviamente, alterar o andamento inicial pensado.

A construção narrativa

A vinheta de abertura de *Amor de mãe* mostra o mar da capital fluminense em tons cinzentos, destoando do habitual. Várias mães estão com seus filhos, idades e contextos diferentes, em fotos captadas no cotidiano, enquanto ouve-se Gonzaguinha (1945-1991), notório censurado pelo regime militar, cantando "É", cuja letra semelha um grito do cidadão comum exigindo respeito e bradando contra injustiças sociais e desmandos políticos corriqueiros no país. A canção integra a trilha da novela de Gilberto Braga, *Vale tudo* (TV Globo, 1988).

Segundo Manuela Dias, ela introduziu no horário nobre a "dramaturgia de rua"[4], opção que singulariza o modo de criação do roteiro, configurando assinatura diferencial no âmbito da teledramaturgia brasileira. Sua antecessora foi *A dona do pedaço*, de Walcyr Carrasco, trama com diversas nuances do chamado pastelão[5] que descambava para a obviedade e exagerava em apelos comerciais, logo, há mesmo um distintivo na autoria.

---

[4] Ver definição da autora Manuela Dias: "é uma novela mais realista, uma dramaturgia de rua, quase documental, voltada muito a restituir o volume humano da paisagem". Disponível em: ttps://www.arteblitz.com/televisao/manuela-dias-autora-de-amor-de-mae-provocacao-afetiva-quero-que-a-gente-volte-a-olhar-as-pessoas. Acesso em: 10 set. 2020.

[5] Pastelão é o termo usado para referir uma obra que aposta no exagero cômico. Suas marcas registradas são o texto escrachado e as situações absurdas. Ver matéria "Quais são os tipos de comédia? Conheça alguns dos subgêneros cômicos mais famosos". Disponível em: https://super.abril.com.br/mundo-estranho/quais-sao-os-tipos-de-comedia/. Acesso em: 05 jun. 2022.

Em diversas entrevistas concedidas antes e durante o lançamento da novela, a autora fala sobre a construção colaborativa do roteiro, mas afirma fazer questão de escrever as falas por considerar essa uma parte pessoal e intransferível do processo de criação: "O diálogo é a pele da dramaturgia". E foi da observação de pessoas comuns que transformou sua escrita. No início da carreira, ela adotou uma estratégia inusitada para ouvir boas histórias: postou-se no aglomerado centro do Rio de Janeiro com um gravador de entrevistas, com muitas moedas de R$ 1 no bolso.

O objetivo era pagar para que pessoas anônimas sentassem para contar suas histórias de vida. Durante quase dois anos, Manuela fez-se ouvinte no meio da cidade, nascendo daí a "dramaturgia de rua", incorporada à narrativa de *Amor de mãe*, como antes fizera com a minissérie *Justiça* (2016).

Grande parte da história de *Amor de mãe* acontece no fictício bairro do Passeio, inspirado em São Cristóvão, onde fica a famosa feira nordestina do Rio de Janeiro. O lugar é sempre visto a partir de um movimentado viaduto, análogo à arquitetônica da vida real. Isso contribui decisivamente para o tom de veracidade, conforme explicou o cenógrafo Alexandre Gomes à época da estreia.

A fase inicial teve início em 25 de novembro de 2019 indo até 21 de março de 2020, quando houve a interrupção no ápice da trama: era o momento no qual Thelma cometia o assassinato de sua primeira vítima, atropelando Rita (Mariana Nunes), a mãe biológica de Camila (Jéssica Ellen), filha adotada por Lurdes à hora em que deixava seu rincão nordestino visando encontrar o filho Domênico (Chay Suede). A cena revela o verdadeiro caráter da personagem de Adriana Esteves: uma psicopata, assassina, para quem valia fazer qualquer coisa para não perder o herdeiro.

Interferência da pandemia

A noção exata da gravidade da pandemia viveu seu clímax com o anúncio da paralisação das gravações de todo o conteúdo ficcional da TV Globo. Quando todos os programas jornalísticos da emissora exibiram reportagem mostrando o vazio dos estúdios, e as atrizes Adriana Esteves e Regina Casé contando sobre a paralisação dos trabalhos até que fosse possível produzir sem arriscar a vida de artistas, diretores, técnicos e produtores, o alarme ecoou: aquele fato indicava gravidade nunca vista em nenhum outro momento da vida nacional.

Em mais de 50 anos de história, o esquema constante de gravações das telenovelas da Rede Globo (numa média de 4 a 5 com capítulos diários) jamais havia estacionado. Ainda quando algumas novelas foram abreviadas por problemas de morte no elenco ou censura do período ditatorial, deixar de gravar nunca tinha sido opção. Em 2020, tratava-se de questão inarredável: preservar a vida humana.

Por isso, a história da teledramaturgia registra *Amor de mãe* como única telenovela a ter trajetória interrompida – com mais da metade dos capítulos já tendo ido ao ar – por causa da grave intercorrência mundial da pandemia. A solução sensata e viável era suspender a rotina de gravações, por tempo indeterminado. A imprensa destacou a paralisação e registrou a força da telenovela no imaginário nacional[6]: obras foram reprisadas, alcançando grande audiência, e o destino dos personagens da narrativa das 21h era aguardado com ansiedade.

Como em outras partes do mundo, autores e diretores de obras audiovisuais criaram soluções inusitadas para dar continuidade ao esquema de gravações decorridos os primeiros meses pandêmicos, encontrando, com respaldo da Ciência, formas de prosseguir o trabalho sem incorrer em danos humanos.

No Brasil, casos de Covid-19 atingiram patamares absurdos, totalizando mais de 600 mil vítimas. Mesmo assim, *Amor de mãe* voltou a ser gravada, sofrendo redução de capítulos, ficando apenas o necessário para definir o destino dos personagens. À Manuela Dias e seus colaboradores (Mariana Mesquita, Roberto Vitorino e Walter Daguerre) coube outro setor igualmente difícil: dar coerência ao traçado dramático e reconectar o público ao enredo.

---

[6] Ver matéria "Em meio à pandemia, novelas repetidas são campeãs de audiência". Disponível em: https://exame.com/casual/em-meio-a-pandemia-novelas-repetidas-sao-campeas-de-audiencia/. Acesso em: 06 jun. 2022.

Jéssica Ellen, que viveu Camila, gravando em ritmo de pandemia.
(Fonte: TV Globo, 2020).

A volta da novela à programação aconteceu em primeiro de março. Ao todo, foram 30 capítulos, divididos entre breve resumo do enredo e novas sequências, gravadas seguindo rígidos protocolos (incluindo quarentena de 15 dias em hotel para todos os envolvidos, uso de máscara e álcool gel, distanciamento, roupas especiais, acrílico para distanciar atores e técnicos, beijos através de telas e depois unidos no processo de montagem). Os primeiros quinze capítulos da volta foram ao ar em março de 2021: um compacto dos mais importantes pontos da narrativa, entrando a fase nova no dia 15, capítulo 103, com as sequências gravadas no pós-pandemia.

As imagens iniciais são arrepiantes: panorâmica de Nova Iorque inerte, câmera mergulhando em cenários turísticos internacionais desérticos, assinalando o impacto da pandemia no mundo. França, Inglaterra, Itália, Alemanha, Portugal aparecem com seus espaços vazios e a voz *off* de Lázaro Ramos narra o estado avassalador da pane sanitária que assolou o planeta, fazendo aflorar potentes imaginários.

"Se essa pandemia veio pra ficar, vão ter que inventar uma máquina de lavar compra". "Vamos na farmácia comprar todo o álcool gel do mundo que agora a moda é egoísmo". Essas frases abrem a segunda fase da novela, proferidas por Lurdes, a personagem mais popular da trama, vivida por Regina Casé, que conquistou o público mesmo antes da estreia. Representando uma mãe com a qual logo o telespectador se identifica – seja porque lembra da sua, seja porque se vê partilhando dos mesmos sentimentos –, Lurdes foi o grande símbolo da novela, convocando diversos imaginários, dentre os quais podemos citar o da nordestina migrante, sofrida, empregada doméstica, mãe em tempo integral, pobre, moradora da periferia carioca, aguerrida e do tipo que "nunca desiste".

Desde o início, é clara a postura inclusiva e antirracista da novela, a favor da diversidade, da tolerância e da liberdade de expressão, sobretudo através de Camila (Jéssica Ellen) – negra, favelada e professora, numa pujante alusão à Marielle Franco[7] (1979-2018). A volta da trama à grade de programação enfatiza a valoração de todo esse aparato identitário, realçando a relevância dos profissionais da saúde e do magistério. Isso era transmitido não só pelos textos e a interpretação, mas também pela sintaxe entre os personagens, a luz, a fotografia, os enquadramentos, a *mise-en-scène*[8].

Apostando na incorporação de depoimentos de pessoas reais para construir o arco narrativo, cerne da chamada "dramaturgia de rua"[9], opção que difere *Amor de mãe* de outros títulos, a autoria não se distanciou do melodrama: o capítulo final foi belo exemplo disso, assentindo a herança folhetinesca e assinalando seu vigor, sua popularidade e capacidade de cultuar a empatia, matrizes tão caras à literatura melodramática.

---

[7] Socióloga, negra, defensora dos direitos humanos e vereadora do Rio de Janeiro, assassinada em março de 2018, em crime com repercussão internacional. Disponível em: https://www.politize.com.br/quem-foi-marielle-franco/. Acesso em: 08 jun. 2022.

[8] Expressão francesa utilizada para designar todos os elementos que compõem a encenação.

[9] Segundo Manuela Dias, Dramaturgia de Rua é "a conversa comum, a intimidade dos grandes e dos pequenos eventos - seja o sentimento do rei no dia da coroação ou o sofrimento que o vendedor de cafezinho está vivendo naquele dia de trabalho. Busco a intimidade para mostrar como todos nós somos protagonistas das nossas histórias". Disponível em: https://g1.globo.com/globo-news/noticia/2016/09/gente-se-revela-quando-ama-tem-medo-ou-poder-diz-manuela-dias-autora-de-justica.html. Acesso em: 05 jun. 2022.

Cena mais aguardada da trama marca elevada sintonia com o público (Fonte: TV Globo, 2020).

Teia de Imaginários

A maternidade é assunto que afeta a todos, não só as mulheres que são mães. Essa condição carrega em si múltiplos imaginários, os quais tornam-se ainda mais pujantes quando alimentados por tecnologias, como o audiovisual, a música, as construções imagéticas. Nesse caminho, *Amor de mãe* oferece generosa configuração: há mães em várias temporalidades e espaços, bem como falas corriqueiras que são muito bem encaixadas na trama. Para exemplificar, vejamos algumas dessas: "Amor de mãe não tem limite"; "A verdade é que sua mãe tinha razão: nunca se deve ensinar alguém a imitar a letra da gente... as mães sempre têm razão"; "Mãe, tudo que eu sou devo a você".

Segundo Juremir Machado da Silva (2012), "pesquisar é fazer emergir algo que não aparece à primeira vista". Chamada de Análise Discursiva de Imaginários (ADI) ou Tecnologias do Imaginário (TI), a metodologia consiste de três etapas: Estranhamento, Entranhamento e Desentranhamento. Com a palavra, o autor:

> Por imaginário, deve-se entender uma narrativa inconsciente ou uma ficção subjetiva vivida como realidade objetiva cuja formação ou

> cristalização permanece encoberta exigindo um desencobrimento. [...] É uma visão de mundo que se esconde por trás de um discurso explícito e passível de análise (Silva, 2010, p. 97 e 103).

A forte presença de imaginários robusteceu a diegese com uma potente dialogia ficção x realidade, estimulada pela inédita rede de informação jornalística criada por um consórcio de empresas de comunicação para prestar esclarecimentos sobre a pandemia. Essa intersecção real e ficcional favoreceu a adesão do público por identificação e projeção, sendo possível apontar imaginários cruciais que emergiram ao mesmo tempo, na trama e no dia a dia da população: o temor do desconhecido; a ideia da morte; o pânico de enfrentar filas nos hospitais; as angústias e aflições de quem morava sozinho ou distante do núcleo familiar; o sofrimento de trabalhadores da área de Saúde e o das pessoas vitimadas; o abandono das populações de rua; a escassez de condições de saneamento básico em comunidades periféricas de todo o país; a aflição de quem precisava ir às compras, bem como o medo do desemprego; a solidariedade efetivada por doações de comida, máscara e álcool gel aos desamparados; a angústia pela espera das vacinas e o pavor de contrair o vírus. Afinal, "quem planta imagens, colhe imaginários" (Silva, 2003, p. 101).

> O imaginário surge da relação entre memória, aprendizado, história pessoal e inserção no mundo dos outros. Nesse sentido, o imaginário é sempre uma biografia, uma história de vida. Trata-se de uma memória afetiva somada a um capital cultural. [...] O imaginário é um reservatório afetivo de imagens, de onde cada um retira o combustível para as suas motivações e um motor. Ele está sempre por trás dos discursos (Silva, 2010, p. 57, 67 e p. 97).

Para isso, a primorosa fotografia de Walter Carvalho e a direção de José Luiz mise-en-scène foram decisivas, ambos valendo-se de ferramentas caras ao cinema, como o emprego da câmera subjetiva, o *mise-en-scène*, a voz *off*, o uso de drones, a profundidade de campo e o recurso do *flashback*, além da inclusão de encontros e conversas virtuais, conforme a humanidade viu-se forçada a incorporar.

Enredo e cenas marcantes

Amor de mãe é a história de três mulheres e suas trajetórias maternas. Lurdes, Thelma e Vitória são de diferentes gerações, profissões e classes sociais. Lurdes tem cinco filhos, sendo uma adotada; Thelma tem um único filho, também postiço; e Vitória tem dois, um por adoção e outro que só no desenrolar da narrativa é revelado.

O capítulo do recomeço foca em aspectos essenciais: inicialmente, Lurdes aparece gravando um vídeo no qual pede apoio para encontrar Domênico. Com Thelma, reaviva-se a cena do atropelamento de Rita, mãe de sua nora. Isso acontece quando a órfã acende uma vela no quarto: Thelma vai lá, vê a foto da mulher que ela matou no capítulo que concluiu a primeira fase da novela, e diz achar muito mórbido acender vela para uma pessoa morta no quarto de um bebê (a jovem tem um recém-nascido com Danilo, o filho adotado que é de fato Domênico), e a moça responde: "Poxa, ela é minha mãe biológica e hoje fazem 6 meses que ela partiu".

Em seguida, a vilã aparece sozinha a relembrar o dia do encontro fatídico, dessa forma reavivando a memória da perversidade para o telespectador. A estratégia convoca a memória teleafetiva a partir de símbolos que recuperam a construção da narrativa e nos quais estão imbricados uma série de imaginários.

Prosseguindo, Danilo aparece e diz à esposa ter ouvido o diálogo entre as duas, sugerindo mudança de casa por não ser mais possível dividirem o mesmo teto. Camila fala da dificuldade de mudar em plena pandemia, enquanto ele argumenta que, por causa disso, os aluguéis estão mais baratos. E assim a trama segue valendo-se de *flashbacks* ou conversas entre personagens explicando o que ocorreu com eles no período em que estiveram ausentes.

Cabe mencionar o momento marcante do capítulo de 13 de janeiro de 2020, no qual há um diálogo emocionante entre Lurdes e Camila. A escola onde a professora leciona corre risco de ser fechada por Álvaro (Irandhir Santos), o criminoso empresário. Para impedir isso, alunos resolvem acampar no prédio; um dia a polícia vai até lá, invade e atira. Um dos tiros atinge a docente e a sequência evoca caso análogo acontecido em favela carioca no ano anterior. No hospital, depois de momentos muito tensos, a professora aparece cansada, assustada e preocupada: ela descobre estar grávida, revela insegurança e ouve a mãe dizer, "Tu vai aguentar! Tu é forte". As palavras parecem saídas da boca de alguma mulher que encontraremos na próxima esquina, tal é a similaridade com situações das quais ouvimos falar constantemente nos noticiários e em *posts* nas mídias sociais:

> Eu sempre vou ter que ser forte, sempre. Eu tenho que ser forte porque a gente é pobre e eu quero estudar. Aí eu tenho que passar de primeira porque eu não posso perder nenhuma chance. Nenhuma! Eu tenho que ser forte porque eu sou mulher e pra mulher tudo é mais difícil. Tenho que aguentar sempre um babaca olhando para o meu peito, ao invés de prestar atenção no que eu tenho a dizer. Eu tenho que ser forte porque eu sou preta e a gente vive em um país racista. Eu tenho que ser forte porque eu sou professora, porque eu tentei ajudar os meus alunos e eu tomei um tiro. Eu tenho que ser forte... Eu tô cansada, mãe! Eu tô cansada de ser forte! Eu não vou poder ser fraca? Nem um dia?

Assim, deflagra-se a pujança de uma dramaturgia que nasce com a força verbal de uma palavra "transposta" da rua para a cena, ganhando vigor teledramatúrgico ao contar com o reforço imagético de dois criadores advindos do cinema, Walter Carvalho e José Luiz Villamarim. Desse modo, a empatia provocada pela obra aparece como consequência dessa junção de profissionais cientes do poder da imagem e da potência da dramaturgia realista.

Acionamento de uma Memória Teleafetiva em *Amor de Mãe*

Entre os aspectos contidos em *Amor de mãe* que nos sugerem a presença de uma teleafetividade, iniciamos destacando a composição dos personagens, especialmente da protagonista, Lurdes, interpretada por Regina Casé. Ao representar uma mãe humilde e batalhadora que faz de tudo para proporcionar uma boa criação aos filhos, a personagem evoca memórias afetivas dos telespectadores, que, ao assistirem à trama de Lurdes, lembram de suas próprias mães e avós. Tais rememorações são impulsionadas, também, por elementos como uma cenografia realista[10] e a fotografia, pensada para caracterizar um calor e um aspecto humano que aproximem o espectador da narrativa (Globoplay, 2021).

---

[10] Esse aspecto se dá, especialmente, na composição das casas, que apresentam todos os cômodos, janelas e portas, diferentemente do que ocorre na produção da maior parte das telenovelas.

Ademais, *Amor de mãe* desperta a memória teleafetiva do público ao apresentar referências a outras telenovelas da Rede Globo, especialmente por meio de reflexões sobre maternidade. Nessa perspectiva, é possível recordar o enredo de *Por amor*, produção exibida entre 1997 e 1998, que mostra a personagem Helena (Regina Duarte) trocando seu recém-nascido vivo pelo bebê morto de sua filha Eduarda (Gabriela Duarte).

Do mesmo modo, em *Laços de família*, apresentada entre 2000 e 2001, a personagem Camila (Carolina Dieckmann) se apaixona pelo namorado da mãe, Helena (Vera Fischer), colocando um fim no relacionamento. Ainda assim, Helena passa por cima de suas mágoas e faz de tudo para salvar a vida da filha quando ela adoece. Em *A dona do pedaço*, de 2019, a personagem de Juliana Paes fica de coração partido ao depor contra a própria filha, a vilã Jô (Ágatha Moreira), acusada pelo crime de homicídio (Duarte, 2019).

Em *Senhora do destino*, em 2004, Aguinaldo Silva também trouxe em seu melodrama o mote do filho roubado e duas mães disputando a criança. Um grande sucesso concluído em 2005, que fez da vilã Nazaré, vivida por Renata Sorrah, um ícone da teledramaturgia.

Em seu enredo, *Amor de mãe* traz elementos semelhantes a esses. Na trajetória de Lurdes, por exemplo, observamos uma mãe que, ao longo de mais de vinte anos, tenta reencontrar o filho Domênico (Eros Lázari/Chay Suede), vendido pelo pai aos dois anos de idade. Em contrapartida, Thelma (Adriana Esteves), que comprou o pequeno Domênico para substituir um filho que havia perdido, se torna uma assassina para encobrir a verdadeira identidade dele e continuar fingindo ser sua verdadeira mãe.

A partir disso, a novela aposta em temas com os quais o público já está familiarizado, impulsionando a ocorrência de memórias teleafetivas. Nesse sentido, Bressan Júnior (2019) afirma que a televisão e as telenovelas estão num contexto imaginário e social, de modo que assistir a esse tipo de programação promove uma socialização entre os telespectadores, além de estimular suas emoções e afetos. Quando os elementos de uma produção televisiva do passado são referenciados por uma nova atração, como ocorre em *Amor de mãe*, nossa memória faz com que afetos constituídos no passado sejam novamente evocados, gerando as memórias teleafetivas.

Para o autor (Bressan Júnior, 2019) uma memória teleafetiva é aquela formada e evocada pela televisão, por ser ela um meio socializador, constituinte em uma coletividade que auxilia na construção e identificação de memórias. A TV passa a ser um elemento do cotidiano, que faz parte da vida do telespectador. Por isso, a teledramaturgia aciona constantemente reminiscências. Ano após ano, histórias são recontadas, o que facilita a cognição do público, que nunca está só, há sempre pessoas e personagens compondo a sua narrativa de vida real.

Como diz Halbwachs (2006, p. 30), as nossas memórias continuam coletivas e são acionadas por outros, mesmo em situações e eventos (como ele gosta de referir), em que estivemos sós. Para ele, o sujeito nunca está sozinho. "Não é preciso que outros estejam presentes, materialmente distintos de nós, porque sempre levamos conosco e em nós certa quantidade de pessoas que não se confundem."

A presença do indivíduo em um grupo não necessariamente deve ser fisicamente, mas no modo adotado para retomar às formas de pensamentos e vivências proporcionadas pelo grupo. "Para confirmar ou recordar uma lembrança, não são necessários testemunhos no sentido literal da palavra, ou seja, indivíduos presentes sob uma forma material e sensível." (Halbwachs, 2006, p. 31) Esta participação coletiva vai além da presença física, pois está ligada a outras maneiras de "estar junto". Os sujeitos podem partilhar de momentos comuns ao assistirem na televisão a uma programação vista com seus familiares. No momento do retorno dessas imagens, ele até pode estar sozinho, contudo, a programação o aproxima de alguém por meio da memória coletiva.

A telenovela *Amor de mãe*, em meio à pandemia, trouxe esse "estar junto". A mãe batalhadora, sofredora e em busca do filho perdido reconstitui lembranças e valida a identificação da personagem Lurdes com a audiência.

Em casa, isolados e com medo do mundo externo, *Amor de mãe* acalentou corações ao trazer dramas conhecidos, rememorados a partir de uma estética e fotografia bem elaborada e condizente com a situação atual no país.

De forma semelhante, o retorno de *Amor de mãe* em 2021, após quase um ano fora do ar, promoveu a reprise dos capítulos iniciais da novela por meio de episódios compactos exibidos ao longo de duas semanas. Contudo, em vez de simplesmente reexibir cenas da primeira fase da história, a equipe optou por uma edição mais dinâmica, na qual os próprios personagens narram os acontecimentos passados. De acordo com Halbwachs (2006), nossas lembranças se tornam mais facilmente acessíveis quando são evocadas coletivamente. Portanto, ao apresentar esse estilo de narração, *Amor de mãe* reforça seu caráter de obra catalisadora de rememorações; afinal, proporciona que os telespectadores recordem juntamente com os personagens, recriando laços entre a audiência e a narrativa.

Além disso, o fato de termos uma novela inédita sendo exibida novamente, tal qual acontecia no período anterior ao Covid-19, restaura no público um senso de normalidade e estimula memórias e afetos ligados ao mundo pré-pandemia. Consideramos que o gênero das telenovelas se sustenta na continuidade, uma vez que "as novelas se baseiam na premissa da familiaridade e na expectativa pela completude da trama" (Martins, 2021, n.p.). Com isso, ao exibir a sequência de *Amor de mãe*, a emissora oferece ao público uma sensação de continuidade diante daquilo que parecia estar prestes a se tornar descontínuo, gerando, assim, emoções positivas e simbólicas que somente a memória é capaz de proporcionar.

Considerações finais

Amor de Mãe certamente ficará no imaginário e na memória do telespectador como a telenovela que colocou "as máscaras" no ar, literalmente. Com um enredo próprio, baseado na dramaturgia de rua proposta pela autora, a narrativa trouxe elementos típicos de outros melodramas e enfrentou um obstáculo nunca antes vivido na produção do audiovisual.

Com essa pesquisa, percebemos que as tecnologias do imaginário impulsionam e evocam memórias teleafetivas no público. Ao olhar para outros enredos, constatamos as semelhanças nas personagens e motes dramáticos. Mães e filhos parecem ganhar espaço no horário nobre, o que promove identificação e aproximação com as histórias.

Nesse artigo, evidenciamos que toda memória teleafetiva carrega consigo elementos de um imaginário, o que para Silva (2010) emerge da relação entre o aprender e o guardar e dos reservatórios afetivos que funcionam como combustíveis e motores para que o vínculo social aconteça.

Acreditamos que *Amor de Mãe*, em meio à pandemia do Covid-19, consolidou a verossimilhança, mesclando imagens e contextos reais em meio à ficção. Além disso, entrou nas casas dos telespectadores no momento em que todos compartilhavam de situações assim.

A narrativa de Manuela Dias tomou um rumo diferente do previsto, todavia consolidou seu tempo e espaço na pandemia, evocando imaginários e memórias, reais e fictícias.

Referências

BACCEGA, Maria Aparecida. A construção do “real” e do “ficcional”. In*: Comunicação e análise do discurso*. Roseli Figaro (org.). São Paulo: Editora Contexto, 2012.

BRESSAN JÚNIOR, Mario Abel. *Memória teleafetiva*. Florianópolis: Insular, 2019.

DUARTE, Gabriela. *Da realidade a ficção, o amor de mãe é incontestável!* 2019. Disponível em: https://www.literalmenteuai.com.br/da-realidade-a-ficcao-o-amor-de-mae-e-incontestavel/. Acesso em: 05 out. 2021.

GLOBOPLAY. *Walter Carvalho e equipe falam sobre a fotografia de 'Amor de Mãe'*. 2021. Disponível em: https://globoplay.globo.com/v/9294426/programa/. Acesso em: 05 out. 2021.

HALBWACHS, Maurice. *A memória coletiva*. São Paulo: Centauro, 2006.

MARTINS, Maura. *O retorno de 'Amor de mãe' era tudo o que precisávamos*. 2021. Disponível em: https://escotilha.com.br/cinema-tv/canal-zero/o-retorno-de-amor-de-mae-era-tudo-o-que-precisavamos/. Acesso em: 05 out. 2021.

SILVA, Juremir Machado da. *As Tecnologias do Imaginário*. 3. ed. Porto Alegre: Sulina, 2012.

SILVA, Juremir Machado da. *O que pesquisar quer dizer*: como fazer textos acadêmicos sem medo da ABNT e da CAPES – Análise Discursiva de Imaginários (ADI). 4. ed. Porto Alegre: Sulina, 2010.

FAKE NEWS DÁ ENREDO, MAS NÃO DÁ SAMBA: DESINFORMAÇÃO, CARNAVAL E PANDEMIA

Rafael Otávio Dias Rezende[1]
Ana Carolina Campos de Oliveira[2]
Samara Miranda da Silva[3]

Introdução

No dia 24 de fevereiro de 2020, a escola de samba São Clemente abriu a segunda noite de desfiles do Grupo Especial do Rio de Janeiro com o enredo *O conto do vigário*. A bem-humorada apresentação relacionou várias informações enganosas que tiveram repercussão na mídia nacional, desde o período colonial até as *fake news* da atualidade, constituindo-se em "uma verdadeira crônica dos desacertos do nosso país", conforme aponta o carnavalesco da agremiação, Jorge Silveira (2020, p. 10).

Apenas dois dias depois, no dia 26 de fevereiro, a Quarta-Feira de Cinzas de 2020 se tornou marcante não apenas pelo fim oficial dos festejos carnavalescos. Foi nessa data que se confirmou o primeiro caso do novo coronavírus em solo brasileiro, em um morador do município de São Paulo recém-chegado da Itália, país que naquele momento já era um dos focos mundiais da pandemia (Rodrigues, 2020).

Desde então, a Covid-19 no Brasil resultou em mais de 30 milhões de casos e um número superior a 660 mil vítimas da doença[4]. O setor carnavalesco também sofreu com a pandemia: desde a infecção e óbito de sambistas notáveis, passando pelos prejuízos econômicos daqueles que têm no carnaval sua principal fonte de renda, até o próprio impacto da estagnação

---

[1] Doutorando do PPGCOM/UFJF. Integrante do NAMÍDIA.

[2] Mestranda do PPGCOM/UFJF. Integrante do NAMÍDIA.

[3] Mestranda do PPGCOM/UFJF. Integrante do NAMÍDIA.

[4] Dados de 30 maio 2022. Cf. https://covid.saude.gov.br/.

do setor cultural e de turismo com o adiamento e cancelamento de desfiles e blocos de rua.

Não obstante aos desafios provocados pela crise sanitária e econômica, as instituições carnavalescas ainda enfrentaram nesse período a disseminação do também nocivo "vírus" das *fake news*. Sendo assim, com o auxílio da metodologia de Estudo de Caso (Yin, 2001), o artigo se propõe a detectar episódios de desinformação que acometeram o carnaval carioca e paulistano, entre fevereiro de 2020 e fevereiro de 2022. O objetivo é investigar quais foram as principais *fake news* divulgadas nesse período sobre a folia nas duas metrópoles e como estas contribuíram para a construção de um discurso de culpabilização da festa popular brasileira pela disseminação em massa da pandemia no país.

Fake news e pós-verdade

A partir de eventos políticos de destaque, principalmente na segunda metade da década de 2010, como as eleições presidenciais norte-americanas em 2016 ou o Brexit no Reino Unido, as *fake news* assumiram um papel de destaque nas discussões contemporâneas (Gelfert, 2018). O fenômeno das chamadas "notícias falsas", contudo, sempre existiu, podendo ser comparado aos boatos, como apontam Becker e Goes (2020). A principal diferença entre eles, no entanto, é a magnitude de seus impactos, uma vez que, na atualidade, as *fake news* circulam em um rápido e amplo processo de difusão.

A velocidade de propagação das *fake news* está intimamente ligada ao processo de midiatização, que rompe com a hegemonia das instituições midiáticas a partir do avanço tecnológico e das novas possibilidades oferecidas pelos meios digitais, como o surgimento da internet no início da década de 1990 e, por consequência, a criação e a popularização das redes sociais no ambiente digital. Se antes o poder de comunicação, principalmente em grande escala, ficava restrito aos grandes veículos de mídia, agora a produção de conteúdo se tornou descentralizada. Além disso, a velocidade de difusão dessas produções também é uma característica da comunicação atual, fazendo com que conteúdos "viralizem", ou seja, sejam compartilhados de forma intensa, se espalhando rapidamente por um grande contingente de pessoas com facilidade.

Conceituar as *fake news*, no entanto, parece um desafio para diversos pesquisadores. No trabalho *FAKE NEWS: uma definição possível entre a reflexão crítica e a experiência jornalística*, de Becker e Goes (2020), são elencadas pelos autores quatro características que buscam contribuir para melhor definir o que pode ser entendido como *fake news*. A primeira aborda o impacto que a circulação dessas notícias falsas tem na sociedade, principalmente no que diz respeito à criação de uma desconfiança acerca dos relatos jornalísticos; a segunda característica aponta exatamente para a questão já anteriormente apresentada, sobre as *fake news* não serem um fenômeno exclusivo do momento atual, podendo ser comparada aos boatos que sempre circularam pela sociedade; a terceira aponta para o caráter contraditório do termo "notícias falsas", isso porque a palavra "notícia" carrega a implicação de veracidade daquilo que se reporta, não podendo, portanto, ser tida como falsa; por fim, a quarta característica aponta para o fenômeno das *fake news* como "instância do caos informacional contemporâneo" (Becker; Goes, 2020, p. 48), sendo utilizadas por grupos específicos com o objetivo de enganar a audiência em favor de benefícios próprios, de ordem política ou econômica, partindo do compartilhamento da desinformação. De forma resumida, para os autores, as *fake news* "podem ser entendidas como estratégia de determinados grupos de interesse para enganar o público, fortalecer relações de poder, acentuar divisões ideológicas na sociedade ou obter vantagens financeiras" (Becker; Goes, 2020, p. 50).

A palavra *news*, contudo, remete à semelhança que esses conteúdos apresentam em relação às notícias apuradas e produzidas por profissionais jornalistas. Segundo Recuero e Gruzd (2019):

> O mesmo princípio é utilizado por Himma-Kadadas (2017), que acrescenta ainda que as *fake news* utilizam narrativas jornalísticas e componentes noticiosos, tomando parte nas guerras informativas. O componente noticioso, apontado pelos autores, é chave, pois traria para a informação falsa o caráter de credibilidade do jornalismo tradicional, além da aparência de relato de eventos, elemento da notícia jornalística (Kovach & Rosentiel, 2007). As *fake news*, assim, tomariam emprestado do jornalismo, pela emulação de seus padrões de linguagem, a credibilidade e a legitimidade para a narrativa falsa que propagam, apoiando-se em sua função social (Shudson, 2003; Bertolini, 2016).

Ao utilizar características similares às do discurso jornalístico, as *fake news* se apoiam na falsa credibilidade que lhes é concedida para se multiplicarem de forma rápida e difusa, contribuindo para o processo de desinformação e uma verdadeira guerra informacional que se instala na sociedade, possível de ser observada atualmente, principalmente no que diz respeito a embates políticos. É nesse contexto, marcado pela expansão do processo de desinformação, que também se observa o surgimento e ascensão do fenômeno da pós-verdade. "Escolhida como 'palavra do ano' em 2016, a pós-verdade (post-truth) aplica-se a 'circunstâncias em que fatos objetivos têm menos influência em moldar a opinião pública do que apelos à emoção e às crenças pessoais' (Oxford Dictionaries, 2016)" (Castro, 2017, p. 8), ou seja, a subjetividade, a opinião e a emoção se sobrepõem aos fatos objetivos e racionais (Castro, 2017).

A partir de Perosa (2017), Santaella (2018) destaca três fatores que colaboram para que a pós-verdade ganhe cada vez mais expressividade na sociedade atual, sendo o primeiro a grande polarização política trabalhando contra o debate racional; o segundo a descentralização da informação, principalmente com o advento da internet; e o terceiro a descrença e o ceticismo do público em relação aos governos, partidos e à mídia tradicional, que vem sofrendo ataques que buscam colocar em xeque a credibilidade da atuação jornalística. Dessa forma, para além da missão de informar, o jornalismo também passa a assumir o papel de combate às *fake news*, não apenas a partir da apuração e checagem de informações, mas também no ensino ao público sobre como identificar essas notícias falsas.

Em 2020, com a chegada da pandemia de Covid-19 no Brasil, uma nova onda de notícias falsas dominou o país com ideais negacionistas em relação à doença. Após a confirmação do primeiro caso de coronavírus no Brasil, o vírus espalhou-se com facilidade pelo país, que demorou a tomar medidas oficiais, através do Ministério da Saúde, de prevenção, como o isolamento e o distanciamento social, a utilização de máscaras e outros protocolos de higiene. Além disso, a própria postura do presidente da República, Jair Bolsonaro, marcada pela subestimação da doença – que por ele foi tachada como uma "gripezinha"[5] –, pelo não cumprimento dos protocolos de segurança, pela

[5] Cf. www.bbc.com/portuguese/brasil-55107536. Acesso em: 01 jun. 2022.

defesa de tratamentos sem eficácia cientificamente comprovadas, além do discurso antivacina, configuraram um verdadeiro desserviço à população, que continuou a sofrer os impactos do coronavírus com o aumento dos números de casos e óbitos no país, além, é claro, das consequências econômicas e sociais que ainda perduram.

O conto do vigário

No carnaval de 2020, a São Clemente apresentou um desfile de viés crítico e bem-humorado. O carnavalesco Jorge Silveira (2020) conta que o enredo *O conto do vigário* buscou refletir sobre o mau costume brasileiro de levar vantagem sobre a inocência alheia.

Embora tenha rememorado episódios do passado, observa-se que as questões da contemporaneidade foram a principal motivação para a realização da narrativa, resultando nos instantes de maior repercussão midiática e de identificação do público. Destacou-se a crítica a Bolsonaro, interpretado sobre a quarta alegoria (Figuras 1 e 2) pelo humorista e também um dos compositores do samba-enredo, Marcelo Adnet, que reproduziu de forma jocosa famosos gestos do político.

Abaixo de Adnet, componentes representaram o povo enganado: a fantasia *O gado* simbolizou os eleitores que se cegam diante do candidato que elegeram. Utilizando camisas da seleção brasileira de futebol e nariz de palhaço, seguram placas com frases e ideias ditas pelo presidente e seus apoiadores, como "Acabou a mamata", "A Terra é plana", "Foi o Leonardo DiCaprio"[6] e "Tá ok?!". A crítica mostra como Bolsonaro, bem como outros tantos políticos, são criadores e/ou reprodutores de *fake news,* discursos de efeito – mas que na prática se mostram mentirosos – e teorias sem procedência científica.

---

[6] Em novembro de 2019, Bolsonaro culpou o ator estadunidense por financiar as queimadas na Amazônia, uma *fake news* criada em retaliação por DiCaprio ter criticado o presidente pelo aumento do desmatamento da floresta durante o seu mandato. Cf. www.g1.globo.com/politica/noticia/2019/11/29/bolsonaro-acusa-leonardo-dicaprio-e-wwf-de-financiarem-queimadas-na-amazonia.ghtml. Acesso em: 22 out. 2021.

Figuras 1 e 2 – Bolsonaro representado na alegoria *Malandro oficial*

Fonte: Rafael Rezende

A quinta e última alegoria, *A fábrica de fake news*, apresenta uma grandiosa escultura de um Pinóquio – personagem do imaginário infantil símbolo da mentira – articulado como uma marionete. Operários da grande máquina da desinformação coordenam suas engrenagens – verdadeiras milícias digitais, que abastecem as redes sociais a todo momento com inverdades (Silveira, 2020). Na lateral da alegoria, a tela de um grandioso celular exibe uma conversa repleta de informações falsas que se popularizaram no Brasil, como a existência da Ursal[7], a inserção do rosto da cantora Pablo Vittar na nota de cinquenta reais e a imagem do planeta Terra em formato plano.

Figuras 3 e 4 – Alegoria *A fábrica de fake news*

Fonte: Rafael Rezende

Ainda que muitos desses conteúdos soem, por vezes, absurdos ou até irrisórios, eles podem afetar seriamente pensamentos e atitudes dos indivíduos, influenciando inclusive nas decisões políticas da população. Investigações apontam que tal rede de desinformação, que conta com o auxílio de robôs para a disseminação do material, foi estratégia essencial para a eleição de Bolsonaro

[7] O plano de unificar toda a América Latina sob um único estado socialista, a Ursal, é uma invenção criada em tom jocoso pela socióloga Maria Lúcia Victor Barbosa, em 2001. O termo viralizou nas campanhas eleitorais de 2018, ao ser citado em um debate televisivo pelo candidato Cabo Daciolo. A brincadeira se transformou em teoria conspiratória, aproveitando-se do temor de setores conservadores da direita brasileira pelo estabelecimento do socialismo no país. Cf. www.politica.estadao.com.br/blogs/estadao-verifica/termo-ursal-foi-criado-como-brincadeira-e-agora-alimenta-teorias-conspiratorias/. Acesso em: 22 out. 2021.

em 2018, bem como colabora para a sustentação de parte do eleitorado durante a sua gestão (Militão; Rebello, 2019). O samba da São Clemente resume as consequências da danosa fábrica de mentiras para o Brasil nos versos "e o país inteiro assim sambou/ 'caiu na *fake news*'!" (Adnet et al., 2019).

Desinformação, carnaval e pandemia

O levantamento promovido para esta pesquisa identificou 15 *fake news* envolvendo o carnaval do Rio de Janeiro e de São Paulo entre fevereiro de 2020 e fevereiro de 2022. Naturalmente, muitas dessas informações falsas se multiplicaram em diversos *memes* e postagens nas redes sociais, contendo variações no conteúdo.

Dessas, cinco abordavam assuntos diferenciados: a suposta troca de rainha de bateria no Acadêmicos do Salgueiro[8], o tema (mentiroso) do enredo da agremiação paulistana Império de Casa Verde[9], a morte do ator que performou como diabo na comissão de frente da Gaviões da Fiel em 2019[10] e duas *fake news* sobre a utilização de verba pública para a realização do evento. A primeira delas, compartilhada em fevereiro de 2020, tratou-se de uma frase atribuída ao ministro da Economia, Paulo Guedes, defendendo o corte de recursos públicos para megaeventos, como o carnaval, a Parada do Orgulho LGBTI+ e a Marcha para Jesus. Ainda que alguns internautas tenham parabenizado o ministro pela medida, tal declaração nunca existiu[11].

Posteriormente, Marcelo Crivella, então candidato à reeleição pela Prefeitura do Rio na campanha de 2020, alegou que as gestões municipais anteriores chegaram a destinar R$ 70 milhões ao carnaval e que, em sua administração, a verba foi totalmente cortada e destinada a creches. A informação

---

[8] Cf. www.jc.ne10.uol.com.br/social1/2021/08/13030385-aline-riscado-nega-que-ira-substituir-viviane-araujo-como-rainha-de-bateria-do-salgueiro.html. Acesso em: 30 mar. 2022.

[9] Cf. www.srzd.com/carnaval/sao-paulo/fake-news-srzd-vitima-noticia-falsa-sobre-enredo-escola-de-samba/. Acesso em: 30 mar. 2022.

[10] Cf. www.boatos.org/religiao/morre-carbonizado-homem-representou-demonio-arrastando-jesus-carnaval.html. Acesso em: 25 maio 2022.

[11] Cf. www.piaui.folha.uol.com.br/lupa/2020/02/10/verificamos-declaracao-paulo-guedes-corte-de-verbas-carnaval-outros-eventos/. Acesso em: 30 mar. 2022.

é equivocada tanto na afirmação do orçamento disponibilizado pelos gestores que o antecederam, que nunca superou o valor de R$ 50,2 milhões, quanto ao esconder que, embora declaradamente contra à festa, Crivella liberou R$ 79,6 milhões ao evento ao longo do seu mandato[12].

As 10 notícias falsas restantes tinham como assunto central a culpabilização do carnaval pela pandemia de Covid-19, representando 66% do total. Duas delas abordaram os blocos de rua. Na primeira, foi alegado que a cantora Preta Gil teria se apresentado para os foliões enquanto estava contaminada pelo coronavírus, no carnaval de 2020. A informação não procede, pois a artista se infectou ao cantar em um casamento, dias após o fim do carnaval[13]. A segunda *fake news* foi composta pelo vídeo de um bloco nas ruas do Rio de Janeiro, com a informação de que a aglomeração havia ocorrido no carnaval de 2021, quando, na verdade, tratava-se da folia de 2019[14].

Ainda em março de 2020, publicações circularam nas redes sociais afirmando que os governadores desrespeitaram o decreto de Bolsonaro de estado de emergência, ignorando, assim, a ordem de cancelar o carnaval de 2020 para que o novo coronavírus não se alastrasse em solo nacional (AFP, 2021). Um dos *posts* mais compartilhados continha a mensagem "Quem é irresponsável? Bolsonaro decretou estado de emergência dia 03/FEV/2020. 18 dias antes do carnaval. Mesmo assim, governadores assumiram o risco e não cancelaram o carnaval". O estado de emergência citado foi determinado pelo então ministro da Saúde, Luiz Henrique Mandetta, com a intenção de viabilizar a repatriação de brasileiros que estavam na cidade chinesa de Wuhan, epicentro da pandemia naquele momento. Entretanto, nenhum trecho do decreto faz referência ao cancelamento de eventos. A poucos dias da publicação, Mandetta avisou que o carnaval era uma preocupação, mas que não havia nenhuma recomendação específica sobre a festa.

---

[12] Cf. www.carnavalesco.com.br/crivella-faz-uso-de-fake-news-para-atacar-carnaval-em-programa-eleitoral/. Acesso em: 30 mar. 2022.

[13] Cf. www.piaui.folha.uol.com.br/lupa/2020/04/09/verificamos-latam-preta-gil-coronavirus/. Acesso em: 30 mar. 2022.

[14] Cf. www.boatos.org/brasil/bloco-de-carnaval-bradesco-bangu-2021.html. Acesso em: 30 mar. 2022.

Logo, as postagens se configuraram como uma *fake news*, uma vez que: 1) A portaria não possui qualquer recomendação sobre o carnaval ou qualquer outro evento; 2) no início de fevereiro de 2020, ainda não havia casos confirmados de Covid-19 no Brasil e pouco se sabia sobre o vírus e como ele poderia afetar o país, de modo que nem políticos nem órgãos de saúde tinham orientações claras sobre como se comportar diante de um cenário imprevisível; 3) mesmo quando se sabia da gravidade da doença, Bolsonaro fez dezenas de declarações contra o isolamento social, sendo, portanto, incoerente que o mesmo tivesse defendido em algum momento o cancelamento de qualquer evento para evitar aglomeração. Assim, observa-se uma tentativa de isentar a responsabilidade do Governo Federal pela má gestão da pandemia, ao passo que culpabilizam o carnaval e os governadores pelo descontrole no número de casos de Covid-19.

Em junho de 2020, o programa televisivo Conexão Repórter, veiculado no SBT, teve como título *O Inimigo Invisível: Semana 11 - Samba, Carnaval, Poder e Pandemia*. Nele, o âncora e jornalista Roberto Cabrini dedicou a edição à culpabilização do carnaval pela pandemia. A reportagem exibiu imagens da folia de rua e das escolas de samba, intercalando com as tristes cenas de profissionais de saúde desorientados, corredores de hospitais lotados e pacientes com problemas respiratórios graves. A narrativa construída responsabilizava o carnaval de 2020, bem como os governadores e prefeitos que permitiram a sua realização, pela tragédia provocada pela Covid-19. "Enquanto ocorria o carnaval, já haviam 10 pessoas mortas por causa do coronavírus. Enquanto o vírus viajava para os quatro cantos do planeta, o Brasil dançava. E festejava", afirmou Cabrini (2020).

Essa já era a segunda vez que o jornalista citava o evento. A primeira crítica tinha ocorrido de forma mais pontual, no programa exibido em 20 de abril do mesmo ano, quando questionou: "Quando as pessoas que organizaram o Carnaval no Brasil este ano vão pedir desculpas à população pela aglomeração que causaram?"[15]. A polêmica gerada pela declaração motivou a Liga Independente das Escolas de Samba de São Paulo a divulgar um texto em seu

---

[15] Cf. www.observatoriodatv.uol.com.br/noticias/roberto-cabrini-vira-assunto-na-web-com-opiniao-polemica-sobre-o-coronavirus-assista. Acesso em: 10 abr. 2022.

site refutando a hipótese do carnaval como causador da pandemia, uma vez que o primeiro caso confirmado foi de um turista brasileiro recém-chegado da Itália – e não um folião – e que todos os eventos seguiam liberados em fevereiro – como shows, jogos de futebol, feiras internacionais, etc. –, não sendo, portanto, as aglomerações uma exclusividade do carnaval.

> Não há evidências científicas de que o feriado tenha sido a porta de entrada para o vírus no Brasil. De modo infeliz, o Carnaval, historicamente, é criminalizado e rechaçado frente a qualquer problema que o país enfrente. Esse discurso irresponsável e sem fundamento tem sido utilizado numa briga política e reproduzido por negacionistas e histéricos (Liga-SP, 2020).

Fatos distorcidos, pegando um acontecimento para espalhar ódio e intolerância, disfarçados de defesa do cristianismo, da moral e dos bons costumes. Assim ocorreu em 2019, após o desfile da agremiação paulistana Gaviões da Fiel, cujo enredo contou a história do tabaco. Em determinado momento da encenação da comissão de frente, a representação do que seria o mal – na figura do diabo –, arrasta o bem – personificado por Jesus – pela avenida, sinalizando a iminência da vitória. No final, entretanto, o bem triunfa. Porém, adulterando toda a concepção dos artistas e utilizando a imagem do instante em que Jesus está sendo vencido por Lúcifer, diversas postagens nas redes sociais criticaram a exibição e fizeram com que a atuação estivesse entre os assuntos mais comentados do Twitter (Kusumoto, 2019). Repercutindo a performance da lenda, no pós-carnaval foram divulgadas notícias falsas, postagens de redes sociais com milhares de compartilhamentos, notas de repúdio, dois processos, um inquérito policial e pedidos de esclarecimentos de órgãos públicos.

Além da já citada *fake news* sobre a morte do ator que interpretou o diabo nesta comissão de frente, diversas montagens foram amplamente divulgadas nas redes sociais com a aproximação do carnaval de 2021, tendo em comum a ideia de que os festejos daquele ano não iriam acontecer devido a encenação promovida pela agremiação paulistana em 2019. Pois, como supostamente desrespeitaram a Deus, as escolas de samba estariam tendo o seu retorno. Em uma delas (Figura 5), a *fake news* se equivoca quanto à data (2019, e não 2020, como consta no *meme*) e ao local onde ocorreu a polêmica representação da lenda sobre o tabaco, pois, enquanto a primeira foto registra a apresentação da comissão no sambódromo do Anhembi, em São Paulo, a imagem abaixo mostra a pista vazia da Marquês de Sapucaí, localizada no Rio de Janeiro. A confusão, intencional ou não, dá a entender que, independente do lugar ou da escola de samba responsável pela comissão de frente em questão, todas as agremiações carnavalescas eram dignas de sofrerem a punição divina.

Figura 5 - Postagem sobre a comissão de frente da Gaviões da Fiel de 2019

Fonte: https://www.facebook.com/Assembleianosdevalor/posts/863460591059254/

No mesmo período, o então ministro do Turismo, Gilson Machado Neto, compartilhou na rede social Twitter outra montagem, com a legenda "Dá para entender quem manda? Ou tem que DESENHAR?" (Figura 6). Em seguida, tentou justificar a crítica feita a partir da informação inverídica: "Não sou contra o carnaval, sou músico. Sou contra tripudiar e blasfemar o nosso Pai!”. Rebatendo a postagem, a Gaviões da Fiel exibiu a foto do final da apresentação, quando o diabo foi derrotado, ressaltou a vacina e ainda informou a data correta da encenação (Figura 7).

Figura 6 – *Fake news* propagada por Gilson Machado Neto
Figura 7 – Resposta da Gaviões da Fiel

Gilson Machado Neto
@gilsonmachadont

Não sou contra o carnaval,sou músico.
Sou contra tripudiar e blasfemar o nosso Pai!

16:46 · 13/02/2021 · Twitter for iPhone

739 Retweets e comentários 7.918 Curtidas

Em resposta a @gilsonmachadont

O sambódromo vazio é sobre vacina, que algumas antas não entendem e o Carnaval nada tem a ver com isso. PS.: imagem do desfile 2019, não "viaje" e deixe de compartilhar Fake News. E não se esqueça: o bem sempre vence o mal! #Basta

Fonte: Reprodução Twitter

Postagem similar às apresentadas acima foi feita pelo ex-jogador e comentarista de futebol do canal SporTV, Pedro Paulo de Oliveira, em janeiro de 2021. A divulgação gerou críticas e desagradou a direção da emissora, que pertence ao grupo Globo, fazendo com que o ex-atleta a apagasse em seguida[16].

Já em janeiro de 2022, a pneumologista Margareth Dalcolmo ressaltou em artigo escrito para a Folha de São Paulo: “Lembremos que os primeiros casos de Covid-19 que tratamos – e algumas pessoas faleceram, em 2020 –

[16] Cf. www.uol.com.br/esporte/ultimas-noticias/2021/01/07/pedrinho-irrita-globo-apos-post-sugerindo-pandemia-como-castigo-ao-carnaval.htm. Acesso em: 01 jun. 2022.

foram oriundos dos desfiles nos sambódromos". Em nota, a Federação Nacional das Escolas de Samba (Fenasamba) desafiou a médica a mostrar quais os indícios científicos demonstram a veracidade da afirmação.

> A Fenasamba desafia a Dra. Margareth Dalcolmo a apresentar provas concretas, objetivas e científicas que justifiquem sua descabida afirmação e informa que acionará seu departamento jurídico para processar a Dra. Dalcomo por suas afirmações levianas que tentam responsabilizar o Carnaval e os desfiles das escolas de samba pela proliferação da pandemia de Covid-19 no país, e orienta suas filiadas a fazer o mesmo (Campos, 2022).

Por fim, outra informação mentirosa, que circulou no mês de novembro de 2021 nas redes sociais, foi a afirmação do cancelamento do carnaval carioca em 2022, sendo muitas dessas postagens acompanhadas de mensagens em tom de celebração pela decisão. De fato, a Prefeitura do Rio optou posteriormente por cancelar os blocos na rua e adiou os desfiles no Sambódromo para abril, mas naquele instante ainda não havia uma decisão do município sobre a manutenção ou não do evento na sua data oficial[17].

Através do levantamento realizado, foi possível identificar que as *fake news* que obtiveram maior êxito quanto à repercussão e compartilhamento durante o período estudado foram aquelas que culpabilizaram o carnaval pela pandemia, em especial atribuindo à comissão de frente da Gaviões da Fiel de 2019 a culpa pelo "castigo divino".

Observa-se, ainda, que boa parte da criação e disseminação das notícias mentirosas partiu de políticos ou equipes de políticos, jornalistas de perfil sensacionalista e grupos religiosos conservadores, sendo replicados por parcela da população que se identificou com o viés ideológico da crítica direcionada ao carnaval. Outras *fake news* são de origem desconhecida, mas ganharam notoriedade especialmente quando compartilhadas por alguma figura pública. Surpreende, em especial, o fato de profissionais da comunicação e especialistas – como o jornalista Roberto Cabrini e a médica e pesquisadora Margareth Dalcolmo –, que deveriam ter a informação certificada como matéria-prima do seu trabalho, terem se transformado em fontes de informações inverídicas.

---

[17] Cf. www.boatos.org/entretenimento/carnaval-de-2022-esta-cancelado-no-rio-de-janeiro.html. Acesso em: 30 mar. 2022.

Considerações finais

Os discursos emitidos através de postagens nas redes sociais podem inicialmente parecer inofensivos, porém o alcance e a multiplicação deles podem ter consequências catastróficas. A raiz afro-americana das escolas de samba as expõe a julgamentos precipitados, perpetuação de preconceitos, racismo e estereótipos. As *fake news*, alertadas pela São Clemente em 2020 de forma quase profética, acabaram se tornando um grande problema também para as agremiações carnavalescas, endossando ainda mais discursos fundamentalistas que criminalizam uma manifestação de origem preta e periférica.

Narrativas como essas não são criadas e reproduzidas em vão, são atitudes intencionais, motivadas por modelos ideológicos e culturais que se contrapõem ao proposto pelas escolas de samba e blocos. Combater a desinformação e o preconceito precisa ser uma bandeira dessas instituições, fundações e associações carnavalescas em todo o ano.

Porém, ainda que boa parte desse conteúdo tenha sido questionado e apontado como equivocado por algum site ou órgão, as respostas aos ataques ao carnaval foram poucas, dispersas e obtiveram repercussões bastante inferiores às *fake news*. Essa falta de atitude pode ser percebida no fato de que, conforme o levantamento feito para a pesquisa, não houve qualquer tentativa de defesa ou esclarecimento por parte da Liga Independente das Escolas de Samba do Rio de Janeiro (Liesa) ou das 12 agremiações que compõem o Grupo Especial carioca. Diante das polêmicas, que tanto prejudicaram a imagem das escolas de samba, como também dos blocos, a maioria das assessorias de comunicação das entidades carnavalescas optou pelo silêncio.

Logo, podemos induzir que: 1) a notícia inverídica, por mais absurda que possa ser – e mesmo que possua claros indícios de sua natureza camuflada –, é por vezes mais sedutora que a informação verdadeira e certificada. Isso porque ela serve como argumento para as convicções morais, políticas e religiosas daqueles que se identificam com ela, evidenciando características aqui apontadas como sintomáticas do fenômeno da pós-verdade. 2) Faltou às instituições promotoras do carnaval, em especial as escolas de samba, o entendimento da relevância de combater a desinformação em campanhas orquestradas. 3) A indignação seletiva de parcela da sociedade com as aglomerações no carnaval é indício do incômodo com a festa, devido ao protagonismo negro, flexibilização das regras sociais e crítica a políticos conservadores, vinda tanto das ruas quanto dos sambódromos carioca e paulistano. Nesse contexto, a pandemia de Covid-19 serviu apenas como uma justificativa para uma antiga guerra contra a existência do carnaval, que entre 2020 e 2022 teve como principal arma a propagação de *fake news*.

Referências

ADNET, Marcelo et al. *O conto do vigário*. 2019. Disponível em: www.youtube.com/watch?v=7mP-lqwVLwE. Acesso em: 22 out. 2021.

AFP. No início do carnaval de 2020 ainda não havia casos registrados de covid-19 no Brasil. *Estado de Minas*, abr. 2021. Disponível em: www.em.com.br/app/noticia/internacional/factcheck/2021/04/22/interna_internacional,1259728/no-inicio-do--carnaval-de-2020-ainda-nao-havia-casos-registrados-de-covid-19.shtml. Acesso em: 23 out. 2021.

BECKER, Beatriz; GOES, Francisco Moratorio de Araújo. FAKE NEWS: uma definição possível entre a reflexão crítica e a experiência jornalística. *Revista Latino--americana de Jornalismo*. Ano 7, vol. 7, n.1, p. 34-53, jan./jun. 2020.

CABRINI, Roberto. O Inimigo Invisível: Semana 11 - Samba, Carnaval, Poder e Pandemia. *Conexão Repórter*, jun. 2020. Disponível em: www.youtube.com/watch?v=dzo1rHgwFSw&t=5s. Acesso em: 25 abr. 2022.

CAMPOS, Kaxitu Ricardo. Nota oficial. *Fenasamba*, jan. 2022. Disponível em: www.facebook.com/fenasambabr/posts/1247897499025599. Acesso em: 27 maio 2022.

CASTRO, Julio Cesar Lemes. Pós-verdade e o papel do jornalismo: neoliberalismo, Brexit/Trump e redes sociais. In: ENCONTRO NACIONAL DE PESQUISADORES EM JORNALISMO (SBPJOR), 15, 2017, São Paulo. *Anais* [...]. São Paulo: ECA--USP, 2017.

GELFERT, Axel. Fake News: A Definition. *Informal Logic*, v. 38, n. 1, p. 84–117, 2018. Disponível em: www.doi.org/10.22329/il.v38i1.5068. Acesso em: 20 out. 2021.

KUSUMOTO, Meire. O bem vence no final, diz coreógrafo da Gaviões sobre o desfile. *Veja*, mar. 2019. disponível em: www.veja.abril.com.br/cultura/o-bem-vence-no-final--diz-coreografo-da-gavioes-da-fiel-sobre-desfile/. Acesso em: 27 maio 2022.

LIGA-SP. Covid-19 no Brasil. Por que insistem em culpar o Carnaval?. Disponível em: www.ligasp.com.br/covid-19-no-brasil-por-que-insistem-em-culpar-o-carnaval/. Acesso em: 30 mar. 2022.

MILITÃO, Eduardo; REBELLO, Aiuri. Rede de fake news com robôs pró-Bolsonaro mantém 80% das contas ativas. *Uol*, set. 2019. Disponível em: www.noticias.uol.com.br/politica/ultimas-noticias/2019/09/19/fake-news-pro-bolsonaro-whatsapp-eleicoes-robos-disparo-em-massa.htm. Acesso em: 22 out. 2021.

RECUERO, Raquel ; GRUZD, Anatoliy. Cascatas de Fake News Políticas: um estudo de caso no Twitter. *Galáxia* (São Paulo), n. 41, p. 31–47, 2019.

RODRIGUES, Alex. Ministério da Saúde confirma primeiro caso de coronavírus no Brasil. *Portal EBC*, fev. 2020. Disponível em: www.agenciabrasil.ebc.com.br/saude/noticia/2020-02/ministerio-da-saude-confirma-primeiro-caso-de-coronavirus-no-brasil. Acesso em: 21 out. 2021.

SANTAELLA, Lúcia. *A Pós-Verdade é verdadeira ou falsa?*. São Paulo: Estação das Letras e Cores, 2018.

SILVEIRA, Jorge. *O conto do vigário*. Disponível em: www.liesa.globo.com/downloads/carnaval/abre-alas-segunda.pdf. Acesso em: 21 out. 2021.

YIN, Robert K. *Estudo de caso*: planejamento e métodos. 2. ed. Porto Alegre: Bookman, 2001.

IMAGINÁRIO E RÁDIO EXPANDIDO: TRANSBORDAMENTOS DO CONTEÚDO SONORO NA PANDEMIA DE COVID-19

Patrícia Monteiro[1]
Letícia Barreto[2]
Vitória Nunes[3]
Luís Augusto Mendes[4]

Introdução

Quais são as imagens mobilizadas pelo rádio expandido durante a pandemia de Covid-19? De que maneira esta tecnologia do imaginário forma imagens acerca da pandemia? Estas questões nortearam a produção desta pesquisa, cujo objetivo foi investigar imagens e imaginários da pandemia de Covid-19, a partir de duas plataformas utilizadas pela Central Brasileira de Notícias (CBN) para a expansão e o transbordamento do conteúdo sonoro: o portal de notícias e a rede social Instagram.

Tendo como base a noção de rádio expandido (Kischinhevsky, 2016), a pesquisa focaliza os conteúdos disponibilizados na internet, na fase de multiplicidade de oferta radiofônica (Chagas, 2017). As noções de imaginário social em Maffesoli (2003) e de tecnologias do imaginário em Juremir Silva (2012) fornecem a base teórico-metodológica para este estudo, que compreende o potencial expressivo do rádio expandido, a partir de sua presença na vida cotidiana.

Este estudo é de natureza básica, com abordagem qualitativa e foi realizado a partir de uma pesquisa exploratória no site e no Instagram da rádio

---

[1] Professora do Programa de Pós-Graduação em Jornalismo da Universidade Federal da Paraíba (PPJ/UFPB). É vice-líder do grupo de pesquisa Imaginarium.

[2] Mestre pelo PPGCOM/UFMA. Integrante do Imaginarium.

[3] Mestre pelo PPJ/UFPB. Integrante do Imaginarium.

[4] Professor do PPJ/UFPB.

CBN, pertencente ao sistema Globo. A coleta considerou o período de 19 a 27 de junho de 2021 e investigou as publicações referentes à marca de 500 mil mortos pela Covid-19 no Brasil.

Transbordamento de "imagens" do rádio e pandemia

Quando o Brasil atingiu a dolorosa marca de 500 mil mortos por Covid-19, em 19 de junho de 2021, observou-se que as reportagens veiculadas provocaram um imenso agrupamento de lembranças, sentimentos, imagens e sensações em um público enlutado. Essa atmosfera é fortemente acionada pelo fazer jornalístico.

Para Maffesoli (2003), a sociedade da informação faz crer que a vida cotidiana passa pelos meios de comunicação, mas, no fundo, o que realmente importa é a partilha diária e segmentada de emoções e de acontecimentos, até mesmo os mais banais. Nessa união do arcaico, ou seja, das emoções, com o moderno, que são as tecnologias infocomunicacionais, a pós-modernidade se configura.

Entende-se que o imaginário é, portanto, a própria atmosfera em volta da notícia das 500 mil vidas perdidas pelo novo coronavírus, formada, por sua vez, por sentimentos de luto, tristeza, revolta e acionada por memórias, sensações diversas e tudo aquilo que rodeia o luto e as imagens em torno da doença, unindo o Brasil em uma "tribo".

Silva (2012) considera os meios de comunicação como tecnologias que favorecem a disseminação do imaginário, sendo este como uma rede impalpável e movediça que compreende valores e sensações partilhadas de maneira concreta ou virtual. Assim, as tecnologias do imaginário são ambientes que interferem na formação da consciência, apontando caminhos nos quais o homem trafega em busca de significados, percepções, sentimentos e visões de mundo.

O áudio produz uma narrativa que gera imagens, conduzindo o ouvinte a imaginar as cenas, fatos e mensagens emitidas pelo locutor, repórter, colunista e fontes de informação. Nessa perspectiva, o rádio é veículo que abastece o imaginário social e nele transborda imagens e visões da realidade.

Para Kischinhevsky (2016), a produção do rádio na atualidade ultrapassa o *dial* e os aparelhos de rádio convencionais, uma vez que os produtos sonoros transbordam para a internet, provocando, assim, uma expansão do rádio. Segundo o autor, a televisão por assinatura, os aplicativos, as plataformas de áudio, os sites são expressões desse transbordamento da mensagem radiofônica.

Durante a pandemia de Covid, a audiência desse meio massivo e centenário cresceu, bem como a escuta de conteúdos que são expressão do rádio expandido, como o podcast. Desde que foi declarada a maior crise sanitária da história mundial, em março de 2020, a pandemia do novo coronavírus mobilizou o aumento no consumo do rádio, bem como na produção e escuta de podcasts.

De acordo com o Kantar Ibope Media (2020), a audiência de rádio aumentou 20% já nos primeiros meses da pandemia. Em 2021, a pesquisa destacou que a diversificação de canais, como Youtube e plataformas de streaming de áudio, potencializa a audiência do veículo, consumido por 80% dos brasileiros. O levantamento também apontou um aumento de 31% na escuta de podcasts, na comparação com o ano anterior (Kantar IBOPE, 2021).

Por suas características precípuas, como instantaneidade, proximidade, caráter de companheiro (Ferraretto, 2014), o rádio amplia ainda mais sua presença no imaginário social, visto que, por meio da internet, as emissoras produzem novas oportunidades de oferta, consumo e distribuição dos conteúdos (Chagas, 2017), transbordando os limites da programação emitida pelas ondas hertzianas.

Neste momento em que vivemos a ascensão das redes sociais digitais, nota-se a predominância do coletivo, do pertencimento, do grupal, "do fazer parte de". Isto também se reflete no período de isolamento social, marcado pelo forte uso da internet. Cada vez mais conectadas, as pessoas estabeleciam diálogos em rede, expondo suas impressões e sentimentos sobre a pandemia, repercutindo notícias, mobilizando campanhas e protestos.

Neste cenário propenso ao debate, os comentários nas postagens dos veículos de comunicação são espaços onde os usuários estabelecem "laços sociais" (Recuero, 2009), isto é, interações que formam vínculos. É o que ocorre na cobertura realizada pelo site e Instagram da CBN, na qual observamos os desdobramentos do rádio expandido, tendo o trabalho jornalístico atuação na formação dos imaginários sociais.

O rádio é, portanto, uma tecnologia do imaginário, pois forma imagens sobre o cotidiano, permeando a imaginação humana, sobretudo sobre a pandemia, ao passo em que aciona e exprime forças imaginárias, como indicará a análise, a seguir.

Método e detalhamento do *corpus*

Este estudo é de natureza básica, com abordagem quali-quantitativa e foi realizado a partir de uma pesquisa exploratória no site e no instagram da rádio CBN. A coleta da presente pesquisa considerou o período de 19 a 27 de junho de 2021 e investigou as publicações referentes à marca de 500 mil mortos pela Covid-19 no Brasil. O corpus analisado foi formado por cinco postagens no Instagram da Rádio CBN e oito reportagens no site da emissora, totalizando 13 conteúdos, entre vídeo no feed do Instagram e reportagens sobre manifestações, tributos e repercussões deste acontecimento e suas incidências no imaginário social.

Quadro 1 – Descrição de postagens do Instagram da rádio CBN – 19 a 21/06/2021.

Data	Plataforma	Título	Curtidas	Comentários	Comentários coletados
19/06	Instagram	Até quantos?	465	59	42
19/06	Instagram	Capitais registram manifestações contra o governo Bolsonaro	2.960	313	197
20/06	Instagram	ONG monta roseiral no Rio em solidaridade às vítimas da Covid	1.789	120	63
21/06	Instagram	CBN em foco	4.262 visualizações (mostra visualizações ao invés das curtidas)	20	16
21/06	Instagram	Bolsonaro tira a máscara e manda repórter calar a boca	8.311	2.405	66

Fonte: elaboração própria.

No Quadro 1 tão descritos os conteúdos relativos à rede social Instagram, com informações sobre temática da postagem e número de curtidas, entre outras, considerando o período da coleta dos dados.

O Quadro 2, por sua vez, apresenta os oito conteúdos extraídos do site da rádio CBN, em que se descreve o título de cada reportagem e o dia em que foi veiculada.

Quadro 2 – Conteúdos do site da rádio CBN.

Data	Plataforma	Título
02/06/2021	Site	Uma Cova América para 500 mil mortos.
19/06/2021	Site	CBN presta tributo aos 500 mil mortos pela Covid-19 no Brasil.
20/06/2021	Site	Manifestações de sábado tiveram cunho de protesto e de luto pessoal e cívico.
21/06/2021	Site	'Chegamos à marca de 500 mil mortos porque se negou a ciência', diz médica.
21/06/2021	Site	Aumenta sensação de desconforto econômico no país. Míriam Leitão comenta manifestações fortes que marcaram o dia em que o Brasil atingiu 500 mil mortos, evidenciando erros e crimes do governo contra saúde da população.
21/06/2021	Site	'Vou acabar com as manifestações dos petralhas', afirma Bolsonaro.
21/06/2021	Site	'As manifestações estavam entaladas na garganta de Bolsonaro'.
27/06/2021	Site	Copacabana é palco para ato em homenagem ao Dia Internacional do Orgulho LGBT. O evento também promoveu um protesto contra a condução da pandemia no país, que já tem mais de 500 mil mortos pela Covid-19.

Fonte: elaboração própria.

Para a análise textual computadorizada, os textos das postagens e do site foram padronizados dentro dos parâmetros do *freeware* Iramuteq[16], que possibilitou a realização de uma Classificação Hierárquica Descendente (CHD), que indica contextos lexicais por meio da coocorrência de palavras, uma Análise de Similitude, indicando o grau de relacionamento entre os termos, conforme detalhamos a seguir.

Resultados e discussões

Por meio da classificação hierárquica descendente, que originou o dendrograma, pode-se verificar a existência de seis classes: 1 – "Descredibilização do jornalismo"; 2 – "Revolta"; 3 – "Vacina ou morte"; 4 – "Combate ao vírus"; 5 – "Luto ou comemoração"; 6 – "Solidariedade. As partições podem ser vistas no cabeçalho da Figura 1, com os percentuais de texto explicados e as principais palavras de cada classe.

A classe 1, denominada "Descredibilização do jornalismo" (Quadro 03), explicou 13,1% das palavras encontradas, sendo exemplos das palavras: "credibilidade", "jornalismo", "lixo", "globo", "triste", "piada", "político", "brasileiro", "petralhas", "podre", entre outras. Os segmentos de texto apontam para um questionamento sobre a credibilidade do jornalismo.

Tais conteúdos relacionam, sobretudo, o trabalho jornalístico à manipulação de informações em prol de interesses políticos e econômicos. Destaca-se, além do imaginário da pandemia, as imagens associadas aos jornalistas reveladas nos textos, que colocam em xeque valores caros ao exercício profissional, como a credibilidade, a imparcialidade e a verdade. No Quadro 03, os cinco segmentos de textos mais significativos, organizados a partir do valor do Qui-quadrado (X2).

Figura 1. Dendrograma

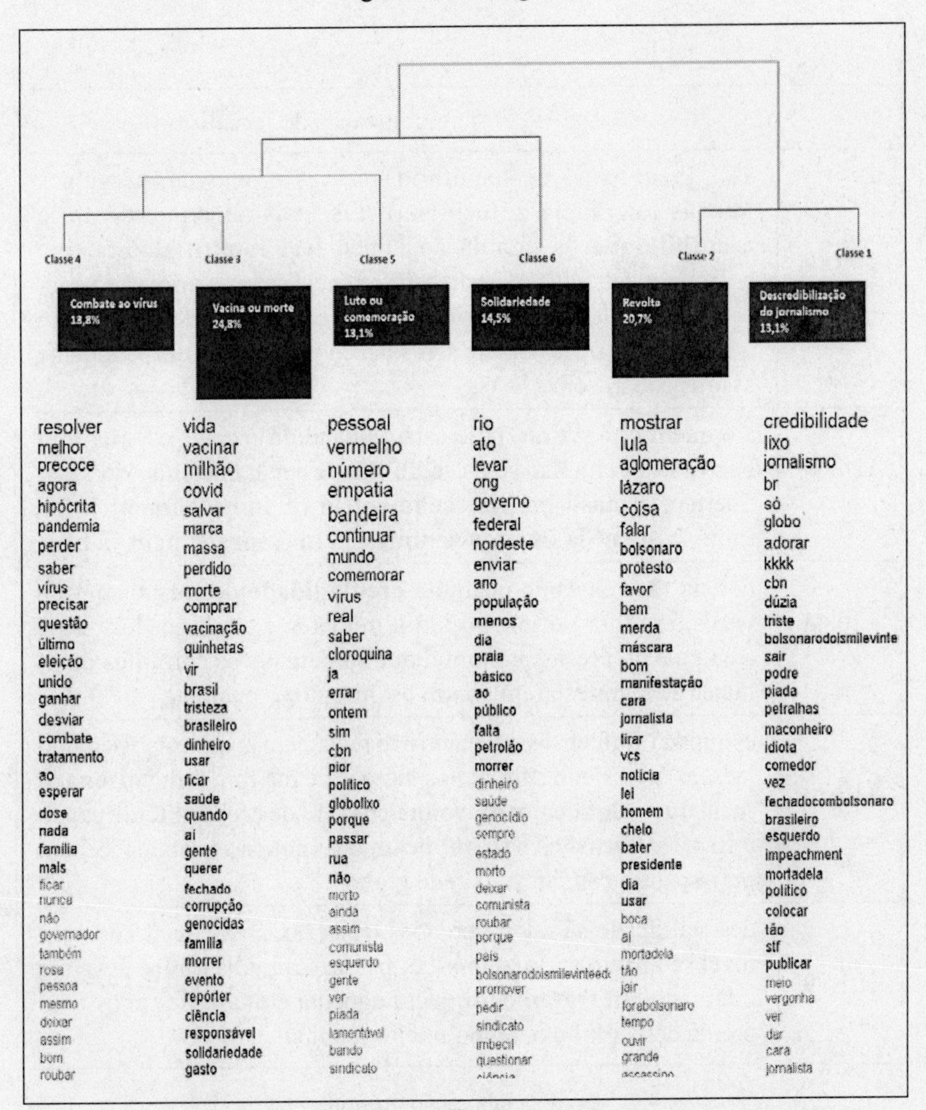

Fonte: Dendrograma gerado pelo software Iramuteq. Próprio Autor.

Quadro 03. Segmentos de texto mais representativos na classe 1.

X^2	Segmentos de texto (X^2)
	Classe 1 – Descredibilização do jornalismo
160.12	esse **jornalismo** perseguitorio que vcs promovem perguntas **idiotas** tolerância zero **jornalistas brasileiros** perderam a **credibilidade** da população lamentável fora troglodita fora bolsonaro genocida ele esta certvoto nele sempre **adorei** é **só** ter o bom senso de não interromper um adulto quando fala segura que 2022 tem mais homem sem noção **vergonha** de um presidente assim asqueroso **br**
124.89	até quem está na rua hoje está ajudando a manter o vírus fora bozo mortes **cbn lixo** sem **credibilidade** nenhuma falida kkkkkk libertem o brasil **br impeachment já br impeachment já br impeachment já br impeachment já br impeachment já br**
120.43	notícia **tão** relevante quanto a **credibilidade** do **jornalismo** de vocês fora fora **bolsonaro kkkk** milhares q **piadas** cadê a tropa a culpa é do presidente jornal que **só** defende os corruptos do pt nunca se manifestaram contra os duzentos e quarenta
119.70	estrupada amfuem assassinado nao reclamem ja que estao pedindo ladroes no poder é similar aos ladroes de rua fora fora **bolsonaro meia dúzia** de doentes **maconheiros** zero de **credibilidade** para o jornazismo **brasileiro só publicam** boas noticias quando recebem pir isso zero confiança na rede **globo**
101.99	desqualificado **só** falou verdades **triste** um chefe de estado com nível **tão** baixo surto **globo lixo** pau nessa mídia **podre** deve ser internado prá **tratamento** quem aguenta a quase tres anos uma merda de tv **globo** o tempo inteiro manipulando

Fonte: elaboração própria.

A classe 2, denominada "Revolta" (quadro 04), explicou 20,7% das palavras encontradas, como por exemplo: "protesto", "máscara", "manifestação", "jornalista", "aglomeração", "notícia", "presidente", "assassino" etc. Compreende-se que os segmentos de texto revelam o sentimento de revolta em relação ao lento fornecimento de vacinas, ao cenário político no Brasil e à cobertura jornalística realizada pela CBN durante a pandemia.

Os segmentos de texto da classe 2 nos levam a perceber que as imagens associadas à pandemia por Covid-19 no Brasil são permeadas por posicionamentos políticos que se sobressaem a questões de saúde, o que pode ser compreendido nos comentários da cobertura jornalística das manifestações de 20 de junho de 2021, realizada pela CBN. No Quadro 04, destacamos os cinco segmentos de textos mais significativos, organizados a partir do valor do Qui-quadrado (X2).

Quadro 04. Segmentos de texto mais representativos na classe 2.

X^2	Segmentos de texto (X^2)
	Classe 2 - Revolta
68.73	esse tipo de pessoas é daquelas q quanto mais pior melhor imagens **mostram** o sucesso de tais **manifestações** volta pra base esquerda **vcs** precisam aprender a fazer oposição primeiro **forabolsonaro aglomeração** do **bem** vão se fuder seus vagabundos globais **protestos** no
67.05	msm as que sao a **favor** voces nao **mostram** ne kkkk fechadocombolsonaro multidão de doze **bolsonaro** até dois mil e quarenta as cagadas do **bolsonaro** não transforma o **lula** em santo seus petistas doentes a **manifestação** não é em **favor** do povo
65.67	não **manifestações** vem **lula** que a mídia está falida só vc pra da dinheiro público pra eles tudo isso a mando do excelentíssimo **presidente bolsonaro** triste realidade aqui está **cheio** de robôs do bozo publicam as opiniões e não **mostram** o
60.94	cadê a vacina genocida **coisa** linda sério cbn sendo cbn maconheiros e pederastras fazendo **aglomerações** como vamos **tirar** o **presidente bolsonaro** se não temos opção então deixa o mito governar fora odio do **bem bolsonaro** melhor **presidente** de todos os **tempos** todos tem mea culpa
49.91	irresponsáveis vocês são **tão** ridículos **mostrem** quantos já foram curados como eu com cloroquina e azitromicina não me conformo não podemos parar de **falar** de cobrar de insistir chega basta até fora **bolsonaro** não é incompetência

Fonte: elaboração própria.

Quadro 05. Segmentos de texto mais representativos na classe 3.

X^2	Segmentos de texto (X^2)
	Classe 3 - Vacina ou morte
93.24	obrigação de **comprar vacina** suficiente para **vacinação** em **massa** quatrocentos milhoes de doses no mínimo **comprem vacina** para de **ficar** demorando na **vacinação** do povo respeitem as mais de **quinhetas** mil **vidas perdidas salvem** os **brasileiros** mais de **quinhetas** mil **famílias** sofrendo
79.73	e oito **milhões** que o pt roubou da **saúde** e dos quarenta mil leitos q foram **fechados** por eles o que **morria** de **gente** nas filas dos hospitais esperando por atendimento foi muito mais dos q hoje **morrem** de **covid quando** o **brasil** bate **quinhetas** mil **mortes**
78.38	**morre** mais ninguém poderiam distribuir **cestas** básicas tem homenagem as **vidas salvas** ontem o **brasil** todo parou e orou pelos **brasileiros mortos** pela **covid** e em **solidariedade** às **famílias** enlutadas entretanto
77.62	mil e vinte e um duas mil duzentos e quarenta e sete em vinte e quatro horas meio **milhão** de **brasileiros mortos** e bolsonaro não se manifestou mas vai a **evento** na marinha **salvemos** o **brasil vacinas salvam vidas use** máscara
65.82	infelizmente múltipla falência dos órgãos devido complicações do **covid** é jair e cúmplices de seu desgoverno obviamente já **vacinados** essa conta de com meio **milhão** de **mortes** é de vocês apesar do apoio insano de seus idiólatras que te defendem **como** cães raivosos a cada sandice dita no seu discurso cansativo

Fonte: elaboração própria.

A classe 3, denominada "Vacina ou morte" (quadro 05), explicou 24,8% das palavras encontradas nos comentários, tais como: "vida", "vacinar", "salvar", "morte", "brasileiro", "dinheiro", "saúde", "corrupção", "genocidas", "família", "morrer", "ciência", "gasto". Percebe-se, nos segmentos de texto da classe 3, a noção de "cimento social", em Maffesoli (2003), sendo a comunicação, por meio da informação, um fator de vínculo entre as pessoas. Observamos, sobretudo, o sentimento de luto pelas vítimas da Covid-19 como uma imagem fortemente associada ao sofrimento do povo brasileiro.

Também estão em evidência imagens que compõem a atmosfera no entorno da pandemia, como a do precário fornecimento de vacinas, da saúde pública em crise, das mortes nos hospitais, dos embates políticos. No Quadro 05, podem ser vistos os cinco segmentos de textos mais significativos, organizados a partir do valor do Qui-quadrado (X2).

Quadro 06. Segmentos de texto mais representativos na classe 4.

X^2	Segmentos de texto (X^2)
	Classe 4 - Combate ao vírus
85.38	podia gastar com alimentos para quem **perdeu** emprego por causa do **vírus** chinês essa ong podia cobrar dos prefeitos e **governadores** que **desviaram** e roubaram dinheiro da saúde **não** fizeram nem zero vírgula zero cinco porcento de leitos nos estados **agora resolveu** o problema da **pandemia** se é algo que **não** existe
82.46	presidente com certeza hoje estamos **melhor** se os bilhões tivessem sido usado no **combate ao vírus** se tivessem feito **tratamento precoce** se todos tivessem se **unido** contra o **vírus** e **não** contra o presidente com certeza hoje estaríamos **melhor** metade inventada **perdi** minha irmã para o covid
79.64	nós vamos vencer que esse sacrifico de **pessoas não precisem** para enxergarmos o óbvio **precisamos** cuidar das **pessoas** e do planeta até a **hipócrita** dessas emissoras esquerdistas acabar e **resolver** expor as verdades da **pandemia** três da minha **família** estão nessa conta foragenocida **perdi** um amigo hoje pra isso
76.19	de genocida kkkk **hipócritas agora** o **vírus** acaba brilhante ideia kkkk **não** vai servir de **nada** poderia fazer **melhor** que isso muito bom mas depois **deixam** tudo lá pra limpeza pública limpar **nunca** os verão comemorando os **mais** de oitenta e seis milhoes de **doses** aplicadas ou as dezoito milhões de **pessoas** curadas
74.71	**também** é o responsável **fiquei** na dúvida **agora não** se faz copa com hospitais se os bilhões tivessem sido usado no **combate ao vírus** se tivessem feito **tratamento precoce** se todos tivessem se **unido** contra o **vírus** e **não** contra o

Fonte: elaboração própria.

O quadro 6, Combate ao vírus, apresenta 13,8% das palavras mais recorrentes nos comentários dos internautas que interagiram nas postagens da Rádio CBN no Instagram. Palavras como "resolver", "melhor", "precoce", "agora" "hipócrita", "pandemia", "perder", "saber", "vírus" são as primeiras palavras que aparecem com mais intensidade nas opiniões dos seguidores da emissora, conforme aponta o dendrograma no início desta análise.

O tom das frases reunidas evidencia um amálgama de sentimentos entre os internautas que se dividem entre especular soluções que deveriam ter sido adotadas para resolver a pandemia, lamentar a perda de familiares e entes queridos, apontar para o número de pessoas curadas e acusar a imprensa de "hipocrisia". Nas entrelinhas de tais discursos, está a acusação de que, ao repercutir a notícia das 500 mil vítimas da Covid-19, os veículos de comunicação tradicionais estariam prejudicando o presidente Jair Bolsonaro em prol de um viés ideológico oposto.

Na atualidade, divulgar uma informação já não é algo que a imprensa possa fazer sem enfrentar descrenças e acusações de estar a serviço de interesses alheios à sociedade. Os internautas ora utilizam imagens de sarcasmo e riso para manifestar descontentamento, ora utilizam a revolta como forma de criticar a falta de efetivo combate à Covid-19.

No quadro 7 aparecem as expressões e palavras relacionadas a luto ou comemoração, o que quantifica 13,1% dos comentários nas postagens. Palavras como "vermelho", "pessoal", "número", "empatia" e "bandeira" constituem a maioria das opiniões. Ao informar sobre as manifestações realizadas pelo Brasil após a marca de 500 mil mortes ser atingida, a idoneidade das notícias dadas pela CBN foi questionada e refutada com insultos à emissora, como demonstram algumas frases reunidas na tabela.

Os conteúdos acusam os correligionários de partidos de esquerda de comemorarem a crise sanitária e econômica vivida pelo Brasil ao se reunirem em protestos, em conluio com a mídia tradicional. O número de infectados é colocado em dúvida e denota o tom conspiracionista que permeia as opiniões de alguns internautas. A ideia de que grandes empresas e órgãos de imprensa estariam manipulando o público tem se tornado cada vez mais presente e influenciado a maneira como uma informação é consumida e discutida na internet.

Quadro 07. Segmentos de texto mais representativos na classe 5.

X^2	Segmentos de texto (X^2)
	Classe 5 - Luto ou comemoração
145.26	mais **não** estamos conseguindo comprar a ração deles nos ajude a **continuar** ajudando por favor eu quero **saber porque** esse **pessoal** de **vermelho** foi se aglomerar nas **ruas ontem** o que estavam **comemorando** os quinhentos mil **mortos** a gasolina a seis **reais** o quanto **pior**
120.01	sindicatos e **bandeiras vermelhas** a teta enxugou a **cbn** joga contra mais **passa** vergonha igual as manifestações vocês **assim** como a esquerda ae tornaram uma eterna piada esse **pessoal** de **vermelho** nas **ruas** está **comemorando** o que os quinhentos mil **mortos**
112.41	**não sabe** fazer conta e falta de dimensão de **mundo** enfim falta com a verdade os **números não** falham o pt e todos da esquerdalha estavam nas aglomerações de **ontem comemorando** a covid chinesa **pessoal** resgatamos vários animais do abandono
109.65	**assim** como a imprensa americana até a de esquerda tem feito até quantas vidas esse **vírus** vai ceifar e esse **pessoal** de **vermelho** nas **ruas** está **comemorando** o que os quinhentos mil **mortos** a gasolina a seis **reais** bando de genocidas
96.84	**porque** o tom deles sempre é o de quanto **pior** melhor infelizmente para levar seus interesses **pessoais** pessoas torçam pelo **vírus** cbn suja claro uma ong bela homenagem se **não sabem** ter **empatia** então calem por favor palhaçada dinheiro mal investido

Fonte: elaboração própria.

Magrani (2014) chama a atenção para o fato de a polarização – presente nas relações face a face – ganhar um efeito ainda mais acentuado a partir dos filtros de personalização das redes sociais digitais. O especialista jurídico explica que o fenômeno das bolhas começa pelos algoritmos utilizados por empresas como Google, Facebook, Twitter, Instagram e Netflix para captar o interesse dos usuários e se expande quando os internautas se relacionam apenas com quem compartilham os mesmos valores, criando uma bolha quase impenetrável.

O acirramento das discussões facilita "o isolamento e entrincheiramento de grupos sociais e políticos. O receio é de que isto esteja propiciando um terreno fértil para o afloramento de posições radicais e extremadas" (Magrani, 2014, p. 126).

O sentimento de disputa ideológica presente nos comentários das postagens evidencia a relativização dos princípios que outrora mantinham a coerência democrática de uma nação. As pessoas expressam, nas entrelinhas de seus discursos, algumas referências e valores que questionam o papel da ciência, da imprensa e das instituições. Os indivíduos cercam-se de valores que só fazem sentido para seu círculo social, cultural e político.

O mesmo sentido é visto entre as expressões mais recorrentes em 14,5% dos comentários, como expõe o Quadro 8, denominado Solidariedade. O contexto das frases refere-se ao ato realizado pela ONG Rio de Paz, que utilizou a praia de Copacabana para homenagear as 500 mil vítimas da Covid-19. Palavras como "rio", "ato", "levar", "ong", "governo federal" foram as mais mencionadas entre aqueles que criticavam a manifestação e os que aplaudiam a simbologia da cerimônia.

O sentimento de oposição é visível nas frases em que se contrasta o ato em homenagem às vítimas com a alegada falta de reciprocidade em relação aos profissionais da segurança pública mortos em serviço. Outros comentários demonstram apoio ao atual presidente, afirmando que a intenção da notícia dada pela rádio CBN, assim como a de outros órgãos de imprensa, é perseguir e prejudicar o atual presidente do Brasil.

Percebe-se como o imaginário da pandemia é envolto por um clima nebuloso, e vertiginoso, com uma agitação nervosa que se materializa nos comentários dos internautas. Maffesoli (2003) observa que é nesse "politeísmo de valores" que a vida cotidiana se estabelece, mantém seu círculo e constitui a organicidade das tribos.

As análises apontam para uma confluência de paradoxos que unem as pessoas, sejam "de esquerda seja de direita", sob o laço dos afetos, das emoções, das paixões por seus ídolos e ideais. Isso demonstra que "o imaginário é também a aura de uma ideologia, pois, além do racional que a compõe, envolve uma sensibilidade, o sentimento, o afetivo" (Maffesoli, 2001, p. 77), algo que as redes sociais digitais traduzem claramente numa "histeria comunitária" (Maffesoli, 2012), conforme as análises demonstram.

Quadro 08. Segmentos de texto mais representativos na classe 6.

X^2	Segmentos de texto (X^2)
	Classe 6 - Solidariedade
126.76	copacabana é palco para **ato** em homenagem **ao dia** internacional do orgulho lgbt a **ong** impulse **rio levou** para as areias da **praia** neste domingo a proposta de celebrar a data dedicada aos direitos das pessoas lésbicas gays
103.32	porque não fazem isto para todos os policiais **mortos** nós últimos dois **anos genocídio** é não **levar** água **ao nordeste genocídio** é roubar tanto no **petrolão genocídio** é **enviar** nosso **dinheiro** para países comunistas **genocídio** é desarmar a **população** honesta enquanto
97.79	houve **atos** em pelo **menos** dezesseis capitais **ao** todo vinte **estados** e o distrito **federal** registram manifestações na foto manifestante participa de **ato** no **rio** de janeiro andré borges afp que mugido chorão da porra velho mais
97.35	é **sempre** contra o presidente vai trabalhar desgraça porque não ok vestiram pra onde foi o nosso **dinheiro enviado** pelo **governo federal** aos **estados** e municípios ninguém **levou** uma cesta **básica** remédio
89.09	**ato** em copacabana a **ong rio** de paz montou um roseiral na **praia** da zona sul do **rio** de janeiro para prestar solidariedade às mais de quinhetas mil vítimas da covid_dezenove no brasil o grupo formou uma grande cruz com quinhetas rosas fincadas na areia além das flores

Fonte: elaboração própria.

Considerações finais

A análise textual computadorizada considerou reportagens e postagens oriundas do fazer jornalístico como também comentários gerados por estas últimas, a partir do site e Instagram da rádio CBN. Desse modo, tem-se, em sintonia, as imagens elaboradoras pela imprensa bem como sua repercussão sobre o imaginário social.

Percebe-se que o rádio, enquanto tecnologia do imaginário, suscita modos de compreender a pandemia a partir de diferentes formas de escuta: tanto a partir das reportagens disponíveis no site quanto de seus impactos sobre os ouvintes imersos no ciberespaço.

Num cenário de isolamento social provocado pela crise sanitária mundial, o rádio acentua seu potencial de companheiro para um ouvinte-usuário imerso no ciberespaço em busca de informações seguras e confiáveis para o enfrentamento do novo coronavírus.

Sendo um veículo que tem a linguagem descritiva e o apelo ao imaginário como parte constitutiva de sua própria natureza, o rádio, na atualidade, reconfigura sua presença no cotidiano, ao expandir-se além das ondas hertzianas e abarcar produção e consumo multimídia. Com múltiplos canais para promover mensagens, a emissora de rádio acentua sua função informativa e, não apenas isso, cerca o imaginário social com uma tecnologia apta a produzir sons, textos, imagens e vídeos, sendo um fator de vínculo em período de distanciamento social.

Referências

CHAGAS, Luãn. Rádio expandido e o jornalismo: as redações radiofônicas na fase da multiplicidade da oferta. *COMUNICOLOGIA*: Brasília, UCB, v. 10, n. 1, p. 29-45, jan./jun. 2017.

FERRARETTO, Luiz. *Rádio*: Teoria e Prática. São Paulo: Editora Summus, 2014.

KANTAR IBOPE MEDIA. Covid-19. *Impactos no consumo de mídia*| Rádio. Brasil/ Consumo de rádio. Kantar Ibope Media. 09 abr. 2020. Disponível em: https://www.kantaribopemedia.com/brasil-consumo-de-radio/. Acesso em: 02 out. 2020.

KANTAR IBOPE MEDIA. *Inside Radio 2021*. Disponível em: https://www.kantaribopemedia.com/. Acesso em: 20 fev. 2022.

KISCHINHEVSKY, Marcelo. *Rádio e mídias sociais*: mediações e interações radiofônicas em plataformas de comunicação. Rio de Janeiro: Mauad, 2016.

MAFFESOLI, Michel. *O instante eterno*: o retorno do trágico nas sociedades pós-modernas. Trad: Rogério de Almeida, Alexandre Dias. São Paulo: Editora Zouk, 2003.

MAFFESOLI, Michel. O imaginário é uma realidade. *Revista Famecos*, Porto Alegre: PUCRS, v. 8, n. 15, p. 74-82, ago. 2001.

MAFFESOLI, Michel. A comunicação sem fim (teoria pós-moderna da comunicação). *Revista Famecos*. Porto Alegre, v. 1, n. 20, pp. 13-20, abr., 2003.

MAFFESOLI, Michel. A lei dos irmãos. *Revista Famecos*, Porto Alegre, v. 19, n. 1, p. 6-15, jan./abr. 2012.

MAGRANI, Eduardo. *Democracia conectada*: a internet como ferramenta de engajamento político-democrático. Curitiba: Juruá, 2014.

RECUERO, Raquel. *Redes Sociais na Internet*. Porto Alegre: Sulina, 2009.

SILVA, Juremir Machado. *As tecnologias do imaginário*. 3. ed. Porto Alegre: Sulina, 2012.

Parte 4

MEMÓRIA

O RESGATE DOS CINEMAS *DRIVE-IN* NA PANDEMIA DE COVID-19: ANÁLISE DA PRÉ-ESTREIA DO FESTIVAL PRIMEIRO PLANO 2020

João Gabriel Marques[1]
Gabriele Oliveira Teodoro[2]

Introdução

O cinema *Drive-in*[3] surgiu algumas décadas após o advento da arte, associada à tecnologia desenvolvida pelos irmãos Auguste e Louis Lumière, em 1895 (Kemp, 2011). Em 1933, seguindo uma tendência de aprimoramento tecnológico e reconhecimento do cinema como arte (Martins, 2006), Richard Hollingshead, um inventor norte-americano, propôs uma experiência fílmica inédita, com salas de cinema que possuíam uma excentricidade se comparadas às normais. No Brasil, o mais famoso cinema da variedade é o *Drive-in* de Brasília, que mantém suas portas abertas desde 1973.

Em 2020, o mundo foi assolado pela pandemia da Covid-19, e para diminuir as chances de contágio foi recomendada pela Organização Mundial da Saúde uma política de distanciamento social, que, dentre outras coisas, fechou estabelecimentos de entretenimento como as salas de cinema. No entanto, como forma de permitir as exibições fora de casa, foram reinaugurados cinemas *Drive-in* em território nacional. A modalidade, que em 2020 só tinha um representante em funcionamento no país (o *Drive-in* de Brasília), passou a contar com novas instalações.

---

[1] Doutorando do PPGCOM/UFJF. Integrante do COMCIME.

[2] Doutoranda do PPGCOM/UFJF. Integrante do COMCIME.

[3] Variedade de sala de cinema que é construída ao ar livre, em um estacionamento de automóveis. O produto audiovisual em questão é exibido com uso de um projetor que ilumina uma tela branca. Para se ouvir o som emitido pela obra são utilizadas caixas de som, ou frequência de rádio FM sintonizada diretamente pelos aparelhos de rádio que equipam o carro.

Assim, nossa intenção é propor a existência de uma "demanda nostálgica", por parte da parcela da sociedade que aprecia filmes. Mesmo em situações de risco e restrição, esse conjunto de indivíduos é movido pelo sentimento de reaver uma experiência, que nos foi tirada pelas circunstâncias atuais – no caso, a ida ao cinema fora de casa.

Iremos orientar nossa discussão em volta de um exemplo específico: a pré-estreia do Primeiro Plano[4] - Festival de Cinema de Juiz de Fora e Mercocidades -, no ano de 2020 (ver figura 1). O festival acontece anualmente desde 2002 e, diferentemente de outros anos, quando as estreias ocorreram em cinemas da cidade, os organizadores selecionaram obras exibidas em outras edições da mostra para serem mostradas no formato *Drive-in*, durante dois dias, em um estacionamento na Zona Norte da cidade. Os outros eventos da programação ocorreram no formato on-line. Nessa edição, houve um recorde de envio de propostas – 354 produções para avaliação. Trata-se de um exemplo contemporâneo, que poderá ilustrar nossa reflexão no que tange a diálogos entre a ideia de nostalgia e ao conjunto de rituais que se entendem como a "ida ao cinema" – conceitos que serão explorados conforme desenvolvemos o trabalho. Nossa abordagem ao tema escolhido perpassa por pesquisa bibliográfica no que tange o aprofundamento dos conceitos de memória e nostalgia, que guia nossas reflexões.

---

[4] O festival é realizado pelo Luzes da Cidade - grupo de cinéfilos e produtores culturais, que exibe filmes dificilmente integrados ao circuito comercial de cinema, valorizando produções independentes locais e latinas, dando oportunidade para novas gerações de cineastas mostrarem seus filmes. Disponível no site do festival em: http://www.primeiroplano.art.br/site/o-festival/. Acesso realizado em 14 de set. de 2021.

Figura 1 – Pré-estreia do festival Primeiro Plano em Juiz de Fora no formato Drive-in

Para gerar respaldo adicional à discussão, iremos conduzir entrevistas com organizadores da mostra de 2020 – ano que proporcionou a experiência do *Drive-in* – e frequentadores do festival que estiveram presentes na abertura – cuja análise é proposta por nós. A ideia aqui é formar caminhos entre os conceitos teóricos trabalhados e as experiências individuais e coletivas de quem presenciou o evento estudado.

Referencial teórico

Para compreendermos os mecanismos de memória e nostalgia que participam do processo da ida ao cinema é importante definirmos esses conceitos. Ao tocar na ideia de "memória" é necessário realizar distinções entre o que se entende, conceitualmente, por "memória" de forma dissociada de "história". Além disso, há de ressaltar que é impossível definir ambos os conceitos de forma homogênea. A memória pode ser estudada de maneira a representar a preservação de lembranças coletivas ou individuais. Um passado que é renovado no presente (Costa, 2017). A memória, seja individual ou coletiva, transcende épocas da civilização ao ser reproduzida na próxima.

Nesse sentido, Pierre Nora disserta no artigo "Entre memória e história – a problemática dos lugares" (1993) sobre o distanciamento entre memória e história.

> Memória, história: longe de serem sinônimos, tomamos consciência que tudo opõe uma à outra. A memória é vida sempre carregada por grupos vivos e, nesse sentido ela está em permanente evolução [...] A história é a reconstrução sempre problemática e incompleta do que não existe mais. A memória é um fenômeno sempre atual, um elo vivido no eterno presente. A história, uma representação do passado (Nora,1993, p. 9).

Assim, podemos nos atentar para a característica de "vida" da memória, de sua maleabilidade, podendo um mesmo fenômeno ser enxergado de maneiras distintas por pessoas distintas, dada a experiência pessoal e repertório de cada uma. Há de se observar, também, a problemática que envolve a história, com seus registros sendo potencialmente incompletos, captados por uma visão que não representa a totalidade dos envolvidos nos eventos que a compõem.

Logo, em nossa análise o foco são as memórias individuais partilhadas por pessoas independentes. No entanto, conforme observamos nos trabalhos de Michael Pollak (1992) e suas interpretações da obra de Maurice Halbwachs, é impossível dissociar totalmente a memória do indivíduo da memória do grupo em que ele se insere.

> A priori, a memória parece ser um fenômeno individual, algo relativamente íntimo, próprio da pessoa. Mas Maurice Halbwachs, nos anos 20 e 30, já havia sublinhado que a memória deve ser entendida também, ou sobretudo, como um fenômeno coletivo e social, ou seja, como um fenômeno construído coletivamente e submetido a flutuações, transformações, mudanças constantes (Pollak, 1992, p. 201).

A Nostalgia, como conceito, é definida por Katarina Niemayer (2014), antes de tudo, como um sentimento. Este é historicamente próximo de recordação e esquecimento. Portanto, a nostalgia automaticamente se posiciona, também, próximo à memória. Importante ressaltar que originalmente a Nostalgia foi utilizada com uma certa carga negativa, como resgatam Ana Paula Goulart Ribeiro e Itala Maduell Vieira (2018):

> Durante o século XVIII, o termo – criado em 1688 pelo médico Johannes Hofer – foi usado para diagnosticar soldados e marinheiros

> afastados de suas terras natais durante várias guerras. Os sintomas eram febre, insônia, taquicardia, falta de apetite e declínio das forças. No início do século XIX, a nostalgia já tinha se generalizado como um mal que poderia acometer indivíduos de qualquer profissão, grupo étnico ou nacionalidade. Quando o tempo começou a acelerar para muitos, criando profundas descontinuidades na vida, a nostalgia deixou de ser um problema de algumas poucas pessoas deslocadas (Ribeiro; Vieira, 2018, p. 206).

Dessa forma, observamos a caracterização do sentimento na falta daquilo que um dia já foi possível de estar a nosso alcance, mas agora não nos pertence mais. Os vínculos entre passado, presente e futuro se tensionam em uma valorização sentimental de experiências que não podem mais ser executadas. Com o mundo em constante e crescente evolução, nos incessantes fluxos de dados.

> A nostalgia também pode referir-se ao desejo de um retorno a um tempo passado que nunca foi experimentado pela pessoa que anseia ou pelo arrependimento que faltava por um passado que nunca ocorreu, mas que poderia ter ocorrido, ou por um futuro que nunca acontecerá. Assim, o sentimento nostálgico não é meramente voltado para um retorno a um lugar ou tempo passado, mas também abrange outras temporalidades, como o presente e o futuro, e está frequentemente relacionado a imaginações utópicas sociais ou políticas. A nostalgia é poderosa e, acima de tudo, deve ser rotulada de "nostalgias" com "s", sustentando a pluralidade de suas formas, expressões e significados (Niemayer, 2018, p. 29).

Observamos nesse ponto um fator que abrange o conceito da nostalgia. O sentimento não necessariamente é oriundo de algo que foi vivido pelo indivíduo que o sente. Toda e qualquer falta e desejo por ter algo que não pode ser alcançado por não existir nas exatas condições de antes.

Entretanto, com o passar dos anos, o significado negativo da palavra foi sendo deixado de lado, com as definições sendo atualizadas para uma forma que pudesse significar algo potencialmente edificante a quem o sente.

> [...] uma mudança na própria percepção sobre o termo, que deixa de se referir a um sentimento "negativo", que guardava estreita ligação com a guerra, e passa conotar a algo potencialmente bom, ligado à rememoração ou recuperação de um passado mais ou menos distante. Essa acepção, considerada uma extensão de sentido, já está presente

> em dicionários como o Houaiss, que apresenta a seguinte definição para o termo: "saudades de algo, de um estado, de uma forma de existência que se deixou de ter; desejo de voltar ao passado". De uma forma mais ampla, o termo ainda pode ser compreendido como um "estado melancólico causado pela falta de algo" (Castellano; Meimaridis, 2017, p. 63).

Nota-se a aproximação da memória com a nostalgia em características que remontam ao encontro entre presente e passado, além do resgate de lembranças individuais, criadas a partir da interação de um indivíduo com o outro.

Segundo as ideias de Talitha Ferraz (2017), em seu artigo "A memória da ida ao cinema e a mobilização das audiências no caso do Cine Belas Artes", estruturas físicas, como salas de cinema, possuem o potencial de simbolizar diversas histórias e experiências.

> O cinema numa de suas faces físicas mais concretas – que chamamos comumente de sala escura, grande tela, dispositivo cinematográfico coletivo de exibição etc. – é capaz de contar muito sobre as micro histórias e experiências das pessoas, instituições e comunidades a ele direta e indiretamente associadas. Por conta disso, o cinema talvez tenha se tornado nas últimas décadas um objeto de apreço para as produções e expressões de memórias coletivas e individuais de grupos e pessoas que vivenciaram uma época na qual era banal e corriqueiro encontrar a cada esquina cartazes de filmes, letreiros com horários de sessões e filas de espectadores derramando-se pelas calçadas (Ferraz, 2017, p. 4).

A valorização nostálgica de pessoas por eventos já vividos em determinado local de exibições cinematográficas pode, assim, estar ligada a um apego que ultrapassa a ideia de apenas assistir a um filme.

> É válido notar que os prédios de cinemas de rua mais antigos, independente de ainda funcionarem ou não (e a despeito das atividades-fim às quais foram destinados com o tempo), quando não sucumbem à demolição ou a descaracterizações muito agressivas, permanecem em pé como construções e/ou dispositivos midiáticos que, com efeito, serão sempre capazes de oferecer algum tipo de acesso ao passado; inscrevem-se nas superfícies das urbes como marcos espaciais, pontos de conforto e reconhecimento identitário e âncoras lançadas em meio às constantes reconfigurações de práticas simbólicas e hábitos ligados ao consumo de imagens, tecnologias, mídias nas cidades (Ferraz, 2017. p. 4).

Ferraz toca nos movimentos organizados por entusiastas que têm como objetivo manter as salas de cinema, apesar das novas tecnologias e da possibilidade de se apreciar as obras em casa.

> O que desejo indicar é que os movimentos em prol de cinemas de rua, como o do Belas Artes, recorrem às expressões de saudade (de uma sessão, um filme, uma cena, uma situação de espectação) e às reverberações de universos afetivos (cuja genealogia passa necessariamente pela ida ao cinema) para suscitarem discursos, legitimarem ações e justificarem o ativismo (Ferraz, 2017, p. 17).

Para compreendermos esses processos teóricos, no exemplo específico – pré-estreia do festival Primeiro Plano, conduzimos entrevistas com organizadores da mostra de 2020 – ano que proporcionou a experiência do *Drive-in* – e frequentadores do festival que estiveram presentes na abertura – cuja análise é proposta por nós.

Os depoimentos que ilustram o presente texto foram recolhidos de acordo com a metodologia da História Oral, abordada por Paul Thompson (1992) e Verena Alberti (2004). Tal método dialoga com o conceito de memória individual trabalhado por Halbwachs, no sentido de privilegiar as fontes não oficiais, ao recolher, gravar e preservar testemunhos individuais, de pessoas envolvidas com algum acontecimento passado. Tal metodologia é digna de exploração por nós, durante este trabalho, por ter sido utilizada no recolhimento dos depoimentos que irão ilustrar nossa discussão posterior.

De acordo com Paul Thompson (1992), a história oral surge para dar voz àqueles que foram ignorados pela história oficial. "A história oral pode devolver às pessoas que fizeram e vivenciaram a história um lugar fundamental, mediante suas próprias palavras" (Thompson, 1992, p. 22).

Adicionalmente, o autor afirma que a metodologia confere vida à própria história. Isso, além de ampliar seu campo de ação, também a aproxima da memória.

> A história oral é uma história construída em torno de pessoas. Ela lança a vida para dentro da própria história e isso alarga seu campo de ação. Admite heróis vindos não só dentre os líderes, mas dentre a maioria desconhecida do povo. [...] Propicia o contato – e, pois, a compreensão – entre classes sociais e entre gerações. [...] Em suma, contribui para formar seres humanos mais completos. Paralelamente, a história oral propõe um desafio aos mitos consagrados da história,

> ao juízo autoritário inerente a sua tradição. E oferece os meios para uma transformação radical do sentido social da história (Thompson, 1992, p. 44).

Em conformidade com as ideias de Thompson, a pesquisadora Verena Alberti (2004) argumenta sobre a capacidade da história oral aprimorar a história oficial, oferecendo o complemento de um depoimento pessoal e uma visão alternativa àquela transmitida oficialmente.

> [...] há nela uma vivacidade, um tom especial, característico de documentos pessoais. É da experiência de um sujeito que se trata; sua narrativa acaba colorindo o passado com um valor que nos é caro: aquele que faz do homem um indivíduo único e singular em nossa história, um sujeito que efetivamente viveu – e, por isso dá vida a – as conjunturas e estruturas que de outro modo parecem tão distantes. E, ouvindo falar, temos a sensação de que as descontinuidades são abolidas e preenchidas com ingredientes pessoais: emoções, reações, observações, idiossincrasias, relatos pitorescos (Alberti, 2004, p. 14).

Dessa forma, é possível enxergarmos diálogos entre a memória e a história oral, no pressuposto de ambos existirem como ferramentas de complemento à história. Longe de serem antagônicos, com nenhuma hierarquia sendo montada entre tais conceitos e metodologias.

Os depoimentos que foram recolhidos são individuais – apesar de serem, de acordo com a memória coletiva, parte de uma gama de indivíduos distintos, que partilhavam do hábito de consumir filmes em ambientes fora de casa, de forma que muitas de suas falas são fortalecidas e validadas por memórias semelhantes às de outros. Mas, primariamente, nos interessa focar em lembranças pessoais específicas de cada entrevistado e os detalhes inseridos nelas, que possam indicar possíveis paralelos com os conceitos desenvolvidos.

Nesses depoimentos, que se localizam fora de registros oficiais, teremos contato com memórias individuais e afetivas, que envolvem a relação do interlocutor com outros indivíduos. Assim, cada um desses depoimentos remonta a momentos, que contribuíram para a construção das identidades de cada envolvido na relação. A rememoração de tais ocasiões as reafirmam como parte relevante da história do entrevistado e de seu papel específico no desenvolvimento dele.

As formas de exibição cinematográfica através da história

Desde seu surgimento, o cinema caminhou na fronteira entre poesia e técnica, com a criatividade de um roteiro sendo tão reconhecida como importante na criação de uma boa peça cinematográfica quanto os avanços tecnológicos que permitem novas maneiras de se fazer e consumir filmes. De fato, invenções que traziam comodidade ao ato de se assistir filmes foram responsáveis por causar a defasagem e queda de interesse às formas anteriores de consumo cinematográfico.

Em meados dos anos 1970, uma nova tecnologia passou a dispersar ainda mais os entusiastas do cinema: os aparelhos de reprodução doméstica (Bindemann, 2018). O alto custo de manutenção das salas de cinema, somado à comodidade do vídeo doméstico, proporcionou uma queda na quantidade de locais para exibição. Hoje, tal comodidade se tornou ainda maior, com o advento de plataformas de *streaming*[5] como a Netflix.

Como explicitado acima, novos meios e tecnologias surgiram progressivamente desde o surgimento do primeiro cinetoscópio. Ao longo da história, várias formas e locais de exibição foram criadas, seja pelo avanço na tecnologia ou mesmo por conta do contexto da época no país.

No entanto, algumas dessas formas de exibição, mesmo consideradas como pertencentes às tecnologias anteriores, acabam persistindo e até se revitalizando em tempos modernos. Argumentamos, neste ponto, que esse movimento de valorização do passado e das experiências já não mais acessíveis ao indivíduo pode ter forte ligação com conceitos de memória e nostalgia. No presente estudo, nossa problemática se volta a questionar se o sentimento nostálgico – despertado na população pelo fim do acesso à experiência cinematográfica fora de casa – pode estimular iniciativas como a volta do cine *Drive-in*.

Nota-se a aproximação da memória com a nostalgia em características que remontam ao encontro entre presente e passado, além do resgate de lembranças individuais, criadas a partir da interação entre pessoas. Dessa forma, é possível sugerir um potencial apego do indivíduo para com estruturas e

---

[5] *Streaming* é uma forma de tecnologia que consiste na transmissão de informações através da transferência de dados, utilizando redes de computadores, especialmente a Internet, e foi criada para tornar as conexões mais rápidas.

hábitos que outrora estavam ao alcance. O exemplo citado acima dialoga com nosso objeto, uma vez que cinemas de rua e *Drive-ins* ambos se situam no conjunto de locais que permitem experiências comuns ontem e em risco de extinção hoje.

Considerações Finais

O festival Primeiro Plano ao adotar o formato *Drive-in* proporcionou ao indivíduo o sentimento de nostalgia ao sair de casa para viver a experiência do cinema, e se tornou atrativo, mesmo num mundo onde festivais on-line, *streamings* e todas as possibilidades de acesso a conteúdos audiovisuais em casa sejam de fácil acesso, lembramos que, à parte dessa sessão especial, o resto da mostra em 2020 seguiu formato online. Isso, de certa forma, ajuda a confirmar a hipótese de que casos de reabertura de cinemas *Drive-in* podem revelar alguns usos instrumentalizados da memória.

Seguindo a metodologia da História Oral, conduzimos entrevistas de cunho qualitativo com pessoas que frequentaram a exibição em formato *Drive-in*, a fim de verificar a presença de ideias que pudessem remontar aos conceitos desenvolvidos nas seções anteriores de nosso texto, bem como elucidar possíveis motivações para estar presentes no evento, mesmo com diversas opções de entretenimento semelhante localizadas no conforto do lar. Também foi dado voz aos organizadores da iniciativa.

Os depoimentos recolhidos por espectadores do evento remontam, primariamente, a justificativas semelhantes para a ida à sessão, curiosamente situadas entre ideias opostas: a vontade de rememorar exibições cinematográficas fora de casa – algo que no momento era inacessível e a curiosidade de se experimentar uma forma de exibição – considerada praticamente extinta no país – pela primeira vez, na figura do cinema *Drive-in*.

> A minha principal motivação foi a curiosidade. Eu não conhecia nenhum cinema drive-in e sempre tive vontade de ter essa experiência, então quando o evento foi anunciado eu fiquei bem empolgada. Além disso, sempre gostei muito do Primeiro Plano e estava pesarosa de ele não acontecer presencialmente daquela vez, então também foi uma forma de não perder isso completamente. E, é claro, depois de tanto tempo dentro de casa, uma oportunidade de poder sair de forma segura pareceu irresistível (Martins, 2021).

Aqui, observamos o caráter plural da nostalgia. Ao mesmo tempo manifesta-se a vontade de reviver um hábito pessoal, de um passado próximo e uma experiência não vivida pelo interlocutor, mas também pertencente ao conjunto de práticas extintas, um dia já acessíveis. Tal relato reforça a característica do conceito que dispõe sobre a não necessidade da relação pessoal de memória entre o objeto que causa o sentimento e a pessoa que o sente.

A história oficial, representada por registros documentais, assim como a história oral, no trabalho de armazenamento e publicização de lembranças individuais, trabalham de maneira complementar para manter viva a memória e o legado de formatos desaparecidos, abrindo possibilidade para o conhecimento de sua existência por aqueles que não os vivenciaram.

> Eu não poderia perder a oportunidade de participar de um projeto que resgatou o formato dos antigos cines drive-in. Eu sempre tive curiosidade de conhecer esse formato de cinema, sempre quis viver essa experiência de assistir um filme dentro do carro, como nos filmes de época, eu achava um máximo (Morais, 2021).

Por parte da equipe, há a observação de que a exibição externa foi produto de demanda externa, mas que evoca a ideia de seleção de público, algo que não compactua – ao olhar do representante que nos concedeu a fala – com os valores do festival, que predispõem oferecer acesso amplo, gratuito e irrestrito de arte ao povo.

> A gente topou fazer como uma das atividades do festival, mas em um drive-in você pressupõe uma certa elitização do evento né porque são pessoas que têm carro que vão participar desse evento e não é todo mundo que tem carro (Eiterer, 2021).

Assim, fortalece-se o predicado de que o formato *drive-in* foi escolhido apenas nessas condições de cunho extremamente específico, no caso, a situação endêmica trazida pelo vírus e a impossibilidade de contato entre indivíduos. Argumentamos que a demanda nostálgica proposta por nós neste texto – situada na experiência de consumir filmes fora de casa - se tornou forte o bastante para condicionar os idealizadores a se unirem à iniciativa, mesmo se considerando a incompatibilidade dela com os valores históricos do festival.

> A pandemia estava nos sufocando demais, dessa maneira, enxerguei no cine drive-in do Primeiro Plano uma maneira segura de sair de

> casa e fazer o que eu gosto, que é ir ao cinema. A ideia do festival de fazer um cine drive-in foi sensacional (Morais, 2021).

Memória e nostalgia são conceitos poderosos, que, ao mesmo tempo em que mantêm o passado vivo, causam alterações permanentes no presente. Na reflexão proposta pelo presente trabalho, pudemos observar como tais ideias podem motivar a criação de movimentos ativistas, dedicados não apenas à preservação de espaços, como também à reativação de formatos e hábitos em novos locais. Nesse caso, a montagem de uma estrutura condizente com o *Drive-in* pelo festival – gerada por uma demanda nostálgica – é o bastante para garantir a ativação de um sentimento de nostalgia ligado à ida ao cinema.

Referências

ALBERTI, Verena. *Manual de história oral*. 2. ed. Rio de Janeiro: Editora FGV, 2004.

BINDEMANN, Douglas Klaus. Videolocadoras. *Pós em Revista*, [S.l.], v. 1, n. 1, p. 16, dez. 2018. ISSN 2595-914X.

EITERER, Aleques. *Entrevista concedida aos autores*, 2021.

FESTIVAL primeiro plano realiza cine drive-in em juiz de fora. *G1 Zona da Mata*, 12 nov. 2020. Disponível em: https://tinyurl.com/2454hn8d. Acesso em: 14 set. 2021.

FERRAZ, Talitha. A memória da ida ao cinema e a mobilização das audiência no caso do Cine belas Artes. *XXVI Encontro Anual da Compós*, Faculdade Cásper Líbero, São Paulo, 2017.

KEMP, Philip. *Tudo Sobre Cinema*. Rio de Janeiro: Sextante, 2011.

MARTINS, Fernanda A.C. Impressionismo Francês. In: MASCARELLO, Fernando. *História do Cinema Mundial*, Campinas, Papirus, 2006.

MARTINS, Isadora. *Entrevista concedida aos autores*, Juiz de Fora, 2021.

MORAIS, Leonardo. *Entrevista concedida aos autores*, Juiz de Fora, 2021.

NIEMEYER, K. (org.). *Mídia e nostalgia*: anseio pelo passado, presente e futuro. Basingstoke: Palgrave Mcmillan, 2014.

NORA, Pierre. Entre memória e História: a problemática dos lugares. *Projeto História*, São Paulo, n. 10, 1993.

RIBEIRO, A. P. G., & VIEIRA, I. M. (2018). O JB é que era jornal de verdade: jornalismo, memórias e nostalgia. *MATRIZes*, *12*(3), 257-276.

THOMPSON, Paul. *A voz do passado*: história oral. 3ª. ed. Rio de Janeiro: Paz e Terra, 1992.

CONSUMO LITERÁRIO NA PANDEMIA: O PASSADO E A MEMÓRIA PARA RECONSTITUIÇÃO DO PRESENTE

Leandro de Bona Dias[1]
Mayara Gonçalves de Paulo[2]
Renata Dal-Bó[3]
Susana Azevedo Reis[4]
Vanessa Coutinho Martins[5]

Introdução

Esta pesquisa objetiva investigar o consumo da literatura no Brasil durante a pandemia de Covid-19. A partir de um levantamento dos livros mais vendidos no país no ano de 2020, utilizando como referência o ranking de vendas disponibilizados nos sites Amazon (Maciel, 2020) e PublishNews (Lista, 2020), percebeu-se uma procura por um resgate de obras do passado, principalmente aquelas ligadas a temas relacionados à pandemia e a contextos de isolamento e crise, como os livros do gênero distopia. Assim, desejamos especular quais as possíveis razões para a procura dessas determinadas obras.

Tendo em mente questões pessoais, profissionais, psicológicas, físicas e estéticas pelas quais os indivíduos foram submetidos nesse período de isolamento, acreditamos que os livros desse gênero podem ter criado alguma experiência diferenciada para os leitores brasileiros. Além disso, entendemos que um mesmo livro lido em momentos diversos da vida tem impactos diferentes sobre o leitor. Com essas questões em mente, acreditamos que um livro pode trazer diversificadas experiências para o leitor, baseado em

[1] Doutorando do PPGCL/Unisul. Integrante do MARC.
[2] Doutoranda do PPGCL/Unisul. Integrante do MARC.
[3] Doutoranda do PPGCL/Unisul. Integrante do MARC.
[4] Doutoranda do PPGCOM/UFJF. Integrante do Comcime.
[5] Doutoranda do PPGCOM/UFJF. Integrante do Namídia.

diversos fatores, inclusive o contexto social, político e econômico. A leitura de obras com conteúdos sobre pandemia ou distópicos feita por leitores que estão vivendo um contexto pandêmico poderia oferecer novas possibilidades de diálogo com as obras.

Dessa forma, tendo como base a concepção de literatura como um direito, conforme Antonio Candido (2011), e também enfatizando o texto literário como uma possibilidade de resistência em espaços de crise, conforme aponta Michele Petit (2009), nossa pesquisa toma como objetos de análise as obras *1984*, *A revolução dos bichos*, ambas escritas por George Orwell, e *O conto da aia*, de Margaret Atwood. Os três livros são recorrentes nas duas listas dos mais vendidos de 2020.

Utilizando a metodologia de estudo de caso, desejamos investigar de que modo os enredos dessas obras podem oferecer elementos que dialoguem com o contexto da pandemia da Covid-19. E é a partir dessa análise que o estudo pretende oferecer possibilidades de interpretar o motivo pelo qual essas obras figuram entre os títulos literários mais vendidos durante o período acima.

Literatura, distopia e pandemia

Em tempos sombrios, em que arte e literatura são considerados triviais e puro entretenimento, ler, por si só, já é considerado um ato de resistência. No atual momento de adversidade, proporcionado pela pandemia da Covid-19, a leitura adquire funções ainda mais específicas que, certamente, não solucionam as limitações e carências do momento pandêmico, mas proporcionam seu enfrentamento de forma mais branda além de uma noção de continuidade (Thomé; Martins, 2021). Barthes (1979) afirma que a literatura tem o papel ambíguo de demonstrar o mal-estar social ou a nossa infelicidade, mesmo que o mundo esteja historicamente alienado. Já Gallian (2017) reflete sobre seu poder libertador e perturbador, ao mesmo tempo em que rompe com a mesmice.

Em seu livro, intitulado *A literatura como remédio: os clássicos e a saúde da alma* (2017), Gallian enfatiza o poder de cura das narrativas literárias. Ao fazer uma comparação com remédios, o autor afirma que, mesmo quando as histórias são amargas e tristes, características também encontradas nos medicamentos, sempre fazem bem. Gallian pontua que, com o tempo, os sujeitos passam a se afastar mais das histórias, comumente mais próximas em nosso período de infância, mas "[...] quando começamos a sentir os sintomas de um tipo muito particular de adoecimento, nos damos conta de sua falta e nos lembramos de seus efeitos" (Gallian, 2017, p. 25). Nesse sentido,

> A literatura é remédio e é resistência. Remédio claro, pois tenta nos restituir a saúde da reflexão e nos retirar da melancolia da irrelevância, da banalidade do ser, da falta de sentido e do pensamento que se tornara, gêmeos xifópagos do cotidiano líquido contemporâneo (Gallian, 2017, p. 8-9).

Michele Petit (2009, p. 20), antes mesmo da pandemia, já afirmava que "o mundo inteiro é um 'espaço em crise'", sendo essas crises alojadas em um tempo determinado, que acaba despertando feridas e provocando a perda dos sentidos. Durante os primeiros meses do caos causado pelo coronavírus, a procura pela literatura aumentou no mundo todo, principalmente pelo gênero distopia. Segundo Claeys (2017) a palavra distopia é derivada das palavras gregas, *dus* e *topos*, significando um lugar doente, ruim ou desfavorável. Esse lugar, que até então nos parecia distante, deixa de ser algo limitado às criações literárias e passa a ocupar um espaço específico no imaginário dos sujeitos, que tentam encontrar explicações para situações nunca antes vividas. Já para Leomir Cardoso Hilário (2013), esse tipo de gênero literário se caracteriza por ser "um instrumento de reflexão acerca dos 'efeitos de barbárie' que nos cercam na contemporaneidade" (Hilário, 2013, p. 12).

Assim, narrativas como *A Peste*, de Albert Camus[6], escrita em 1947, ocuparam posições de mais vendidos em diversos países em uma tentativa que alguns pesquisadores da área de Letras afirmam ser uma busca de dar forma à experiência (BBC, 2020, *online*). Houve uma necessidade de reflexão e tentativa de cura interior sobre o que estávamos (e ainda estamos) enfrentando, seja esse remédio literário amargo ou de sabor agradável.

Ainda de acordo com esta perspectiva, Terry Eagleton (2006) fala sobre como a arte literária ajuda a compreender o mundo, podendo a ficção funcionar como um outro modo de experienciar a própria realidade. Segundo o crítico inglês:

---

[6] O romance conta a história da chegada de uma epidemia à cidade argelina de Orã. O personagem principal é um médico que combate a doença até o momento em que ela se dissipa. O narrador descreve como a população reage, indo da negação à ação, e como alguns se expõem para enfrentar a propagação da doença.

> O discurso literário torna estranha, aliena a fala comum; ao fazê-lo, porém, paradoxalmente nos leva a vivenciar a experiência de maneira mais íntima, mais intensa. Estamos quase sempre respirando sem ter consciência disso; como a linguagem, o ar é, por excelência, o ambiente em que vivemos. Mas se de súbito ele se tornar mais denso, ou poluído, somos forçados a renovar o cuidado com que respiramos, e o resultado disso pode ser a intensificação da experiência de nossa vida material (Eagleton, 2006, p. 6).

Em outras palavras, o texto literário proporciona uma (re)elaboração da realidade e uma possibilidade de acessá-la de uma forma mais bem acabada, uma vez que suas personagens possuem uma espécie de acabamento que a realidade, dada a sua dimensão, não permitiria. Visão que é corroborada por Tzvetan Todorov quando afirma que “a arte interpreta o mundo e dá forma ao informe, de modo que, ao sermos educados pela arte, descobrimos facetas ignoradas dos objetos e dos seres que nos cercam” (2009, p. 65). Nesse sentido, tal acabamento resultante da leitura de um texto literário seria capaz de provocar no leitor a sensação de unidade que lhe escapa na vida cotidiana. Dentro de um contexto de tamanha incerteza como o da pandemia de Covid-19 e de todos os efeitos por ela causados, essa experiência de acabamento proporcionada pela ficção poderia levar os leitores a procurar por histórias que tivessem como pano de fundo realidades ficcionais semelhantes às que estivessem vivenciando.

Além disso, entendemos que um mesmo livro lido em momentos diversos da vida tem impactos diferentes sobre o leitor. A pesquisadora Ecléa Bosi (1998), por exemplo, traduz assim uma passagem do livro *Les cadres Sociaux de la mémoire* (Os quadros sociais da memória, em tradução livre), publicado em 1925 por Maurice Halbwachs, e que fala sobre o ato da releitura de um mesmo livro em momentos distintos, a infância e a juventude:

> Parece que estamos lendo um livro novo ou, pelo menos, um livro remanejado. Novo ou remanejado em duas direções: em primeiro lugar, porque só agora reparamos em certas passagens, certas palavras, certos tipos, certos detalhes de ambientação que nos tinham escapado na leitura inicial; o nosso espírito, hoje, mais atento à verossimilhança da narrativa e à estrutura psicológica das personagens, move-se em uma direção crítica e cultural que, evidentemente, não podia entrar nos quadros mentais da primeira leitura. Em segundo lugar, o livro nos parece novo, ou remanejado em um sentido oposto: passagens

> que nos tinham impressionado ou comovido perderam, nesta outra leitura, muito do seu poder sugestivo, despojando-se, portanto, do prestígio que as circundava então (Bosi, 1998, p. 57).

Assim, um livro pode trazer diferentes experiências para o leitor, baseado em diversos fatores, inclusive o contexto social, político e econômico. A leitura de obras com conteúdos sobre pandemia ou distópicos, feita por leitores que estão vivendo um contexto pandêmico, poderia oferecer novas possibilidades de diálogo com as obras.

Inclusive, Fernando Perlatto (2021) destaca que nossos tempos estão marcados pelo fortalecimento da extrema direita e de fundamentalismos de diferentes ordens, o que influencia a indústria cultural a agir de duas maneiras. Primeiramente, ampliar a produção de bens culturais atravessados por imaginários distópicos. Além disso, observa-se a retomada, na mídia e no debate público, de livros e filmes produzidos no passado "que parecem ter previsto muitas das tragédias e barbáries que têm se manifestado em diferentes partes do mundo no tempo presente" (Perlatto, 2021, p. 62).

No campo literário, Perlatto destaca que, nos séculos XX e XXI, percebemos três grandes ondas de ficções distópicas. Entre 1920 e 1940 ocorreu a crise do liberalismo e o crescimento de regimes autoritários, como nazifascismo e stalinismo, incentivando obras que conversam com o clima de terror da época, como *Nós* (1924), de Ievgueni Zamiatin, *Admirável Mundo Novo* (1932), de Aldous Huxley, *Não vai acontecer por aqui* (1935), de Sinclair Lewis, e *1984* (1949), de George Orwell. Após a 2ª Guerra Mundial, observa-se a segunda onda, com temas que dialogam com a Guerra Fria. São exemplos: *Fahrenheit 451* (1953), de Ray Bradbury, *Laranja Mecânica* (1962), de Anthony Burgess e o *Conto da Aia* (1985), de Margaret Atwood. A terceira onda se caracteriza por um momento de tensão mundial, com o medo contínuo de atentados e crises como o Word Trade Center, em 11 de setembro de 2001. As novas distopias dialogam com "futuros atravessados pelo caos, pela desordem e pela ampliação da repressão" (Perlatto, 2021, p. 63): *O reino* (iniciada em 2003), de Gonçalo Tavares, *Oryx e Crake* (2003), de Margareth Atwood, *Complô contra a América* (2004), de Phillip Roth, e a trilogia *Jogos Vorazes* (iniciada em 2008), de Suzanne Collin.

Assim, a procura por ficções com contextos próximos aos vividos durante o período de pandemia pode ser também um indicativo daquilo que

Michele Petit aponta ao afirmar que "uma metáfora permite dar sentido a uma tragédia e evita, ao mesmo tempo, que ela seja evocada diretamente; permite também transformar experiências dolorosas, elaborar a perda, assim como restabelecer vínculos sociais" (2009, p. 152). Ainda sem uma distância possível entre o acontecimento e suas consequências, tais leituras proporcionariam, portanto, uma espécie de elaboração da realidade vivida nos períodos mais duros da pandemia.

Outro elemento importante cuja leitura de textos literários com enredos distópicos ou pandêmicos pode trazer é a possibilidade de um olhar observador para a sua própria realidade. É o que relata Paulo Freire em *A importância do ato de ler* quando, em certa altura do livro, o educador descreve a reação de um grupo de pessoas que estavam sendo alfabetizadas na cidade Monte Mário, na República de São Tomé e Príncipe, ao verem o desenho de sua vila:

> Observaram a codificação de perto, atentamente. Depois, dirigiram-se à janela da sala onde estávamos. Olharam o mundo lá fora. Entreolharam-se, olhos vivos, quase surpresos, e, olhando mais uma vez a codificação, disseram: "É Monte Mário. Monte Mário é assim e não sabíamos". Através da codificação, aqueles quatro participantes do Círculo "tornavam distância" do seu mundo e o re-conheciam. Em certo sentido, era como se estivessem "emergindo" do seu mundo, "saindo" dele, para melhor conhecê-lo. No Círculo de Cultura, naquela tarde, estavam tendo uma experiência diferente: "rompiam" a sua "intimidade" estreita com Monte Mário e punham-se diante do pequeno mundo da sua quotidianidade como sujeitos observadores (Freire, 1989, p. 25).

A experiência com o desenho parece se assemelhar àquela que a leitura pode proporcionar no momento em que o leitor passa a olhar de modo mais afastado para aquilo que pode estar vivenciando. No contexto de pandemia, a leitura de textos ficcionais poderá, portanto, constituir-se como um modo de olhar e reelaborar o tempo em que se vive.

Metodologia

Iremos, assim, utilizar a metodologia de estudo de caso para essa pesquisa, entendendo que: "O estudo de caso é uma inquirição empírica que investiga um fenômeno contemporâneo dentro de um contexto da vida real, quando a fronteira entre o fenômeno e o contexto não é claramente evidente e onde múltiplas fontes de evidência são utilizadas" (Yin, 2001, p. 32). Em nosso caso, estamos desenvolvendo um projeto de caso único holístico, pois estamos pesquisando sobre um momento histórico e cultural específico e único, que poderá servir para um propósito inovador. Afinal, nossa hipótese de que a pandemia incentivou a busca por livros distópicos é parte de um recorte bem particular.

Yin destaca três princípios principais para coletas de dados: (1) a utilização de várias fontes de evidência, (2) a criação de um banco de dados para o estudo de caso e (3) a manutenção de um encadeamento de evidências. Para ele, podem ser utilizadas até 6 fontes de informações sobre o estudo, entre observação participante e artefatos físicos: documentos, registro em arquivo, entrevistas, observação direta, observação participante e artefatos físicos. Mas outros pesquisadores também destacam o uso de outras fontes, como filmes, fotografias, teses, reportagens, relatos, etc. Como essa pesquisa possui um espaço limitado, iremos nos ater a evidências de cunho de arquivo, buscando as listas dos mais vendidos na mídia, entre outras informações relevantes para a pesquisa, e realizando a análise qualitativa dos livros, a partir de nossa bibliografia.

Dessa forma, para iniciarmos nossa análise, torna-se crucial destacar quais obras narrativas de ficção distópicas apareceram nas listas dos livros mais vendidos em 2020. Escolhemos a lista da Amazon, uma das maiores redes varejistas do Brasil, e a da PublishNews, um site informativo exclusivo sobre literatura e livros, que explica sua metodologia para a seleção: "O ranking de livros mais vendidos é elaborado a partir da soma simples das vendas de todas as livrarias consultadas [...] Trata-se, portanto, de uma amostra e não do universo da venda de livros no Brasil" (Lista, 2020).

A PublishNews possui categorizações: geral, ficção, não ficção, autoajuda, infantojuvenil e negócios. Observamos, assim, o Top 10 dos livros de ficção, que foram: *Sol da meia-noite* (Stephenie Meyer), *A garota do lago* (Charlie Donlea), *A revolução dos bichos* (George Orwell), *1984* (George Orwell), *O homem de giz* (C. J. Tudor), *O conto da aia* (Margaret Atwood), *Essa gente* (Chico Buarque), *Textos cruéis demais para serem lidos rapidamente* (Igor Pires da Silva e Gabriela Barreira), *Mitologia Nórdica* (Neil Gaiman) e *Eleanor & Park* (Rainbow Rowell). Já a Amazon divulga anualmente uma lista geral com os 20 livros mais vendidos. Dessa forma, selecionamos apenas os livros de ficção, que foram: *1984* (George Orwell), *O morro dos ventos uivantes* (Emily Bronte), *A revolução dos bichos* (George Orwell), *O conto da aia*, (Margaret Atwood) e *Harry Potter e a pedra filosofal* (J.K. Rowling). Assim, percebemos que três títulos classificados como "distópicos" são recorrentes e foram selecionados para nossa análise: *1984*, *A revolução dos bichos* e *O conto da aia*.

Análise Qualitativa dos livros

A partir de nossa análise teórica, buscaremos agora discutir como os livros distópicos mais vendidos na pandemia dialogam com a temática e são capazes de fazer o leitor discutir por esse momento específico.

1984

1984, escrito pelo jornalista, ensaísta e romancista inglês George Orwell (2009), foi publicado em 1949, quatro anos após o término da Segunda Guerra Mundial. Faz parte, portanto, da primeira das três ondas de ficções distópicas descritas por Perlatto (2021), que ocorreu entre as décadas de 1920 e 1940, com o crescimento de regimes autoritários, como nazifascismo e stalinismo.

Como sugere o título do livro, a história passa-se no ano de 1984 e tem como cenário três grandes estados transcontinentais totalitários: Oceania, Eurásia e Lestásia, que vivem em constante guerra uns com os outros. O romance, que acontece na fictícia Oceania (Londres no passado), revela um futuro distópico em que o Estado é extremamente autoritário e impõe um regime de vigilância sobre a sociedade. Oceania é governada pelo Partido, coordenado por um personagem chamado Grande Irmão (Big Brother) e pelos membros do partido interno. O lema do partido Ingsoc é *Guerra é paz, liberdade é escravidão, ignorância é força*. Cartazes espalhados pelas ruas mostram a figura da autoridade suprema com o slogan: *O Grande Irmão está de olho em você*. Por meio de *teletelas*, espalhadas nos lugares públicos e nos recantos mais íntimos dos lares, o Grande Irmão monitora e controla a população. O protagonista, Winston Smith, funcionário do Departamento de Documentação do Ministério da Verdade, um dos quatro ministérios que governam Oceania, tem a função de falsificar registros históricos para moldar o passado de acordo com os interesses do líder supremo.

Figura 1 - Capa do livro *1984*

Fonte: Captura do Google (2022)

A pandemia do coronavírus chegou ao Brasil quando o país passava por uma forte crise social, política e econômica. Além de nos sentirmos oprimidos pela presença de um inimigo invisível e conviver diariamente com milhares de mortes, tivemos que lidar com um governo que negou veementemente a gravidade da pandemia, estimulando comportamentos inadequados e disseminando informações inverídicas. Assim como o personagem de Winston era coagido a alterar dados históricos e documentais para que nada contrariasse o que o partido preconizava, nosso governo propagava notícias falsas, desqualificando a pandemia e fazendo anúncio enganoso de medicamentos comprovadamente ineficazes. Essa proximidade da ficção distópica com a realidade de então pode ter sido o motivo pelo qual o livro tenha constado das listas dos mais vendidos em 2020. Conforme Freire (1989, p. 9), "linguagem e realidade se prendem dinamicamente. A compreensão do texto a ser alcançada por sua leitura crítica implica a percepção das relações entre o texto e o contexto".

Em outras palavras, por meio da leitura as pessoas procuram compreender melhor a realidade em que estão inseridas.

Quando temos um problema em relação à determinada situação pela qual estamos passando, a literatura pode funcionar como um suporte para ver as coisas de forma diferente, para pensar sob uma outra perspectiva. Ademais, ela nos ajuda a extravasar as emoções, proporcionando um alívio das tensões emocionais, contribuindo para o nosso bem-estar. De acordo com Petit (2009, p. 9), "a ideia de que a leitura pode contribuir para o bem-estar é sem dúvida tão antiga quanto a crença de que pode ser perigosa ou nefasta".

A literatura nos permite descobrir mais sobre nosso próprio mundo. Assim sendo, a realidade improvável da pandemia e a crise social, política e econômica de nosso país fizeram com que as pessoas fossem procurar nos livros de ficção distópica, como *1984*, um suporte para suas vivências, uma reflexão sobre o momento de fragilidade que estavam passando. Segundo Compagnon (2009, p. 26), "a literatura pode ensinar mais sobre a vida do que longos tratados científicos". Os conhecimentos advindos da literatura podem ajudar a esclarecer os comportamentos e as motivações humanas.

O conto da Aia

Lançado em 1985, por Margaret Atwood, *O conto da aia* narra um futuro, não datado e bem próximo ao presente, onde o mundo está passando por devastações ambientais, quedas das taxas de natalidade, conflitos e guerras. Assim, o governo dos Estados Unidos sofre um golpe de estado, levando ao poder o grupo religioso chamado "Filhos de Jacó". Após assassinar o presidente e a maioria dos congressistas, esse movimento ultraconservador instaura uma nova república, chamada de Gileard.

A sociedade muda drasticamente e a constituição é ignorada. As mulheres perdem todos os seus direitos e a população é dividida em castas, todas com papéis bem definidos dentro de um contexto social e familiar. Destacamos as três principais castas: a do Comandante, o dono da casa, que possui funções no governo e é o patriarca da família. A Esposa, mulher do comandante e quase sempre infértil, não possui nenhum papel social, a não ser socializar com outras esposas. Já a Aia é a mulher fértil, aquela que dentro da família é a responsável por dar um filho ao casal, por meio de rituais "religiosos". Compreendemos todo o contexto social, histórico e político de Gileard através da narração, em primeira pessoa, da Aia Offred. É ela que nos conta sobre a estrutura da sociedade e sobre seu dia a dia nesse mundo distópico e repressivo.

O que percebemos na narrativa de *O conto da Aia* é como os direitos das mulheres, e também dos cidadãos de classes mais baixas, foram menosprezados tão rapidamente. A suspensão da constituição e o estabelecimento da Bíblia como guia de conduta, em seu sentido literal, em todas as ocasiões, transformou Gileard em uma sociedade extremamente conservadora e que despreza os direitos de liberdade da população. O medo se instalou.

Figura 2 – Capa do livro *O Conto da Aia*

Fonte: Captura do Google (2022)

Durante a pandemia de Covid em 2020, o medo também se tornou um sintoma recorrente nos brasileiros. Privados da liberdade de ir e vir, por questões de segurança sanitária, a população assistia pela televisão e lia nos jornais diversas notícias referentes às movimentações confusas dos governantes. A insegurança em relação às questões financeiras e de saúde também causavam medo nos brasileiros que, assim como a população de Gileard, não compreendia por completo o que estava vivendo.

Assim, uma das hipóteses para que *O conto da Aia* tenha sido um dos livros mais vendidos em 2020 está em sua narrativa distópica tão próxima da realidade. Porém, a retomada da narrativa pela indústria cultural, no século XX, também contribui para o aumento das vendas do livro.

A história da Aia Offred voltou a ter destaque em 2017, após o início da série de TV de mesmo nome, que estreou no canal norte-americano Hulu. A série teve 4 temporadas, sendo que, em 2020, a quarta foi adiada, por causa da pandemia, e lançada apenas em 2021. Além disso, a continuação da obra, *Os testamentos,* foi lançada no final de 2019, trazendo novamente *O conto da aia* para o imaginário midiático.

Dessa forma, acreditamos que as questões sociais, culturais e políticas, trazidas pela distopia podem ter interessado ao leitor em um momento de insegurança causado pela pandemia da Covid-19. Ao mesmo tempo, a intensa aparição de *O conto da aia* na mídia e nos bens culturais pode também ter instigado os leitores a procurarem essa obra.

A revolução dos bichos

Escrita por George Orwell durante o período da Segunda Guerra Mundial, a obra *A revolução dos bichos* é uma fábula que narra a busca pelo poder. Lançada em 1945, conta a narrativa da revolta dos animais de uma fazenda contra seus donos humanos. Essa revolução é comandada pelos porcos Napoleão e Bola de Neve. O livro carrega uma metáfora e crítica ao regime de Stalin e ocasionou desagrado no período de seu lançamento, configurando desde aquele momento a sua relevância literária, social e política.

Além de fazer referências ao individualismo, autoritarismo e corrupção que existem nas relações interpessoais (sejam elas sociais ou políticas), George Orwell atribuiu às personagens do seu livro características de personalidades históricas como Stalin e Trotsky, que foram respectivamente representados nas personagens Napoleão e Bola de Neve.

Durante a narrativa, os porcos tomam o poder da fazenda de seus donos e buscam organizar uma sociedade utópica e igualitária. Após o êxito da revolta dos bichos, Napoleão, obcecado pelo poder, trama contra Bola de

Neve, afastando-o da fazenda e acusando-o de traição. Diante deste cenário, a personagem altera as regras do local e instaura um regime ditatorial.

O que percebemos é que o mundo em que os animais da narrativa vivem se parece muito com o nosso, onde as relações de poder são extremamente complicadas, há manipulação de classes, discursos populistas com a intenção de agradar ao povo e a constante corrupção. A obra carrega muitas frases que se tornaram famosas, como por exemplo: "*Todos os animais são iguais, mas alguns são mais iguais do que os outros*".

Figura 3 – Capa do livro *A Revolução dos Bichos*

Fonte: Captura do Google (2022)

Uma das hipóteses para que *A revolução dos bichos* esteja na lista de livros mais vendidos em 2020 está na configuração de uma literatura distópica tão perto da nossa realidade. A distopia apresentada na obra tem se mostrado cada vez mais atual, tendo em vista que ela alcança questões que constantemente têm preocupado o mundo. Com a chegada e o avanço do coronavírus no Brasil, todas as preocupações e inseguranças relacionadas às questões sanitárias, políticas, culturais, sociais e a ideia de alguns representantes políticos flertarem com regimes autoritários podem ter despertado e inspirado o aumento da venda e leitura dessa obra.

Desta maneira, a leitura de livros com narrativas sobre distopias realizada por leitores que estão passando por um momento de pandemia, além de nos proporcionar entretenimento, pode contribuir para ampliar a nossa compreensão e interpretação de tudo o que nos cerca.

Considerações finais

Este artigo preocupou-se em investigar de que maneira as obras *1984*, *A revolução dos bichos* e *O conto da Aia*, recorrentes nas listas de obras mais vendidas em 2020, oferecem componentes que dialogam com a pandemia e figuraram entre os mais vendidos daquele ano. Com o auxílio da metodologia de Estudo de Caso, verificou-se a presença de alguns elementos que proporcionam paralelos com as adversidades vividas em um momento nunca antes presenciado pela atual sociedade.

Todas as obras analisadas possuem um forte apelo social, cultural e político em um contexto distópico, mas que se assemelha, de alguma forma, ao caos estabelecido. A partir dos paralelos que podem ser estabelecidos entre o ficcional e o real, o leitor pode refletir sobre sua situação, traçando uma rota de fuga assim como os personagens.

Além disso, todas apresentam deslizamentos para o formato audiovisual, seja por filmes ou séries, o que auxilia no desenvolvimento do imaginário através do consumo midiático e corrobora com interesse do formato literário. Outro fator que contribui para o aumento das vendas diz respeito à reelaboração de capas a partir de "termômetros mercadológicos" que se pautam em tendências sociais.

Referências

ATWOOD, Margaret. *O conto da aia*. Tradução de Ana Deiró. Rio de Janeiro: Rocco, 2017.

BARTHES, Roland. *O que é literatura*. Rio de Janeiro: Salvat Editora do Brasil, 1979.

BBC. *'A peste', de Albert Camus, vira best-seller em meio à pandemia de coronavírus*, 12 mar. 2020. Disponível em: https://www.bbc.com/portuguese/curiosidades-51843967. Acesso em: 28 abr. 2022.

BOSI, Ecléa. *Memória e sociedade*: lembranças de velhos. 6. ed. São Paulo: Companhia das Letras, 1998.

CANDIDO, Antonio. Direito à literatura. In: *Vários escritos*. Rio de Janeiro: Ouro sobre azul, 2011. p. 171-193.

CLAEYS, G. *Dystopia: a natural history*. A study of modern despotism, its antecedents, and its literary diffractions. Oxford: Oxford University Press, 2017.

COMPAGNON, Antoine. *Literatura para quê?*. Belo Horizonte: Editora UFMG, 2009.

EAGLETON, Terry. *Teoria da literatura*: uma introdução. Tradução de Waltensir [revisão da tradução João Azenha Jr]. 6 ed. São Paulo: Martins Fontes, 2006.

FREIRE, Paulo. *A importância do ato de ler*: em três artigos que se completam. São Paulo: Autores Associados: Cortez, 1989.

GALLIAN, Dante. *A literatura como remédio*: os clássicos e a saúde da alma. São Paulo: Martin Claret, 2017.

HILÁRIO, Leomir Cardoso. Teoria crítica e literatura: a distopia como ferramenta de análise radical da modernidade. *Anu. Lit.*, Florianópolis, v.18, n. 2, p. 201-215, 2013.

LISTA de Mais Vendidos de Ficção de 2020. *PublishNews*. 2020. Disponível em: https://www.publishnews.com.br/ranking/anual/9/2020/0/0. Acesso em: 29 set. 2021.

MACIEL, Nahima. Confira os 20 livros mais vendidos no Brasil em 2020 no site da Amazon. *Correio Braziliense*. 30/12/2020 Disponível em: https://www.correio-braziliense.com.br/diversao-e-arte/2020/12/4897700-confira-os-20-livros-mais--vendidos-no-brasil-em-2020-no-site-da-amazon.html. Acesso em: 29 set. 2021.

ORWELL, George. *1984*. Tradução de Alexandre Hubner e Heloisa Jahn. São Paulo: Companhia das Letras, 2009.

ORWELL, George. *A revolução dos bichos*. Tradução de Luisa Geisler. Barueri, SP: Novo Século Editora, 2021.

PETIT, Michèle. *A arte de ler*: ou como resistir a adversidade. Tradução de Arthur Bueno e Camila Boldrini. São Paulo: Editora 34, 2009.

PERLATTO, Fernando. *Pelas frestas*: Literatura, história e cotidiano em regimes autoritários. Juiz de Fora: Editora UFJF, 2021.

THOMÉ, Cláudia de Albuquerque; MARTINS, Vanessa Coutinho. Literatura e afetividade nas redes durante a pandemia: uma análise das interações na "Quarentena Literária". *Rizoma*. v. 9, n. 1, p. 9-27, out. 2021.

TODOROV, Tvetan. *A literatura em perigo*. Tradução de Caio Meira. Rio de Janeiro: DIFEL, 2009.

QUANDO A SINDEMIA COVID-19 SE TRANSFORMA EM RELATO: A VOZ DE MULHERES JORNALISTAS

Ramsés Albertoni Barbosa[1]
Ana Paula Dessupoio Chaves[2]

> Pouco a pouco, os dias antigos recobrem aqueles que os precederam, e eles mesmos são sepultados sob os que os seguem. Porém cada dia antigo permanece depositado em nós como, numa imensa biblioteca, onde existem livros mais antigos, um exemplar que, sem dúvida, ninguém nunca irá consultar. No entanto, basta que esse dia antigo, atravessando a transparência das épocas seguintes, remonte à superfície e se estenda sobre nós, cobrindo-nos inteiramente, para que, durante um momento, os nomes recuperem o seu antigo significado, as criaturas o seu rosto antigo, em nós, a nossa alma dessa época, e sintamos, com um sofrimento vago, porém suportável e de pouca duração, os problemas de há muito tornados insolúveis, que tanto nos angustiavam então. Nosso eu é formado pela superposição de nossos estados sucessivos. Mas essa superposição não é imutável como a estratificação de uma montanha. As transformações geológicas fazem aflorar à superfície, perpetuamente, camadas mais antigas.
>
> (*Em busca do tempo perdido: a fugitiva.* Vol. VI, Marcel Proust)

Era uma bela manhã de fim de inverno. O sol iluminava e aquecia os meus passos receosos que desciam a grande avenida. Por todo lado enxergava um ser microscópico que poderia me deixar doente... eu poderia morrer, inclusive. Nisso, uma pessoa me chamou:

– Oi, Ramsés.

– Olá.

– Tudo bem? Sou a Ana Paula do Comcime.

---

[1] Doutorando do Programa de Pós-Graduação em Artes, Cultura e Linguagens da Universidade Federal de Juiz de Fora (PPGACL/UFJF). Integrante do COMCIME.

[2] Doutoranda do PPGCOM/UFJF. Integrante do COMCIME.

– Nossa, Ana Paula, tudo bem! Não te reconheci com essa máscara.

– Pois é, a gente fica muito diferente com as máscaras.

Conversamos durante um tempo e depois nos despedimos. Porém, não quis deixar transparecer na conversa, mas eu não me lembrava de nenhuma Ana Paula. Horas depois, ao chegar em casa, acessei as mídias sociais e procurei pela pessoa... qual não foi o meu susto ao perceber que conhecia sim a Ana, pois fazemos parte do mesmo grupo de pesquisa, já conversamos bastante, inclusive fomos a Niterói em um dos encontros da Rede de Pesquisadores JIM – Jornalismo, Imaginário e Memória.

Contudo, hoje, após dois anos desse encontro, percebo o quanto a minha percepção do mundo foi alterada por conta do isolamento social imposto pela sindemia de Covid-19, principalmente no que diz respeito à memória. Na época do encontro com a amiga Ana Paula, eu estava completamente afastado do convívio social, cujas relações eram mediadas, sobretudo, pelas mídias sociais. Agora, compreendo que vivia num universo nebuloso e rodeado por angústia e medo, bem diferente daquele caminho iluminado pelo sol de uma bela manhã de fim de inverno...

A sindemia de Covid-19 começou a surgir no final de 2019 quando, em 31 de dezembro, a Organização Mundial da Saúde (OMS) foi alertada sobre vários casos de pneumonia na cidade de Wuhan, província de Hubei, na China. Tratava-se de uma nova cepa de Sars-CoV que ainda não havia sido identificada em seres humanos. Uma semana depois, em 7 de janeiro de 2020, as autoridades chinesas confirmaram que haviam identificado um novo tipo desse coronavírus. Em 30 de janeiro de 2020, a OMS declarou que o surto do novo coronavírus constituía uma Emergência de Saúde Pública de Importância Internacional (ESPII), o mais alto nível de alerta da organização, conforme previsto no Regulamento Sanitário Internacional. Em 11 de março de 2020, a Covid-19 foi qualificada pela OMS como uma pandemia (WHO, 2022).

De lá para cá, o mundo se viu às voltas com uma sindemia que atingiu e matou milhões de pessoas. No artigo utilizaremos o termo sindemia, um neologismo que combina sinergia-pandemia e foi cunhado, na década de 1990, pelo antropólogo médico americano Merrill Singer para explicar uma situação em que "duas ou mais doenças interagem de tal forma que causam danos maiores do que a mera soma dessas duas doenças" (CEE, 2022). A interação de uma doença específica com condições sociais se torna complexo, pois envolve diversas situações que, de alguma forma, tornam uma certa população mais ou menos vulnerável ao seu impacto. Dessa forma, a interação com o aspecto social é o que faz com que a doença não seja apenas uma comorbidade.

No Brasil, especificamente, os brasileiros foram obrigados a conviver diariamente com um governo negacionista e divulgador de *fake news*, que propagandeia remédios sem qualquer eficácia no combate ao Sars-CoV-2. Sendo assim, em 2021 foi instalada a CPI da Covid no Senado Federal para investigar as ações e omissões do Governo Federal no enfrentamento da sindemia no país. O relatório final da CPI desvelou como o governo do presidente Jair Bolsonaro utilizou as leis e os mecanismos do Estado para instituir uma necropolítica responsável pela morte de mais de 600.000 cidadãos.

Em 2020, o portal *Relatos da Pandemia* surgiu para reunir os relatos sobre o cotidiano de mulheres jornalistas, o que resultou no e-book *Isolamento social*, em que 64 profissionais narram sobre a experiência de viver durante uma pandemia. A obra foi organizada por quatro mulheres também jornalistas: Zezé Béchade, Sandra Moura, Kiára Fialho e Sônia Lima.

Como critério de seleção as organizadoras escolheram relatos de profissionais que estavam cumprindo o distanciamento social, de preferência na Paraíba. Os depoimentos, escritos de maneira livre, entre os meses de maio e agosto de 2020, registram o distanciamento social vivenciado nas cidades de João Pessoa, Campina Grande, Conde, Cajazeiras, Patos e Sousa. A exceção foi o relato de três jornalistas que atuaram na Paraíba, mas que vivenciaram o confinamento fora do Brasil, em Portugal e na Grécia.

O livro foi dividido em três partes: Medo, Esgotamento e Ressignificação. O medo significa as ansiedades, assombros, mal-estares, incertezas, medo do adoecimento, da própria morte e da morte dos familiares e amigos; o esgotamento envolve toda a tensão vivida, especialmente no início da sindemia, cuja exaustão psicológica se deve ao excesso de deveres, de trabalho, poucas horas de sono, pensamentos intrusivos, inquietude em muitas situações; a ressignificação acontece quando o pânico se transforma num posicionamento ativo de esperança e de otimismo em que é necessário reinventar-se no "novo normal".

É preciso considerar que o portal e o livro que deram origem a essa pesquisa dizem respeito ao contexto das mudanças vertiginosas na interação social com o surgimento das mídias sociais, revelando, com isso, o aparecimento de novos rituais que envolvem a comunicação, conforme pontua Sibilia (2008). Neste novo cenário tecnológico cada indivíduo atua como transformador na era da informação, em que as pessoas "comuns" se tornam protagonistas das histórias narradas. Tais mudanças influenciam na conformação dos corpos e das subjetividades, pois quando ocorrem alterações na interação e nas pressões históricas o campo da experiência subjetiva também se altera, porquanto as subjetividades são "modos de ser e de estar no mundo".

Sibilia (2021) define as novas práticas de comunicação e de expressão na Internet, que exibem a intimidade, como "extimidade", momento em que ocorrem deslocamentos quanto à "experiência de si como eu" na organização das experiências vividas e relatadas diariamente no universo digital. De tal modo, é preciso compreender um novo conjunto de questões suscitadas pelo meio relativas ao caráter de ficção ou não dessas narrativas, de possíveis deslocamentos na organização das experiências vividas e relatadas. É lógico admitir que os modos de ser e de estar no mundo não são fixos e imutáveis, mas que eles também se reconfiguram em função dessas transformações de grande magnitude que concernem às formas de vida em sociedade. Por isso, é válido conjecturar que atualmente está se produzindo uma mudança histórica nos modos de construir o que somos, assim como nas maneiras de nos relacionarmos com os outros e com o mundo.

No entanto, em meio a esse vórtice de mudanças que nos atingem de diversas maneiras, vale enfocar uma alteração atual com relação às formas modernas de experiência, já que ocorre um deslocamento do eixo em torno do qual se organiza o que somos. Trata-se de um movimento de "dentro" para "fora", ou, mais precisamente, da interioridade oculta para o comportamento visível. Assim, notamos que em lugar daquela subjetividade interiorizada que foi hegemônica até pouco tempo atrás, agora se desenvolvem formas "exteriorizadas" de vivências, por isso, o conceito extimidade nos é essencial. O que está ocorrendo seria uma dissolução das velhas dicotomias que opunham essência e aparência, assim como um deslocamento dos antigos eixos e fronteiras. O mais significativo dessa mutação é que as novas subjetividades não se constroem a partir de um cerne considerado interior e profundo, oculto e impalpável, mas elas se realizam no campo do visível, performam suas existências na visibilidade das telas.

Dessa maneira, as "narrativas de si" dos relatos enquadram-se na conceituação "egodocumentos", formulada por Presser, ou seja, são documentos não tradicionais de procedência administrativa, porquanto são oriundos do espaço doméstico e contêm elementos da personalidade do autor, por isso, são fontes históricas em que o pesquisador se depara com um "eu", ou ocasionalmente um "ele", como o sujeito que escreve e descreve com uma presença contínua no texto (Dekker, 2002). Os egodocumentos dizem respeito à diversidade das formas de expressão escrita dos sentimentos e experiências pessoais, em que se esconde ou se descobre deliberada ou acidentalmente um ego (Amelang, 2005).

A metodologia escolhida para o exame desses egodocumentos é a "análise de conteúdo", segundo os pressupostos de Bardin (1977). A escolha da abordagem qualitativa como opção metodológica para a realização deste estudo permitiu compreender a realidade vivenciada pelas jornalistas. A técnica utilizada foi a análise categorial, que é composta por termos que representam unidades de sentido em que o texto pode ser classificado. Então, iremos considerar esses três eixos como categorias principais de análise: medo, esgotamento e ressignificação. Além disso, outras possíveis categorias podem surgir a partir dessa tríade. O *corpus* de pesquisa foi formado pelos seguintes relatos:

Tabela 1: Relatos

Relatos		
Título	**Jornalista**	**Categoria**
A náufraga esperança do caos	Mariana Moreira Neto	Ressignificação
Em tempos de pandemia, a esperança resiste...	Thamara Duarte	Ressignificação
O estigma da paciente zero	Marina Magalhães	Esgotamento
O freio, o Rei e eu	Edilane Araújo	Medo
Tudo bem não estar bem o tempo todo	Mabel Dias	Medo
Um longo dia e os seus sintomas	Joana Belarmino de Souza	Esgotamento

Fonte: Desenvolvida pelos autores

Na categoria medo, Edilane Araújo, em *O freio, o Rei e eu*, narra histórias relacionadas, nomeadamente, ao seu tio Naldo que faleceu durante a sindemia. A lembrança que mais lhe marcou era a paixão que ele tinha pelas músicas do cantor Roberto Carlos, cujas imagens surgem como afago para o sofrimento causado pela Covid-19.

> Todo mês de dezembro era sagrado: meu tio aparecia, logo cedo, lá em casa, no dia seguinte ao lançamento do *long play* do Rei. Trocava meia dúzia de palavras, beijava a mim e a minha irmã e, rapidamente, sentava-se perto da radiola para começar a ouvir faixa por faixa daquele vinil, como quem cumpria um ritual sagrado (Fialho *et alii*, 2020, p. 27).

O relato da experiência pessoal da jornalista tem rastros nostálgicos, ou seja, possui traços narrativos que trazem o estado de espírito proveniente do desejo de voltar a um tempo, anterior à sindemia Covid-19. Durante a narrativa, ainda relacionado aos rastros nostálgicos, a jornalista relembra que "[...] na inocência dos meus seis anos, eu ouvia junto, observando em silêncio aquele grandão chorar feito um menino. Essa imagem do meu tio permanece viva na minha memória afetiva" (Fialho *et alii*, 2020, p. 27).

Conforme Huyssen (2014), a palavra "nostalgia" pode ser decomposta em "lar" (nostos) e "dor", "perda" ou "desejo" (algos). O termo se refere, assim, a uma saudade de casa, à falta de algo que está longe e/ou já passou. Nesse sentido, Lowenthal (1985) discorre que a nostalgia é a "memória com a dor removida"; não apenas a lembrança, mas a lembrança que ameniza as marcas de fatos ruins ou difíceis.

Como último ato de seu "desconexo relato de quarentena", Edilane se lembra quando recebeu uma ligação telefônica comunicando-lhe a morte do tio.

> O telefone toca. Ainda envolvida pela forte emoção que aquela audição provocou em mim, afastei-me dos amigos e atendi a ligação. Era a minha mãe, avisando que o irmão dela acabara de partir. Longe de nós. Lá em São Paulo, terra que ele havia escolhido para viver. A música deu lugar a um silêncio profundo, seguido de um choro doído. Naldo, meu amado tio, encontrou o seu jeito de me dizer que estava indo embora (Fialho *et alii*, 2020, p. 32).

A jornalista compartilha com os leitores o seu sentimento do luto, "exteriorizando-o" por meio da narrativa.

Em *Tudo bem não estar bem o tempo todo*, Mabel Dias também traz no relato um tom confessional, de desabafo. Novamente o foco é nas emoções que foram evidenciadas durante a sindemia, a jornalista nos revela que sentiu "uma montanha-russa de sensações", assim como a noção do tempo também passou a ser incerta e o futuro sem muitas expectativas, pois "agora, diante da pandemia da Covid-19, estamos reflexivos diante da vida e sentindo falta das coisas mais simples. Nem sabemos como será o próximo dia. Só sobrevivemos" (Fialho *et alii*, 2020, p. 97). Outro sentimento que é acionado em seu depoimento é a nostalgia. Mabel revela no texto que "a saudade de minha mãe e de minha irmã vem mais forte à noite, antes de dormir. Isso, quando durmo" (Fialho *et alii*, 2020, p. 98).

Na categoria esgotamento, em *Um longo dia e os seus sintomas*, Joana Belarmino de Souza aciona a ideia de que a sindemia trouxe uma certa crise com a própria temporalidade, com a noção do tempo, "a sensação é a de que, em todos esses dias, estou vivendo um longo dia, um longo dia retangular, com pequenas probabilidades de coisas novas" (Fialho *et alii*, 2020, p. 165). Como a rotina no isolamento passa a ser muito parecida, fica mais difícil a percepção dos marcos temporais, como, por exemplo, a diferença entre o dia e a noite, os dias da semana, as estações do ano, dentre outros.

Não só a noção de tempo mudou, mas também a forma com que as pessoas se relacionam com o espaço onde vivem. A atual reconfiguração do espaço doméstico – que se transformou em local de trabalho, de estudo, de lazer, etc. – revela que a sindemia fez com que a jornalista ressignificasse a interação com o espaço doméstico, as relações pessoais, os hábitos e o próprio "eu", que precisou se adaptar ao "novo normal". Segundo Joana,

> Eu vi aos poucos que se criava uma pessoa nova em mim, uma pessoa que queria empurrar para o armário, a pessoa velha que tocava impunemente nos olhos, no nariz, que apalpava coisas, que espirrava. Pensei na pessoa nova como alguém sem nariz, ou com um nariz protético, inabilitado para o espirro e a coriza. Eu sorria disso tudo. Minha pessoa velha sorria em gargalhadas silenciosas dessa nova cria que tentava tomar corpo na minha casa (Fialho *et alii*, 2020, p. 164).

Sendo assim, no relato fica claro a importância da relação do tempo e do espaço com a memória, já que as recordações humanas são algo vivo e são forjadas no momento presente (Artlères, 1998). Outra lembrança que vem à tona na mente da jornalista é a do falecimento de seu irmão, algo que envolve o trauma da perda e a imagem compartilhada do enterro.

> Hoje meu irmão foi sepultado. Meu companheiro de infância, companheiro de trajeto até a faculdade; antes, meu companheiro de trajeto ao ensino médio. Meu irmão, doce, alegre, inconsequente. Sua morte foi rápida. As evidências todas apontam para a Covid-19. Meu irmão foi sepultado hoje. Sepulto-me entre rios de lágrimas. Vejo agora, na TV, o circo de Rodrigo Maia, dentro de uma tal "sala de crise", no Palácio do Planalto. O mundo está chato, eu estou triste. Meu irmão foi sepultado hoje em caixão lacrado. Segundo me contaram, era um caixão de luxo (Fialho *et alii*, 2020, p. 168).

Uma memória individual que é, igualmente, expressa pelo ponto de vista da memória coletiva.

Marina Magalhães relata, em *O estigma da paciente zero*, que foi infectada pelo Sars-CoV-2 logo no início da sindemia. Porém, o sistema de saúde ainda não estava preparado para receber os pacientes, pois os protocolos não existiam até aquele momento. Assim, não havia medicamentos e exames específicos. O contexto era nebuloso. Tudo era novidade e a jornalista conta que contraiu a doença na Itália, onde se isolou, e depois voltou ao Brasil ainda com alguns sintomas:

> Na noite de 8 de março, voltei a sentir dor de garganta, tosse seca e conjuntivite. Viajei no dia seguinte de volta ao Brasil, banhada em álcool em gel, vestida de medo e usando máscara, com receio de estar com algum resquício de coronavírus e contaminar alguém pelo caminho. Ao chegar, dormi sozinha em casa e, no dia seguinte, apresentei-me às autoridades sanitárias de João Pessoa para submeter-me aos testes que, na época ainda estavam restritos aos que voltavam do exterior (Fialho *et alii*, 2020, p. 127).

A jornalista precisou passar por vários isolamentos e incertezas sobre a doença. Em seu relato ela discorre que em tempos de sindemia, ter cruzado o portal da Covid-19 sem ter contaminado ninguém, não ter sido entubada e nem ter qualquer tipo de sequela é um milagre. Além disso, reflete sobre a potência do vírus que matou milhares de pessoas pelo mundo.

> O estigma do paciente zero seguirá como um enigma na minha vida, a imunidade como outra interrogação. Mas hoje, quando o Brasil supera

> a marca de um milhão de infectados, nossa pequenez diante do vírus revela a certeza de que nenhuma história humana pode ser reduzida a um número, seja ele zero ou um milhão (Fialho *et alii*, 2020, p. 129).

Na categoria ressignificação, Mariana Moreira Neto, em *A náufraga esperança do caos*, inicia o seu relato com o seguinte questionamento: "como organizar a vida no caos?". A sindemia trouxe para as pessoas muita instabilidade e um dos desafios foi se reinventar em meio a tantas dificuldades, para a jornalista, "[...] o desafio de inventar a normalidade na desordem se configura, em frequentes momentos, assustador e imponderável. Tornamo-nos tontos e apalermados ante a reinvenção do viver" (Fialho *et alii*, 2020, p. 279).

No testemunho de Mariana, os objetos se tornam também gatilhos da memória. Os objetos possuem objetivos específicos que dependem do seu uso e de seu contexto, evidenciando valores como testemunhos da história; eles contam histórias, mas também despertam lembranças.

> Uma pasta de elástico roto revela trabalhos acadêmicos do Curso de Comunicação Social da UFPB. Saudades e lembranças das castanholas do Departamento de Artes e Comunicação (DAC) do Laboratório de Jornalismo Impresso, com suas gastas máquinas de escrever Remington e Olivetti; do grupo das comadres (Mariana, Edna, Jussara, Dora e Mara); das caronas na garupa da moto de Edna para pegar o crédito educativo na agência da Caixa no Varadouro; dos filmes vistos no Municipal ou no Cine Tambaú, quando, apertando as parcas economias da bolsa de Monitora da Disciplina Jornalismo Impresso, sob a zelosa orientação de Luís Custódio, deliciava-me com a visão da telona a transpor-me para mundos, sonhos e tempos outros, distantes de uma acanhada casa alugada, no Castelo Branco (Fialho *et alii*, 2020, p. 280).

O isolamento social por conta da sindemia Covid-19 trouxe a necessidade da reinvenção das práticas e um tempo novo de conexões virtuais, conversas mediadas por telas e interpostas por redes, além de apetrechos tecnológicos desprovidos de vida, cheiros, cores e sabores. Outra consequência, de acordo com Mariana, foi que as pessoas se transformaram em coisas e mercadorias por conta da quantidade de vidas que foram perdidas ao longo desse período.

> A morte se apresenta como natural para os que, excluídos da condição de humanidade, passam a disputar um respirador, um anestésico, ou apenas um derradeiro e afetuoso olhar médico num mercado abjeto

> onde perrengues político-econômicos se sobrepõem ao simples desejo de respirar (Fialho *et alii*, 2020, p. 281).

Porém, mesmo com tantas dificuldades e perdas, para a jornalista, o que resta da sindemia é o sentimento da reinvenção da esperança, de um novo tempo que virá mais humano, mais justo, mais fraterno. Conforme ela aponta, sua "[...] esperança reside na minha capacidade de crença na possibilidade de que seremos herdeiros e relicário de uma tormenta que, turvando nosso horizonte, mostre filetes de clarão no horizonte da humanidade" (Fialho *et alii*, 2020, p. 282).

No relato *Em tempos de pandemia, a esperança resiste...*, Thamara Duarte igualmente narra a dor da perda e do luto. Sentimentos e experiências que normalmente não são contados, surgem como um desabafo, uma conversa íntima com o leitor. A jornalista fala do processo de adaptação à perda, abrangendo emoções, sensações físicas e mudanças comportamentais.

> Perdi minha mãe há seis meses e tenho uma irmã que cuidou dela nos instantes finais da doença. Ainda estamos em processo de luto e recomposição da perda. Em certos dias, parece que não vou aguentar a saudade... O peito dói, e aperta a vontade de reforçar a atenção e carinho a Zoya. Fico tentada a vê-la, mas controlo-me! Ligo, mando zap, e a gente vai driblando e minimizando a dor de estarmos tão próximas geograficamente, embora fisicamente nos encontremos tão distantes. Também me entristece a ausência diária dos irmãos, cunhadas, sobrinhos, uma família que amo infinitamente, além dos amigos queridos (Fialho *et alii*, 2020, p. 252).

A sindemia provocada pela Covid-19 paralisou o mundo e colocou em isolamento toda a sociedade, afetando diversas áreas. Com as cidades praticamente fechadas e paradas, a socialização se restringiu ao espaço doméstico, exclusivamente. Assim como já mencionado, o maior tempo de permanência em casa modificou a relação das pessoas com suas moradias. Segundo Thamara,

> Agora, mais do que nunca, minha casa é a minha vida. O espaço físico é amplo e, por toda parte, há objetos que remetem à memória afetiva e que precisam ser preservados: da ação da poeira e do esquecimento do tempo. Na sala, mantenho um aparelho de DVD, que "roda" filmes clássicos, documentários e shows - Beatles, Rolling Stones, U2, Paralamas do Sucesso, Cazuza, Chico Buarque, Caetano e Gil, bandas

> e artistas, de todo o mundo, que tocam a minha alma e embalam meu coração. Diante dos porta-retratos e das folhas dos antigos álbuns de fotografias, volto ao passado e tento exercitar o olhar para o futuro, tentando perceber como se dará a (re)construção da caminhada após a pandemia (Fialho *et alii*, 2020, p. 253).

Portanto, a partir dos relatos das jornalistas, constatamos que as percepções da sindemia vão além das principais categorias: medo, esgotamento e ressignificação. Vimos que outros sentimentos foram potencializados ao longo das narrativas, até porque o estilo de vida dessas mulheres precisou ser modificado. Para concebermos de forma mais sistemática o que estamos analisando, veja-se gráfico a seguir:

Gráfico 1: Sentimentos encontrados nos relatos

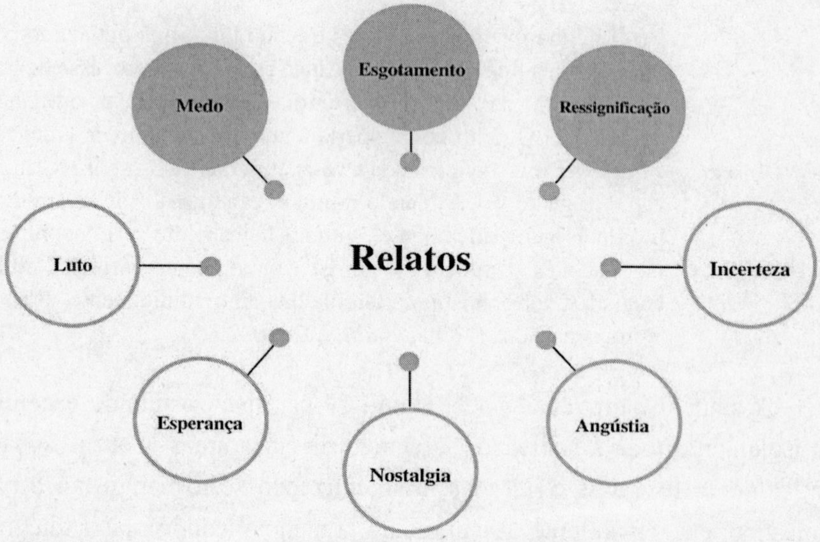

Esgotamento
Medo
Ressignificação
Luto
Relatos
Incerteza
Esperança
Nostalgia
Angústia

Fonte: Desenvolvido pelos autores.

O gráfico representa algumas emoções e sentimentos que se manifestaram nos relatos, e os mais recorrentes foram a incerteza com o tempo e com a vida, a angústia, a sensação de apreensão ou inquietação em relação a algo ou a alguém, situação de aflição e desassossego, o acionamento da nostalgia como amenizadora das tristezas, a esperança que representa a fé, a confiança em dias melhores e o sentimento de dor que acompanha o luto.

Além dessas questões emocionais, a experiência cognitiva com a memória, seja ela individual ou coletiva, é outro fator que perpassa grande parte dos relatos, pois são

> Mulheres que foram ao passado, a tempos longínquos, para trazerem memórias e contá-las aos(às) leitores(as).
>
> A imagem do meu tio permanece viva na minha memória afetiva.
>
> Parece que por um lapso coletivo de memória esquecemos que habitamos um mundo globalizado.
>
> Hoje sinto como que uma bruma, densa, gelada, impedindo as lembranças, impedindo a memória do som da tua voz, impedindo um lugar perto, para a fala da gente.
>
> Assim, por toda parte, há objetos que remetem à memória afetiva e que precisam ser preservados (Fialho *et alii*, 2020, p. 25-27-125-169-253).

O artigo analisa, destarte, como essas profissionais da imprensa se relacionam com as suas próprias recordações, pois a memória tem o poder de comover os indivíduos, sinal do complexo processo neural que opera nos bastidores da vida diária, haja vista que é um processo que molda e constrói as pessoas ao filtrar o mundo ao seu redor, conformando o comportamento e alimentando a imaginação. É sempre importante lembrar que a memória se faz pelo esquecimento e pela lembrança, dois processos a ela inerentes.

Em 2022, a Faculdade de Medicina da Universidade de São Paulo (USP) iniciou uma pesquisa sobre o impacto da Covid-19 na memória a partir de inúmeros relatos de pacientes que comentam sobre a perda de memória, inclusive no período pós-doença. O estudo acompanha os efeitos cognitivos da doença em mais de 400 pacientes que foram submetidos a uma série de exames no período de seis a nove meses depois da alta hospitalar. O objetivo é verificar como o Sars-CoV-2 causa alterações neuropsiquiátricas, com uma predisposição para atingir o sistema nervoso central, já que 51,1% dos pacientes citaram a perda de memória como um dos efeitos colaterais. De acordo com o médico Dr. Fabiano de Abreu Agrela, os astrócitos, células que fazem parte do sistema nervoso, são profundamente afetados pelas proteínas da doença, cujo reflexo é um dano na memória da pessoa contaminada (Simepar, 2022).

A preocupação com a memória é algo que acompanha a humanidade desde sempre. No *Fedro*, Platão (2000) narra que Thoth, o deus egípcio da memória e reservatório do saber, inventor dos números e da astronomia, entusiasmado com a criação da escrita, falou para Tamos, soberano do Egito, sobre os benefícios de sua invenção que tornaria as pessoas mais sábias, ajudando-as a fortalecer a memória. Cético, o soberano responde que inventar uma arte é diferente de julgar os benefícios ou prejuízos que dela advirão, porquanto a escrita tornará os homens mais esquecidos, já que ao escreverem os seus conhecimentos elas deixarão de exercitar a memória, confiando apenas nas escrituras. Os professores transmitirão aos alunos não a sabedoria, pois eles receberão uma grande quantidade de informações sem a respectiva educação, assim, os ignorantes terão a aparência de homens de saber, porém, serão meros sábios imaginários. O que o soberano alerta ao deus da memória é que ele não descobrira um remédio para a memória (*μνήμης*), mas para a recordação (*ἀναμιμνῃσκομένους*).

Platão (2008), no *Teeteto*, se utiliza da metáfora de um bloco de cera para falar da memória. De acordo com o filósofo, existe um bloco de cera com qualidades diferentes na alma dos homens. Presente de Mnemosine, a mãe das Musas, essa cera não é fluida como a água, que não permite reter, nem dura como o ferro, que não permite marcar, ela guarda impressões por excelência. Dessa maneira, existe um conhecimento que não deriva das impressões sensoriais, pois estão latentes em nossas memórias como as "formas das ideias". O verdadeiro conhecimento, portanto, consiste em ajustar as marcas do sensível ao inteligível.

É preciso considerar, inclusive, não apenas o esquecimento, mas os problemas do excesso de lembranças da memória. No conto *Funes el memorioso*, o escritor argentino Jorge Luis Borges (1974) narra a história de um homem, Irineu Funes, que possuía uma memória prodigiosa, mas que não conseguia articular os conhecimentos. Irineu, após um acidente, ficara condenado a se lembrar de tudo e, consequentemente, incapaz de se esquecer de tudo. Assim, essa personagem já não vive no tempo presente, mas está agrilhoado às suas recordações.

Por conseguinte, de acordo com Ricoeur (2007), existe a distinção entre o esquecimento que apaga e o esquecimento de reserva, para tanto, são necessárias três etapas para que tal análise se efetue, quais sejam, a fenomenologia da memória, a epistemologia da história e a hermenêutica da condição histórica, pois, consoante o autor, em grego existem duas palavras para designar a memória, quais sejam, *anamnèsis*, o ato de recordar e de encontrar uma ordem, e *mnème*, a imagem lembrada, um ser afetado (*pathos*) de maneira involuntária.

Estamos inseridos, assim, num passado e numa memória que, segundo Bergson (1999), se conserva no tempo, e se penetramos nesse elemento virtual é para procurarmos a lembrança pura que será atualizada numa imagem-lembrança. Desde o século XIX questiona-se a tese do conhecimento/representação como uma categoria essencialmente cognitiva, o que abriu o conhecimento, inclusive, sobre os campos de estudos sobre a memória, que deixou de ser um processo mecânico e individual, ligado às construções de subjetividades, pois como afirma o autor, não existe percepção que não esteja saturada de lembranças, pois

> [...] o cérebro é uma imagem, os estímulos transmitidos pelos nervos sensitivos e propagados no cérebro são imagens também [...] é o cérebro que faz parte do mundo material, e não o mundo material que faz parte do cérebro. [...] Nem os nervos nem os centros nervosos podem, portanto, condicionar a imagem do universo (Bergson, 1999, p. 13-14).

Desse modo, ao movermo-nos numa memória-Ser, numa memória-mundo, o passado revela-se como um já-aí de uma preexistência em geral suposta por nossas lembranças e utilizada por nossas percepções. O presente é o limite extremo da manifestação do passado em que coexistem círculos mais ou menos dilatados/contraídos, cada qual contendo tudo ao mesmo tempo. Assim, deveremos nos mover para tal ou qual círculo, conforme a natureza da lembrança procurada, que se sucederão a partir de antigos presentes delimitados no limite de cada uma, pois somos construídos como memória, e, a um só tempo, nos constituímos na infância, na adolescência, na velhice e na maturidade como a coexistência de todos os lençóis do passado.

Assim, a forma como as mulheres jornalistas constroem suas recordações dizem como as recordações as constroem. Por isso, memória e experiência estão interligadas em seus relatos, pois as memórias dão uma impressão de real porque as sensações e as percepções estão ligadas a elas. Segundo O'keane,

> Adentrarnos por las sendas de la memoria inscritas en el cerebro servirá para mostrar la manera en que los estados emocionales y sensoriales están intrínsecamente vinculados, por un lado, en la memoria, y por otro a la experiencia evocadora. Viajaremos por mis recuerdos biográficos y profesionales y, espero, también el lector recorrerá, por medio de un lento despertar, algunos de los suyos. A lo largo de treinta y seis años he observado, tratado e investigado los trastornos del ánimo y los trastornos psicóticos. Los psiquiatras contamos con un amplio acervo de conocimientos – farmacológicos, neurológicos, psicológicos, además de las intuiciones obtenidas por pura experiencia –, pero creo que la mayor pericia con la que contamos exclusivamente en psiquiatría reside en la comprensión de la naturaleza de la experiencia, lo que llamamos "fenomenología". Algunas experiencias las catalogamos como normales, otras como anormales, y algunas como patológicas. A mí no me interesa la distinción entre experiencias normales y anormales, pero siempre he sentido una enorme curiosidad hacia los mecanismos neurales que crean la experiencia (O'Keane, 2021, p. 22).

A autora pontua que quando se inicia a busca das explicações neurais da experiência, pode-se começar em qualquer parte, seja da sensação, da cognição, da emoção, haja vista que todos os caminhos irão desembocar na memória, pois ela unifica o que sabemos e o que sentimos, convertendo-se em meio através do qual filtramos a experiência consciente do presente.

Sendo assim, constatamos como o tempo e o espaço, os dois *a priori* kantianos, são importantes para as lembranças e os esquecimentos das jornalistas, já que as recordações humanas são algo vivo e forjadas no momento presente, não são uma memória fixa que o cérebro se limita a conservar em seus arquivos, pois o "arquivamento do eu" não é uma prática neutra, porém, a ocasião em que o indivíduo se faz ver tal como se vê e tal como desejaria ser visto (Artlères, 1998).

> El punto fundamental, que no podemos crear memorias sin la sensación, puede resultarnos tan familiar que seamos incapaces de verlo. Es difícil creer que costara tantos cientos de años comprender el hecho, ahora evidente en sí mismo, de que los cinco sentidos trasladan información al cerebro de forma que podamos clasificarla, aprender y, finalmente, formar un sentido coherente del mundo (O'Keane, 2021, p. 35).

Nesse processo, em seus relatos, as jornalistas deram desígnio às informações que os sentidos forneceram às suas mentes, formando caminhos para a memória e marcos interpretativos dinâmicos.

Ao longo do percurso que construímos ao analisarmos os relatos das mulheres jornalistas durante o confinamento provocado pela sindemia Covid-19 foi possível perceber as formas que os sentimentos respingam na memória, criando comunidades de afeto, comunidades simbólicas e pertencimentos identitários com inserções no tempo e no espaço, pois os relatos se complementam e as angústias dos outros são também as nossas. Esperamos que o detalhamento permita ao leitor experimentar os relatos com mais proximidade e intimidade, já que a única maneira de se ter a experiência de um determinado momento é através da memória, por meio de um processo de conexões que lhe dão sentido.

Referências

AMELANG, J. S. Presentación – dossier: de la autobiografia a los ego-documentos: un fórum abierto. *Cultura Escrita & Sociedad*, n. 1, p. 17-18, sep. 2005.

ARTIÈRES, P. Arquivar a própria vida. *Estudos Históricos*, v. 11, n. 21, p. 9-34, 1998. Disponível em: http://bibliotecadigital.fgv.br/ojs/index.php/reh/article/view/2061/1200. Acesso em: 06 jun. 2022.

BARDIN, L. *Análise de conteúdo*. Lisboa: Edições 70, 1977.

BERGSON, H. *Matéria e memória*: ensaio sobre a relação do corpo com o espírito. São Paulo: Martins Fontes, 1999.

BORGES, J. L. *Obras completas*. Buenos Aires: Emecé, 1974.

CEE. *Centro de Estudos Estratégicos da Fiocruz*. Disponível em: https://cee.fiocruz.br/?q=node/1264. Acesso em: 9 jun. 2022.

DEKKER, R. Jacques Presser's heritage: egodocuments in the study of history. *Memoria y civilización*, v. 5, p. 13-37, 2002.

FIALHO, K. *et alii*. *Isolamento social*: relatos de mulheres jornalistas. João Pessoa: DigitalPub, 2020. Disponível em: http://www.relatosdapandemia.com.br. Acesso em: 08 jun. 2020.

HUYSSEN, A. A nostalgia das ruínas. In: *Culturas do passado-presente*: modernismos, artes visuais, políticas da memória. Rio de Janeiro: Museu de Arte do Rio / Ed. Contraponto, 2014.

LOWENTHAL, D. *The past is a foreign country*. Cambridge: Cambridge University Press, 1985.

O'KEANE, V. *El bazar de la memoria*: cómo construimos los recuerdos y cómo los recuerdos nos construyen. Espanha / Madri: Ediciones Siruela, 2021.

PLATÃO. *Fedro*. Lisboa: Guimarães Editores, 2000.

PLATÃO. *Teeteto*. Lisboa: Fundação Calouste Gulbenkian, 2008.

RICOEUR, P. *Memória, história e esquecimento*. Campinas: EdUnicamp, 2007.

SIBILIA, P. *O show do eu*: a intimidade como espetáculo. Rio de Janeiro: Nova Fronteira, 2008.

SIBILIA, P. O universo doméstico na era da extimidade: nas artes, nas mídias e na internet. *Revista Eco Pós*, v. 18 n. 1, 2015, p. 132-147. Disponível em: https://revistaecopos.eco.ufrj.br/eco_pos/article/view/2025. Acesso em: 20 abr. 2021.

SIMEPAR. *Sindicato dos Médicos no Estado do Paraná*. Disponível em: https://simepar.org.br/usp-investiga-impactos-da-covid-na-memoria/. Acesso em: 10 maio 2022.

WHO. World Health Organization. Disponível em: https://www.who.int/pt. Acesso em: 9 jan. 2022.

AÇÕES DE COMUNICAÇÃO EM TERRITÓRIOS DE PERIFERIA DURANTE A PANDEMIA DE COVID-19: A ATUAÇÃO DOS COLETIVOS CAPIXABAS

Mariela Pitanga Ramos[1]
Álvaro Nunes Larangeira[2]
Paola Pinheiro Bernardi Primo[3]
Adauto Emmerich Oliveira[4]

Introdução

Em pouco tempo de monitoramento dos casos da nova cepa do coronavírus, posteriormente denominada Covid-19, o Brasil passou a ocupar as primeiras colocações do ranking mundial em números totais e percentuais de casos da doença e óbitos. De 25 de fevereiro de 2020, com o primeiro caso confirmado da doença no país, a 20 de junho do mesmo ano, portanto em quatro meses, o Brasil contabilizava um milhão de casos (Worldometers.info, 2021). Em cinco meses, 100 mil mortos (17 de março a oito de agosto), e em 19 de junho de 2021 chegaria a meio milhão de óbitos. Passados dois anos e cinco meses de pandemia, o Brasil, pelo Mapa da Covid-19 da Johns Hopkins University de 26 de junho de 2022 (JHU, 2022), ocupa a terceira posição em casos, com 32 milhões de pessoas já infectadas, superado apenas por Estados Unidos e Índia, e o segundo lugar em óbitos, com 670.229 mil mortes, o correspondente a 10,59% da totalidade mundial de falecimentos pela doença.

---

[1] Doutoranda do Programa de Pós-Graduação em Saúde Coletiva da Universidade Federal do Espírito Santo (PPGSC/UFES). Integrante do Observatório de Saúde na Mídia – Regional ES (OSM-ES).

[2] Professor visitante brasileiro do PPGSC/UFES. Integrante do grupo de pesquisa Tecnologias do Imaginário (GTI-PPGCOM/PUCRS) e, na UFES, do OSM-ES e Laboratório de Projetos em Saúde Coletiva (LAPROSC).

[3] Coordenadora do LAPROSC e integrante do OSM-ES.

[4] Docente do PPGSC/UFES e membro do OSM-ES e LAPROSC.

A Covid-19 foi minimizada e menosprezada pelo governo brasileiro desde o início da sua detecção no país. Em pronunciamento em rede nacional de rádio e televisão, em 24 de março de 2020, o presidente Jair Bolsonaro diria ser a nova enfermidade em expansão mundial comparável a um reles resfriado – "uma gripezinha ou resfriadinho" (UOL, 2020) – e, em consonância com o perfilamento a teorias conspiratórias expressas no plano de governo defendido na campanha eleitoral em 2018, quando atribuía a ocorrência de epidemia de crack no Brasil ao grupo de esquerda colombiano Forças Armadas Revolucionárias da Colômbia (FARC) e a associação das oligarquias nacionais ao denominado marxismo cultural (TSE, 2018), vincularia o novo vírus à ideologia comunista do governo chinês, país de origem da doença (Agência Senado, 2021).

Predisposto o governo federal a empecilhar as prementes medidas de enfrentamento naquele momento irrefreável da pandemia por razões conjunturais e econômicas (Mandetta, 2020), como facilitar o protagonismo a adversários políticos ou fragilizar a política econômica, ou ideológicas e conceituais (Pasternak & Orsi, 2021), tais quais ideações conspiratórias e o negacionismo científico, estados e municípios pleitearam a, questionada pela União, autonomia para a implementação das medidas profiláticas, reativas e necessárias na contenção e erradicação da pandemia. Em 15 de abril de 2020 o Plenário do Supremo Tribunal Federal (STF) dá ganho de causa à independência reivindicada por prefeitos e governadores, sendo reconhecidas pela instância maior do poder judiciário as competências municipais e estaduais no combate à Covid-19 (STF, 2020)

Ainda que estados e municípios tenham tomado a dianteira na produção e difusão da comunicação, o que pôde ser percebido foram políticas de enfrentamento da Covid-19 configuradas para condições de vida das classes média e alta, característica traduzida nas estratégias de informação e comunicação dos governos. Nessa direção, Santos (2021) aponta que a pandemia foi mais um fator de desigualdade e de discriminação acrescentado a tantos outros aos quais a população vulnerável é vítima, retratando que a atuação dos governos foi ineficaz, sobretudo nas comunidades empobrecidas e abandonadas pelo Estado. Evidencia-se na pandemia a matricial questão político-ideológica (Zizek, 2020).

O coronavírus evidenciou, portanto, as hierarquias políticas, sociais, culturais e econômicas, sob a forma de medidas preventivas inacessíveis e impraticáveis pela maior parte da população, porque foram pensadas para uma fração, mas apresentadas como apropriadas a toda a sociedade (Santos, 2021). Além disso, como ressalta Dominique Wolton (2011), informar, por si só, não é comunicar. A comunicação consiste na partilha, compreensão, empatia e convivência. A negociação entre os diferentes e por vezes divergentes. A alteridade, a diversificação são centrais no processo comunicacional, infiltrando-se onde a rigidez tecnicista da informação trava.

Boaventura de Sousa Santos (2021) pontua também questões como a resistência e auto-organização preconizadas pelos principais afetados pela pandemia. Retrata que as comunidades periféricas se mobilizaram, organizando-se por meio da solidariedade, cooperação e ajuda mútua, para reduzir o sofrimento causado pela pandemia, de modo a garantir uma proteção mínima eficaz de seus membros. Os movimentos sociais da atualidade têm se apropriado das tecnologias da informação e comunicação como mecanismos de articulação e organização política e isso foi bem retratado durante a pandemia (Santos et al., 2021).

Aos princípios trabalhados por Santos são acrescentados a autocomunicação de massa, enaltecida por Manuel Castells (2016) por abrir o monopolizado espaço midiático herdado da sociedade da informação e horizontalizar atividades e engajamentos descartados pelos modos de comunicação (e informação) convencionais, e a coprodução sugerida por Sheila Jasanoff (2004), com a interveniência da sociedade civil na construção de conhecimentos e políticas interacionais entre os campos da ciência, tecnologia e comunicação.

As estratégias de comunicação realizadas na pandemia pelas comunidades periféricas caracterizaram-se por se organizarem em redes horizontais, possibilitando se fazer analogia ao conceito de autocomunicação de massa. Castells (2017) discorre sobre esse conceito, explicando tratar-se de um processo estruturado a partir da interatividade social em redes, ampliando a autonomia dos sujeitos frente às instituições de comunicação, resultando na inserção de novos valores e ideias, aumentando as oportunidades de mudança social.

No Espírito Santo, inúmeras medidas de prevenção à disseminação da Covid-19, desde o seu início no ano de 2020, foram e ainda estão sendo realizadas pelo poder público, envolvendo a esfera federal, estadual e municipal. Estas medidas tiveram como base estratégias de comunicação, com o objetivo de salvar vidas e amenizar os impactos sociais e econômicos da pandemia, por meio de pesquisas científicas, produção de dados, gestão de risco, transparência, fiscalização e apoio social e financeiro à população mais vulnerável.

Alguns questionamentos que se revelam neste estudo, como problemas de pesquisa, surgem possivelmente por meio das estratégias governamentais, impulsionadas pelos meios de comunicação como TV, rádio, redes sociais, e mídias impressas por não atingir todos os segmentos da sociedade. As propriedades, interfaces e dialogias dos conceitos apresentados, com a formulação por parte dos coletivos pesquisados das estratégias comunicacionais aplicadas a seus públicos internos e entorno, serão apresentadas nas seções subsequentes, bem como do percurso metodológico até aportar nos procedimentos elegidos.

Configuram-se, portanto, como problemas de pesquisa: a população toma ciência de tais medidas? Será que o território está recebendo ou aplicando as estratégias desenhadas por estas instituições governamentais? Houve participação da sociedade na construção dessas estratégias? Diante deste cenário reforça-se a necessidade de um olhar mais abrangente quanto às estratégias comunicacionais produzidas pelo poder público para além do olhar sanitário-epidemiológico, ou seja, demanda conhecimento de relações sociais, elementos culturais e da própria relação entre a sociedade e a ciência.

Neste estudo procurou-se compreender, assim, as ações de comunicação de coletivos capixabas em territórios periféricos de municípios da Região Metropolitana da Grande Vitória (RMGV-ES) durante a pandemia da Covid-19.

Caminho metodológico

Este estudo faz parte da Pesquisa "Pandemia e contextos criativos: cartografia de tecnologias e arranjos de informação e comunicação de populações negligenciadas para enfrentamento da Covid-19", coordenada pela Fundação Oswaldo Cruz do Rio de Janeiro, sendo realizada simultaneamente em cinco estados: Rio de Janeiro, Distrito Federal, Espírito Santo, Pernambuco e Paraíba. Os dados aqui apresentados correspondem às entrevistas do núcleo do Espírito Santo.

O caminho metodológico iniciou-se com um mapeamento por meio de uma busca pela *internet,* mais especificamente nas redes sociais, de grupos comunitários na RMGV-ES, sem vínculos com grandes conglomerados midiáticos, que estivessem desenvolvendo atividades comunicacionais adequadas ao contexto local para o enfrentamento da Covid-19. Após o mapeamento, buscou-se um contato inicial com as lideranças desses movimentos, convidando para que participassem de um estudo sobre a produção de estratégias comunicativas desenvolvidas nos territórios periféricos de municípios da RMGV-ES.

Foi utilizada como instrumento de pesquisa a entrevista, que é um processo de interação, no qual o entrevistador tem a finalidade de obter informações contidas na fala dos atores sociais, através de um roteiro contendo tópicos em torno de um tema (Minayo, 1993). Por sua natureza interativa, a entrevista permite tratar de temas complexos que dificilmente poderiam ser investigados adequadamente através de questionários, explorando-os em profundidade (Alves-Mazzotti; Gewandsznadjer, 1998).

Para Minayo (1993), a entrevista privilegia a obtenção de informações através da fala individual, a qual revela condições estruturais, sistemas de valores, normas e símbolos e transmite, através de um porta-voz, representações de determinados grupos.

Optou-se neste estudo por uma entrevista semiestruturada, na qual o entrevistado tem a possibilidade de discorrer sobre suas experiências e com seus próprios termos e o pesquisador buscará compreender o significado atribuído pelos sujeitos a eventos, situações, processos ou personagens que fazem parte de sua vida cotidiana (Alves-Mazzotti; Gewandsznadjer, 1998).

As questões elaboradas para a entrevista levaram em conta o embasamento teórico da investigação e as informações que o pesquisador recolheu sobre a pandemia da Covid-19 e foram analisadas por meio da Análise de Conteúdo proposta por Bardin (2021), mais especificamente de um tratamento da informação contida nas mensagens. A entrevista foi dividida em alguns temas principais com questões bem abertas: Nome do grupo; Promotores e Coordenadores, Território abrangido, Quem são os participantes da equipe?; A quem é dirigido?; Vinculações internas e externas à comunidade; Descrição da experiência; História, motivação e objetivos;

Recursos materiais e financeiros; Tecnologias comunicacionais utilizadas; e Formas de avaliação.

Em atenção à resolução de 466/12 (Brasil, 2012a), que normatiza a pesquisa envolvendo seres humanos, o projeto de pesquisa – do qual constou como apêndice o TCLE e TADF –, foi submetido à Escola Politécnica de Saúde Joaquim Venâncio/Fiocruz/RJ, para anuência, e posteriormente inserido na Plataforma Brasil, para o devido encaminhamento e apreciação do Comitê de Ética em Pesquisa (CEP), tendo sido aprovado em 09 de outubro de 2020, sob o registro CAAEE 37044920.2.0000.5241.

Resultados e discussão

Os coletivos periféricos capixabas da RMGV-ES

No presente estudo foram levantados e analisados dez coletivos de comunidades periféricas da RMGV-ES e cada experiência foi registrada em suas minúcias. Os grupos que compuseram o estudo foram Rede Protagonista (Vitória), Coletivo Central (Vitória), Coletivo Mulheres Unidas de Caratoíra (MUCA) (Vitória), Coletivo Amara (Vitória), Instituto Coral Serenata (Vitória), Rádio DNA (Vitória), Coletivo Beco (Vitória) Coletivo Juventude Capixaba – Levante/ES (Serra), Coletivo Juventude de Viana (Viana), e Minas da Quebrada (Cariacica).

Todos os dez grupos analisados surgiram de forma voluntária com intuito de transformar a realidade dos territórios por meio de atos de resistência e solidariedade, produção de conhecimento, luta e fortalecimento ativista. Assim, caminhando ao encontro do destacado por Peruzzo (1998) a diversidade dos coletivos não impede que se expressem em dimensões comuns, fato evidenciado em seus públicos-alvo que não tinham, inicialmente, relação com a pandemia da Covid-19, porém, no contexto, algumas ações foram inseridas, pelo bem comum, entre elas: levar informações de forma acessível e adequadas à cultura e contextos de seus ambientes; minimizar a desigualdade de condições sociais para o enfrentamento da Covid-19; dar visibilidade a algumas populações para o setor público; e o desejo pela sobrevivência.

Os grupos são sustentados financeiramente por doações individuais e em alguns casos recebem ajuda de empresas privadas. Os entrevistados relataram a realização de campanhas por meio de apresentação cultural e *lives,* vendas de máscaras, entre outros. Como característica comum, nenhum grupo analisado recebe ajuda do setor público. Outro ponto comum foi a constatação que pelo prolongamento da pandemia as doações e arrecadações de alimentos e *kits* de higienização foram se reduzindo e algumas iniciativas precisaram ser desaceleradas. Houve apenas um coletivo que teve suas atividades descontinuadas.

O engajamento dos moradores do território foi muito diversificado e variaram de acordo com a natureza da ação, mas é importante ressaltar o destaque dos entrevistados para a rede de colaboração envolvida, a qual abrange associação de moradores, líderes religiosos, outros coletivos e os próprios moradores. Como ponto positivo retratado pelas lideranças foram mencionadas: a solidariedade da sociedade que não mediu esforços, seja colaborando na forma de trabalho ou financeiro, seja na divulgação das ações pela grande mídia ou seja com experiência prévia em organização de redes colaborativas; lideranças com representação mais ativa; identidade fortalecida no território.

As ações e a capacidade de mobilização dos grupos e coletivos da população periférica para o enfrentamento dos impactos da pandemia são objetos que mereceram atenção e reflexão. As estratégias de comunicação elaboradas pelo e no território e a coleta e distribuição de alimentos e *kits* de higienização obtiveram destaques. Apenas um coletivo não atuou com distribuição de alimentos e material de higienização.

Ações estratégicas e de comunicação nos territórios periféricos

A pesquisa demonstrou na voz dos dez coletivos periféricos estudados a produção de material visual e auditivo com linguagem apropriada à realidade dos territórios, principalmente para uso em redes sociais (*Instagram* e *Facebook*) e compartilhamentos via aplicativos de mensagens (*WhatsApp*). O uso das redes sociais permite que se crie uma espécie de vínculo orgânico entre pessoas que raramente se encontram (Santos, 2021).

Dentre as ações desenvolvidas houve uma combinação de meios digitais e analógicos destacando-se: veículos com som; rádio poste; lambes; cartazes foram utilizados por painéis de dados físicos e digitais; *lives* com moradores; podcasts; vídeos; áudios; etc. A diversidade de ações de comunicação elaboradas coloca em evidência as múltiplas formas de se comunicar, a qual é fruto de diversificados saberes e conexões dentro do território (Antunes E Coqueiro, 2022).

Para mobilização de moradores do território, o *WhatsApp* foi muito utilizado para compartilhamento de informações, com destaque para o combate a *fake news,* sendo citado como ferramenta utilizada por todos os grupos analisados.

O *Instagram* foi apontado como local de compartilhamento das ações realizadas com o público externo à comunidade, principalmente doadores e voluntários, como uma ferramenta de prestação de contas. O Facebook foi relatado como um canal que tem muita participação de moradores dos territórios, principalmente nos grupos e páginas com notícias do bairro e comunidades, além de ser o local que é designado referência para checar informações sobre o dia a dia no território.

Entre os temas mais frequentes abordados, nas ações de comunicação, pelos entrevistados ressalta-se: os cuidados e prevenção à doença, principalmente a necessidade do uso de máscaras como fator de proteção; compreensão destes aspectos para a diminuição do contágio, seja em relação ao acesso aos insumos básicos ou à capacidade de compreensão dos conceitos, orientações e recomendações por parte de instituições pela população do território; importância de se traçar estratégias e ações eficientes que respeitem as especificidades dos territórios.

O mapeamento inicial feito para identificação dos coletivos demonstrou que suas redes sociais continham, em suas artes visuais, personagens com traços étnicos raciais de acordo com o contexto local, diferente das produções de comunicação de massa produzidas pelo setor público, as quais não consideravam as necessidades identitárias das comunidades. Esse fator foi relatado pelos entrevistados como uma necessidade percebida por eles para que houvesse maior aderência às medidas de prevenção e cuidado à doença. Araújo e Cordeiro (2020) retratam que o acesso à informação e à possibilidade de voz impactam processos sociais tão elementares quanto a construção identitária.

Acrescenta-se a isso o fato de que na pandemia as formas de enfrentamento recomendadas excluem os pobres, que não têm água encanada ou abastecimento cotidiano, recursos para comprar máscaras e álcool gel, moradias pequenas que não permitem o distanciamento necessário, acesso aos serviços de saúde, além da falta de emprego, tendo, portanto, suas condições de vida pioradas (Araújo e Cordeiro, 2020).

Ações de distribuição de máscaras, alimentos e *kits* de higiene (álcool e sabão) receberam destaque pelos grupos, visto o aumento da fome e falta de renda nas comunidades periféricas. A maior parte dos coletivos possuía cadastro da população local, fato que facilitou suprir as demandas dos mais vulneráveis.

O distanciamento social foi relatado como um grande dificultador nas periferias, principalmente por causa das estruturas habitacionais. Durante a entrevista, muitas vezes as lideranças foram taxativas de que não houve distanciamento social e isolamento social nos territórios periféricos, o que agrava as desigualdades.

Orientações e auxílio para encontrar meios para acesso a serviços de saúde, ajuda para cadastramento em programas estratégicos para o enfrentamento da pandemia como o auxílio emergencial e levantamento de situações particulares de alguns moradores também foram apontados como atividades executadas pelos coletivos.

A internet foi mencionada como um limitador na periferia e com a pandemia a maior parte dos serviços estava em funcionamento remoto, adensando os abismos existentes (Araújo e Cordeiro, 2020). Há de se considerar também o déficit educacional nessas regiões periféricas, o que impede que as estratégias governamentais, ainda que amplamente divulgadas pela imprensa, surtam efeitos nas comunidades.

Os aspectos epidemiológicos também foram abordados por alguns coletivos. As informações foram possíveis de serem obtidas pelo "Painel Covid-19", ferramenta do Governo do Estado do Espírito Santo, disponibilizada *online* que continha as notificações de Covid-19, inclusive com indicadores por bairros (Ramos, et al., no prelo). As lideranças destacaram que, apesar das informações estarem disponibilizadas no painel, foi percebida uma dificuldade de se chegar, e até mesmo traduzir, as informações disponibilizadas no *site* por meio dos gráficos e termos técnicos, seja pela falta de *internet*, conhecimento do endereço eletrônico ou até mesmo dificuldade de interpretação dos elementos apresentados.

As disputas entre os campos sanitário, científico, político, social e comunicacional foram acirradas no momento da Pandemia, agravando-se pelo fato de que esses diferentes campos não são homogêneos e internamente enfrentam disputas, que convergem para a espetacularização midiática (Araújo e Cordeiro, 2020).

Nesse sentido, outro ponto mencionado foi a importância de se combater as *fake news* e narrativas negacionistas, colocando em jogo não a legitimidade da ciência, mas a de seus enunciadores. Elas foram retratadas pela maioria dos coletivos como uma barreira no desenvolvimento das ações, dificultando a propagação das boas práticas de cuidado à doença.

A autocomunicação e a coprodução do conhecimento científico aplicado às iniciativas comunicacionais nos territórios

Em termos de leitura social, as medidas necessárias para o enfrentamento da pandemia corroboram com as más condições de saúde da população periférica, fato retratado por Santos (2021), em cuja obra é apontada que a pandemia foi mais um fator de desigualdade e de discriminação, acrescentado a tantos outros aos quais a população vulnerável é vítima. Esse fato é corroborado por Tavares e Candido (2020) ao explicitarem que o vírus não afetou de igual forma os indivíduos, sendo que a população de periferia esteve mais exposta ao risco de contrair a Covid-19, em termos de diagnóstico e resultado.

Conhecer quais tecnologias comunicacionais foram elaboradas para o enfrentamento da pandemia da Covid-19 pelas populações periféricas/pobres da RMGV-ES e como desenvolveram ou se adaptaram para a prevenção do contágio se torna fundamental para elaboração de políticas públicas. Compreender as medidas de prevenção e diminuição da transmissão da Covid-19 é tão importante quanto a capacidade destas medidas estarem adequadas à realidade de diferentes grupos populacionais.

À medida que os usuários passam a ser simultaneamente emissores e receptores da comunicação, através de redes horizontais, amplia-se a autonomia dos sujeitos comunicantes em relação às corporações de comunicação (Castells, 2017). Neste sentido, é importante trazer a coprodução, como forma de inspiração para proposição de novas formas institucionais de comunicação, demonstrando a necessidade de uma participação mais cidadã na construção de soluções criativas e participativas frente aos desafios do mundo, principalmente a desigualdade social.

Sheila Jasanoff (2004) expressa a coprodução como necessidade de envolver a sociedade civil na governança da Ciência e Tecnologia buscando respeitar as relações entre si, as quais devem envolver suas dimensões políticas, culturais e legais da Ciência para além da epistemologia e metodologia dos estudos.

Sendo assim, é através de uma linguagem e comunicação adequadas, num determinado contexto cultural, que o indivíduo consegue aceder, usar, compreender, avaliar e interpretar, em diversos graus, o sistema que o rodeia, para poder tomar decisões sobre a sua saúde.

Autores como Antunes e Coqueiro (2022) defendem ainda o que chamam de uma comunicação rizomática, isto é, a forma como coletivos e populações periféricas se organizam e articulam, construindo locais e fontes de formação de atitudes, opiniões e crenças, tornando-se protagonistas dos processos comunicacionais, deixando de ser grupos sujeitados para serem grupos sujeitos. Sendo assim, esses coletivos vão construindo uma comunicação em rede, reativa, questionadora, que busca um afastamento da hegemonia imposta pela mídia tradicional e por políticas públicas padronizantes.

Considerações finais

As redes formadas pelas comunidades periféricas se expandiram durante a pandemia e as ações de comunicação produzidas retratam um movimento de resistência e de sobrevivência. As lideranças entrevistadas deixaram explícito os entraves que precisam ser combatidos e os desafios a serem desbravados na seara do enfrentamento à pandemia.

Conhecer as estratégias de comunicação realizadas pelas comunidades periféricas durante a pandemia da Covid-19 nos permitiu um olhar para além de um modelo linear, de recebimento das informações, para um modelo de comunicação circular, onde o próprio mensageiro é o receptor da informação. Logo, o proposto por Castells em seu conceito de autocomunicação traduziu a autonomia na emissão de mensagens, quando novas artes visuais são criadas para refletirem melhor a realidade dos territórios; ou na seleção e tradução na recepção de dados, como o caso da divulgação epidemiológica do Painel Covid.

Cabe ressaltar, através dos resultados levantados, que essa autocomunicação não está restrita aos canais digitais, mas sim em diferentes formas de comunicação que ainda resistem, como "rádios postes" e rádios locais, produção de cartazes e faixas, entre outros.

Os grupos periféricos se fortalecem em redes como evidenciado nas estratégias analisadas, criando formas de manifestação próprias, com linguagem adequada à realidade local e atingindo um público externo à comunidade. Mostraram uma diversidade de ações, pelas quais buscaram dar respostas às exigências do momento, para proteger as vidas de suas comunidades.

Por fim, as estratégias de comunicação específicas descritas pelos entrevistados e aplicadas nos territórios demonstraram a importância dessa coprodução preconizada por Jasanoff (2004) em seus estudos. Ademais, ficou clara a necessidade de políticas públicas completamente distintas e que levem em consideração questões éticas e as desigualdades sociais e culturais, como em cada território aqui ensejado, sendo determinantes para a sua compreensão, sua abrangência e seus impactos transformadores.

Referências

AGÊNCIA SENADO. Fala de Bolsonaro sobre China causa polêmica em reunião da CRE com chanceler. *Agência Senado*, Brasília, 06 mai. 2021. Disponível em: https://www12.senado.leg.br/noticias/materias/2021/05/06/fala-de-bolsonaro-sobre-china-causa-polemica-em-reuniao-da-cre-com-chanceler.

ALVES-MAZZOTTI, A. J.; GEWANDSZNADJER, F. *O Método nas Ciências Naturais e Sociais*: Pesquisa Quantitativa e Qualitativa. São Paulo: Pioneira, 1998.

ANTUNES, M. N.; COQUEIRO, J. M. Comunicação rizomática: reflexões sobre os movimentos de resistência em tempos da Covid-19. *Saúde em Debate*. 2022, v. 46, n. 132.

ARAÚJO, I. S.; CORDEIRO, R. A. A pandemídia e o pandemônio: Covid-19, desigualdade e direito à comunicação. *Revista Latinoamericana de Comunicación Chasqui*, v. 1, p. 215-234, 2020.

BARDIN, L. *Análise de conteúdo*. 4ª ed. Lisboa: Edições 70, 2021.

CÂNDIDO, A. F.; TAVARES, I. Balanço e perspectivas de futuro: o impacto da covid-19 e a (re)produção das desigualdades sociais. In: CARMO, R. M.; TAVARES, I. CÂNDIDO, A. F. *Um Olhar Sociológico sobre a Crise Covid-19*. Lisboa: Observatório das Desigualdades, CIES-Iscte, 2020.

CASTELLS, M. *O poder da comunicação*. 5. ed. Rio de Janeiro: Paz e Terra, 2016.

UOL. 'Gripezinha': leia a íntegra do pronunciamento de Bolsonaro sobre Covid-19. *UOL*, São Paulo, 24 de mar. 2020. Disponível em: https://noticias.uol.com.br/politica/

ultimas-noticias/2020/03/24/leia-o-pronunciamento-do-presidente-jair-bolsonaro-na--integra.htm.

JHU - JOHNS HOPKINS UNIVERSITY. *Covid-19 Dashboard*, 2022. Disponível em: https://coronavirus.jhu.edu/map.html.

MANDETTA, L. H. *Um paciente chamado Brasil*: os bastidores da luta contra o coronavírus. Rio de Janeiro: Objetiva, 2020.

MINAYO, M. C. S. *O Desafio do Conhecimento*: pesquisa qualitativa em saúde. São Paulo: Editora Hucitec, 1993.

PASTERNAK, N.; ORSI, C. *Contra a realidade*: a negação da ciência, suas causas e consequências. Campinas: Papirus 7 Mares, 2021.

RAMOS, M. P., et al. Comunicação e informação em saúde e as estratégias do Governo do Estado do Espírito Santo no enfrentamento da Covid-19. In: OLIVEIRA, A. E.; ANTUNES, M. N.; PRIMO, P. P. B. *Comunicação em tempos de emergências em saúde pública*: Somos todos atingidos. Vitória: EDUFES, no prelo.

SANTOS, B. S. *O futuro começa agora*: da pandemia à utopia. São Paulo: Boitempo, 2021.

SANTOS, M. O. S. et al. Estratégias de comunicação adotadas pela gestão do Sistema Único de Saúde durante a pandemia de Covid-19 – Brasil. Interface - *Comunicação, Saúde, Educação*. 2021, v. 25, suppl 1.

STF – SUPREMO TRIBUNAL FEDERAL. STF reconhece competência concorrente de estados, DF, municípios e União no combate à Covid-19. Brasília, 15 abr., 2020. Disponível em: https://portal.stf.jus.br/noticias/verNoticiaDetalhe.asp?idConteudo=441447&ori=1.

TSE – TRIBUNAL SUPERIOR ELEITORAL. Divulgação de Candidaturas e contas eleitorais. Proposta de Plano de Governo – Bolsonaro 2018. Brasília, 2018. Disponível em: https://divulgacandcontas.tse.jus.br/candidaturas/oficial/2018/BR/BR/2022802018/280000614517/proposta_1534284632231.pdf.

WOLTON, D. *Informar não é comunicar*. Porto Alegre: Sulina, 2011.

WORLDOMETERS.INFO. (2021). COVID-19 Coronavirus Pandemic. Disponível em: https://www.worldometers.info/coronavirus/country/brazil.

ZIZEK, S. *Pandemia*: covid-19 e a reinvenção do comunismo. São Paulo: Boitempo, 2020.

Este livro foi confeccionado especialmente para
a Editora Meridional em Times New Roman e News Gothic BT
e impresso na Gráfica Odisséia.